清华社会科学

第 3 卷第 2 辑（2021）

主办单位：清华大学社会科学学院

学术委员会（以姓氏拼音或字母为序）：
陈明明（复旦大学）
Deborah Davis（耶鲁大学）
James Fishkin（斯坦福大学）
李　强（清华大学）
刘守英（中国人民大学）
刘涛雄（清华大学）
彭凯平（清华大学）
Philip Zimbardo（斯坦福大学）
Richard Nisbett（密歇根大学）
时殷弘（中国人民大学）
王天夫（清华大学）
项　飙（牛津大学）
谢喆平（清华大学）
阎学通（清华大学）
应　星（清华大学）
俞可平（北京大学）
张　静（北京大学）
张小劲（清华大学）
周黎安（北京大学）
周晓虹（南京大学）

主　　　编：应　星
编辑部主任：杜　月
编　　　辑：刘小溪　颜燕华　董焱尧　齐　群（特约）　何居东

目 录

专题·空间社会学

3　老乡找老乡：上海市外来人口居住迁移的同乡聚居效应

/孙秀林

28　老乡见老乡：深圳市不同方言群体的空间聚集、行业聚集与
　　收入回报　/普娟菠　曾东林　张卓妮

51　居住迁移与城市公共服务资源再分配
　　——基于上海的经验证据　/陈　伟

论　文

83　工业的乡缘：一个"适配"分析视角　/折晓叶

150　规则的博弈和博弈的规则
　　——1891—1987年斯坦福大学终身教职制的演变　/周雪光

评　论

185　现代进步信仰与历史神学　/崇　明

209　史学如何可能？
　　　——关于后现代的反思　/林　鹄

227　开放即发展？
　　　——对德·索托的产权制度确立方案的反思　/段新星

书　评

257　评米特《正义之战：二战如何塑造着新的民族主义》　/曹　寅

264　评贺萧《妇女与中国革命》　/何　芳

273　《清华社会科学》投稿指南

专 题

空间社会学

老乡找老乡：上海市外来人口居住迁移的同乡聚居效应

孙秀林[*]

摘要：外来人口在城市中的居住与迁移，是影响城市空间形态的重要因素。本文使用"上海都市社区调查"（SUNS）居住迁移数据，描述了外地人在上海居住迁移过程中同乡聚居效应的变化趋势，并分析了社会经济地位因素在这一过程中的影响效果。数据分析发现：一方面，同乡聚居程度在居住迁移之后并没有降低，反而得到强化；另一方面，更高的教育水平可以明显弱化同乡聚居的影响效果。

关键词：城市住房　居住迁移　同乡网络　同乡聚居

一、前言

在过去一个多世纪里，在世界各国的城市化进程中，随着大量外来人口进入城市地区，城市的居住空间分布产生了剧烈变化。在我国，改革开放之后出现了规模巨大的人口流动，数以亿计的外来人口进入城市工作、生活。由于我国特殊的制度安排，很多外来人口无法在城市获得产权住房。由于户籍限制，外来人口在城市劳动力市场上处于不利地位，多从事低端体力劳动，在住房选择上倾向于房租便宜的城中村。同时，由于同乡网络在就业、住房等方面的影响机制，外来人口往往选择同

---

[*] 孙秀林，清华大学社会学系教授。

乡聚居的社区居住。

城市不同群体的居住和迁移所导致的城市空间分布形态，一直是社会学城市研究的经典议题之一。[①] 从20世纪90年代的城中村研究开始，社会学对于外地人在城市中的工作、生活与居住情况，已经有了大量的研究成果。尤其是近年来，随着城市调查数据与大数据的发展，对于外地人在大都市居住形态的研究正日益深化。但是，由于数据的限制，现在国内社会学对于城市居民居住迁移的研究，尤其是外地人在城市中的居住迁移的研究，是比较缺乏的。

外来人口在城市中的同乡聚居以及与本地人口的居住隔离情况，是否会随着城市化的发展而减弱？随着外来人口在城市中生活日久，他们会否搬离原有社区而选择本地人更多的社区？对于这些问题的回答，都需要更加深入的分析。"上海都市社区调查"（SUNS）数据，包含了上海居民在上海的住房和居住迁移信息。本文使用这一独特的数据，对上海市外地人的居住迁移情况进行深入分析，尤其关注外地人在居住迁移过程中的同乡聚居效应。具体而言，本文关注的核心问题是：外地人在居住迁移过程中，同乡聚居的程度是否弱化？搬迁之后，是否会选择本地人更多的社区？不同社会经济地位的外地人，在这一过程中的作用机制是否有所不同？更高社会经济地位的外地人，是否可以通过居住迁移降低同乡聚居的影响效果？

二、文献回顾

（一）西方社会的研究

在西方社会的城市化过程中，大量移民人口进入城市地区，产生了非常明显的移民群体聚居现象。来自不同国家、不同文化圈的群体，往

[①] 孙秀林：《城市研究中的空间分析》，《新视野》2015年第1期。

往选择聚居在一起,从而与本地居民产生不同程度的居住隔离现象。社会学家对此类现象进行了大量的研究,并形成了同化理论、民族文化理论以及民族聚集区经济理论等理论,来解释城市中的移民聚居现象。①

同化理论认为,移民在城市中的同族群聚居,是移民融入当地社会的一个必然阶段。刚进入城市阶段时,由于资金、技术、信息等资源的匮乏,移民只能依靠族群内部的社会支持。他们会主动寻找和自己背景类似的移民或亲戚、朋友,与他们居住在一起,寻求心灵上的情感支持和生活上的社会支持。在积累了一定的社会资本之后,移民会逐渐搬离原本的社区,融入当地社会,聚居区也不可避免地会面临衰落甚至解体。②

民族文化理论认为,移民们在民族文化、宗教信仰、价值观、行为准则等社会文化特征方面具有特殊性。在民族移民的聚居区中,外来移民会不断强化自己群体独有的文化特殊性,他们并不必然会被当地文化同化,也不一定会完全融入当地社会。③ 如西方城市中普遍存在的少数族裔"飞地",就是这一情况的证明。④

民族聚集区经济理论认为,移民之所以聚居在一起,背后隐含着非常强烈的功能性原因。在移民聚居地区,发展出了非常成熟的内部经济结构,可以在很大程度上为移民提供就业机会;同时,这种就业结构具有非常强烈的亲属网、家庭网、民族网等社会关系支持,从而形成一个相对独立的经济结构并能够维持内部循环。⑤ 这种聚居区,具有极强的生命力和稳健性,并可以不断适应社会环境变化而持续存在。如对于美国城

---

① 狄金华、周敏:《族裔聚居区的经济与社会——对聚居区族裔经济理论的检视与反思》,《社会学研究》2016年第4期。
② M. Gordon, *Assimilation in American Life: The Role of Race, Religion, and National Origins*, New York: Oxford University Press, 1964.
③ J. Logan, W. Zhang, R. Alba, "Immigrant Enclaves and Ethnic Communities in New York and Los Angeles", *American Sociological Review*, Vol. 67, No. 2, 2002, pp. 279 - 302.
④ Douglas Massey, Nancy Denton, *American Apartheid: Segregation and the Making of the Underclass*, Cambridge: Harvard University Press, 1993.
⑤ Alejandro Portes, Robert Bach, "Immigrant Earnings: Cuban and Mexican Immigrants in the United States", *International Migration Review*, Vol. 14, 1980, pp. 315 - 341.

市中华人聚居的研究表明,唐人街就是一个非常典型的聚居区经济模式。①

综上,虽然不同的理论模型侧重于移民群体聚居的不同侧面,但这些理论都隐含着一个非常重要的要素,就是在移民进入城市后,族群聚居现象的产生,与这些群体背后的同乡网络是密不可分的。移民群体虽然生活在城市地区,但他们的工作、生活、社会支持等各个方面,都与原有的乡土社会中存在的各种网络紧密相关。这种由老乡属性所产生的社会网络结构,在城市社会学的研究中,是一个非常重要的元素。它不仅影响到移民的居住选择,还会影响到移民的工作、生活、社会交往等方方面面,对于城市空间的社会学研究来说,不可以忽略这一重要元素。

(二) 我国的研究

在中国城市化过程中,外来人口的居住模式带有非常明显的同乡聚居特征。改革开放以来,大量的流动人口涌入城市。在这一过程中,同一来源地的外来人口通常聚集在一起,形成"城中村"现象,即同乡聚居现象。很多来自同一地区的外来人口居住在同一社区中,从事着相同或相似的职业,形成很多以省份或特定来源地命名的地标,如"浙江村""河南村""平江村"等。

从早期关于城中村的研究中可以发现,移民聚集在一起,呈现出同乡聚居的现象,基于血缘、地缘、业缘的乡土社会网络是非常重要的逻辑机制。北京"浙江村"是社会学家较早进行研究的城中村。② 研究表明,"浙江村"中的移民虽然以经营者的身份进入城市,但他们非常依靠家乡原有的乡土社会资源。在"浙江村"中,雇工与合作者绝大部分是亲戚、朋友或老乡关系,这种稳定的社会关系和同乡网络在很大程度上促进了

---

① 周敏:《唐人街:深具社会经济潜质的华人社区》,鲍霭斌译,北京:商务印书馆,1995年。
② 王汉生等:《"浙江村"——中国农民进入城市的一种独特方式》,《社会学研究》1997年第1期。

企业的快速发展,"浙江村"的产业经济具有明显的传统网络市场化特点。① 类似的,"河南村"社区内的移民依靠血缘乃至亲缘、地缘关系等乡土社会网络,在聚居区内获得安全感,相互分享社会关系与经济收益。② 对深圳"平江村"的研究发现,从内地山区到深圳从事运输工作的平江村移民群体利用老乡关系在城市中立足,以家庭为经营单位,共享资源,分享收益。③

城市移民中的同乡网络,在中国具有悠久的历史传统。如在上海的现代化历史变迁过程中,会馆/同乡会这种带有浓郁乡土社会特征的社会组织团体具有非常明显的影响。④ 这一组织与乡土社会的籍贯紧密相关,在现代化过程中发挥了非常独特的作用,尤其在向城市中的乡土人群提供情感认同的场所和仪式、解决与外乡人之间的纠纷、在市政府无暇顾及的公共领域提供社会福利和社会服务等方面。这些功能对于进入都市生活的农村人群具有重要意义。⑤ 对其他地区的研究也发现,城市中的同乡组织通过定期的祭祀活动、节庆活动甚至建筑形式等,在城市的生活空间中不断强化对于原有乡土社会的集体记忆。⑥

这种同乡网络不仅存在于国内城市,在海外华人群体中也同样存在。对于东南亚华人商业网络的研究发现,华人在东南亚借助当地的离散社群⑦,建立以同乡同业为基础的同乡商业网络。这一网络在早期的移民过程中表现明显,如同乡人牵头介绍来到当地谋生、在同乡移民居

---

① 项飙:《传统与新社会空间的生成——一个中国流动人口聚居区的历史》,《战略与管理》1996年第6期。
② 唐灿、冯小双:《"河南村"流动农民的分化》,《社会学研究》2000年第4期。
③ 刘林平:《外来人群体中的关系运用——以深圳"平江村"为个案》,《中国社会科学》2001年第5期。
④ Bryna Goodman, *Native Place, City, and Nation: Regional Networks and Identities in Shanghai, 1853-1937*, Berkeley: University of California Press, 1995.
⑤ 宋钻友:《从会馆、公所到同业公会的制度变迁——兼论政府与同业组织现代化的关系》,《档案与史学》2001年第3期。
⑥ 周荣、陈子敬:《明清"移民社会"的同乡组织与社会保障——中国传统慈善事业的内在机制及现代启示》,《湖北行政学院学报》2009年第3期。
⑦ Abner Cohen, *Custom and Politics in Urban Africa*, Berkeley: University of California Press, 1969.

住社区从事相似职业等。即使在移民逐渐上升为经营主或商业精英之后,这一同乡关系仍然在发挥非常重要的作用,如在资金、技术、商品、信息等方面,同乡企业中仍然存在非常密切的分工协作。甚至是在发展为国际性的商业机构之后,这一根植于中国华南地区原生乡土社会的同乡网络仍然体现得十分明显。①

在新中国的城市化和工业化过程中,城市中的就业结构形式带有非常强烈的乡土社会网络特征。对福建地区金银首饰业的研究发现,当地发达的乡土社会网络,如宗亲、姻亲、乡亲等强关系网络,带动一批又一批农村人进入城市,从事相同或相近类型的工作,他们在资金、技术、生产资料、信息、劳动力等各个方面互相支持、共同发展。时至今日,这种"同乡同业"仍然构成城市中一种特殊的经济活动方式。②

现代性的发展可以降低这一老乡网络的影响,如随着现代性程度的提升,对老乡的认同会逐渐降低——不管这种现代性是来自农民工自身,还是由城市文明的熏陶所致。③ 但是,即使进入21世纪以来,这种老乡聚集的情形仍然非常明显。对北京奥运村地区建筑工人的调查发现,一个工地上往往是一个省或一个县的人,地缘关系的作用十分明显。④ 新生代农民进入城市之后,在遇到困难时,仍然倾向于运用同乡关系解决问题,并在日常生活中实现情感交流。⑤ 尤其是个体迁移者,相对于举家迁移者,他们会更依赖老乡网络而与当地居民产生明显的居住隔离。⑥ 在进入互联网时代之后,这一老乡网络的作用仍然非常明

---

① 郑莉:《东南亚华人的同乡同业传统——以马来西亚芙蓉坡兴化人为例》,《开放时代》2014年第1期。
② 吴重庆:《"同乡同业"——"社会经济"或"低端全国化"?》,《南京农业大学学报》(社会科学版)2020年第5期。
③ 汪华、孙中伟:《乡土性、现代性与群体互动——农民工老乡认同及其影响因素》,《山东社会科学》2015年第2期。
④ 翟振武、侯佳伟:《北京市外来人口聚集区——模式和发展趋势》,《人口研究》2010年第1期。
⑤ 李志刚、刘晔:《中国城市"新移民"社会网络与空间分异》,《地理学报》2011年第6期。
⑥ 孙中伟:《举家迁移、居住选择与农民工社会交往——基于2013年七城市问卷调查》,《社会建设》2014年第1期。

显。对北京新生代农民工的研究发现,老乡之间的社会网络会发展出利用新技术的虚拟老乡社区,通过线上与线下不断互动的方式,在某种程度上成为传统聚集社区瓦解之后的网络新组织形式。这一虚拟社区既不同于传统的同乡组织,同时又带有非常明显的乡土社会色彩。①

(三) 同乡聚居的机制分析

在世界各国的城市研究中,居住隔离一直是一个重要的研究议题。特定人群在空间上的聚集,具有独特的产生机制,也会产生一系列独特的社会后果。

外地人在城市中的居住,并不是一个随机分布的过程。由于城市自身利益和相关制度政策的约束,城市外来人口的居住权受到制度性排斥②,只能选择某些特定区域从而形成聚居现象。在中国城市化水平不断提高的背景下,不同群体的聚居现象日益明显,城市中的外来人口往往倾向于在特定类型的居住地聚居,与本地人口存在着明显的居住隔离。2013年,一项来自全国7座城市的调查数据显示,外来人口在城市中的居住呈现明显的聚居模式,具有"大分散、小聚居"的特点,并且多集中于城中村、城乡接合部等地区。③ 对上海市居住模式的研究发现,外来人口沿着城市中心呈环状分布,呈现出点状和簇状的聚集形态。不同地区的外来人口存在明显的聚居现象,如中部地区、东北地区、华南地区的外来人口更容易居住在一起。④

外地人在城市中的居住安排过程受到多种因素,尤其是就业与城市产业分布形态因素的影响。外地人在城市中的住房消费与住房安排是

---

① 高崇、杨伯溆:《新生代农民工的同乡社会网络特征分析——基于"SZ人在北京"QQ群组的虚拟民族志研究》,《青年研究》2013年第4期。
② 赵晔琴:《"居住权"与市民待遇——城市改造中的"第四方群体"》,《社会学研究》2008年第2期。
③ 陆文荣、段瑶:《居住的政治——农民工居住隔离的形成机制与社会后果》,《中国农业大学学报》(社会科学版)2019年第2期。
④ 孙秀林、顾艳霞:《中国大都市外来人口的居住隔离分析——以上海为例》,《东南大学学报》(哲学社会科学版)2017年第4期。

个体理性选择的结果,除去经济因素(如工资、收入、住房价格等)之外,农民工的留城意愿、迁移方式等因素都会对此产生影响。① 在诸多影响因素中,产业是居住的重要影响因素。对上海市第六次人口普查数据的分析表明,劳动力市场在空间分布上的分割,促进了外来人口在居住空间上的隔离,导致上海市形成了环绕外环线的双层劳动力市场下的居住分布形态。②

外地人在城市中的就业结构与就业形态,往往与同乡网络纠缠在一起。很多外地人通过同乡网络来到城市,并利用同乡网络的优势在城市中工作和生活,所以很多城市中都存在外地人在工作和居住方面的同乡聚集现象。对珠三角的研究发现,扎堆就业是导致同乡聚居的重要因素,来自同一地方的农民工通常会从事相同的工作,或在同一企业工作。同时,当来源地农民工聚集到一定规模后,就会从家乡吸引从事周边服务的人,如理发、餐饮、小百货等社会服务。③ 如广州的"湖北村"中,不仅湖北方言成为社区内最常用的交流语言,而且形成了一系列具有湖北特色的日常生活生态圈,如餐馆、杂货铺、菜市场等。④

同乡聚集是一个非常理性的过程,具有内在的逻辑。首先,同乡聚集会影响收入。使用严格的模型对同乡聚集的经济回报进行分析的结果显示:同乡聚集确实可以提高农民工的收入,这一效果在控制了同乡聚集的自我选择性之后仍然显著;同时,越有可能进入同乡聚集的农民工,同乡聚集为其带来的收益越大,说明农民工是在理性地利用这种聚集效应。⑤

---

① 熊景维、季俊含:《农民工城市住房的流动性约束及其理性选择——来自武汉市 628 个家庭户样本的证据》,《经济体制改革》2018 年第 1 期。
② 梁海祥:《双层劳动力市场下的居住隔离——以上海市居住分异实证研究为例》,《山东社会科学》2015 年第 8 期。
③ 胡武贤、游艳玲、罗天莹:《珠三角农民工同乡聚居及其生成机制分析》,《华南师范大学学报》(社会科学版)2010 年第 1 期。
④ 李志刚、刘晔、陈宏胜:《中国城市新移民的"乡缘社区":特征、机制与空间性——以广州"湖北村"为例》,《地理研究》2011 年第 10 期。
⑤ 张春泥、谢宇:《同乡的力量——同乡聚集对农民工工资收入的影响》,《社会》2013 年第 1 期。

其次,作为一种特殊的社会网络,同乡关系不仅会带来经济方面的正向作用,而且在心理层面也具有重要意义。在进入城市之后,作为一种适应性策略,老乡庇护型纽带有助于提供成员之间的情感支持和维持心理健康。但这一作用机制会随时间而逐渐淡化,随着逐渐适应城市生活,外地人会建立新的社会网络。①

最后,同乡聚集也会影响到农民工的权益,雇主与工人之间的同乡关系,会对农民工的底线权益具有保障作用,但同时会对其基本权益和发展性权益产生一定的负向影响。② 乡土社会的嵌入性对城市移民的集体行动具有正向影响作用,对老乡关系越认同,集体行动的意愿就越强烈。③

同乡网络对外地人的居住和社会融合具有双重的复杂效应。中国乡城流动人口数据和中国流动人口动态监测调查数据的模型结果显示,利用社会网络实现城市就业的农民工,会更加依赖同乡聚居而与本地人隔离,社会网络在提高农民工信息资源获取效率的同时,也会阻碍社会融合。④

对于外地人在城市中的聚居,已经有不少分析,但由于数据的限制,对于外地人在城中的居住迁移的分析则比较少见。从前文的分析可以看出,在外地人进入城市工作和居住的过程中,同乡网络发挥了非常重要的作用。很多人通过同乡网络来到城市获得工作,同时会选择与同乡聚居在一起,以期获得在城市生活必需的各种社会支持。本文使用上海的调查数据,对这一问题进行探讨,关注的核心问题是:外地人在城市的居住迁移中,同乡网络的作用如何?具体而言,试图回答下面几个问题:(1)与迁居之前相比,迁居之后的同乡聚居效应是否降低?(2)外地人在城市的居住迁移过程中,哪些因素具有重要影响作用?尤其是(3)更

---

① 王建:《同乡庇护、时空约束与农民工精神健康》,《青年研究》2018年第4期。
② 魏万青、高伟:《同乡网络的另一幅脸孔——雇主—工人同乡关系对劳工个体权益的影响》,《社会》2019年第2期。
③ 汪华:《乡土嵌入、工作嵌入与农民工集体行动意愿》,《广东社会科学》2015年第2期。
④ 刘启超:《社会网络对农民工同乡聚居的影响研究》,《经济科学》2020年第2期。

高的社会经济地位,是否有助于弱化同乡聚居的影响效应?

这些问题,是从芝加哥学派以来有关城市研究的核心议题。对于这些问题的回答,可以帮助我们更深入了解当代中国大都市中的空间形态与运作机制,尤其是理解外地人在城市中的居住安排如何影响了城市的空间形态,有益于中国城市的社会治理与和谐发展。

三、数据与测量

(一)数据

本文使用的数据来自上海大学数据科学与都市研究中心收集的"上海都市社区调查"(Shanghai Urban Neighborhood Survey,SUNS)数据。"上海都市社区调查"是一个以城市为主题的追踪调查数据,涵盖了上海市500多个村居委和5000多个家庭。调查设计采用社区、家庭、个人的多层次框架,聚焦当代中国大都市的社会生活与基层治理两大领域,试图全面记录当代中国大都市社会生活与基层治理的各个侧面。[1]"上海都市社区调查"立足上海这一当代中国的特大都市,涵盖当前社会民生与基层治理的所有重要方面,如住房、就业、社会保障、社会流动、健康、移民融入、老年生活、子女教育、社区治理等。这一调查数据,为中国的城市调查提供了有益的经验探索,为城市社会学研究提供了丰富的经验材料。[2]

截止到2020年底,"上海都市社区调查"已经完成了5轮调查,包括2015年的"居村调查"、2017年的第一轮"住户调查"、2018年的"居村观察调查"、2019年的第二轮"住户追踪调查"、2020年的"居民电话调查"。本文使用的2017年"住户调查"数据,是第一轮住户调查,包括5201个住户、8631位成年人(包括15岁以上的未成年人)和1892位未

---

[1] 吴晓刚、孙秀林:《城市调查基础数据库助力社会治理》,《中国社会科学报》2017年11月8日,第6版。
[2] 孙秀林主编:《嬗变中的上海:民生发展与社会治理》,北京:社会科学文献出版社,2020年。

成年人(15 岁以下)。①

本文关注外来人口的居住迁移,所以将样本限定在没有上海户籍的成年人(2836 人)群体中。调查询问了被访者自 20 世纪 80 年代以来在上海的住所情况。在本文的分析中,对于居住迁移有着比较严格的界定,将能够给出上一处住所精确地址的被访者界定为有过市内居住迁移行为。根据这个界定,样本的外地人中有 1187 位在上海有过居住迁移经历。

从样本分布情况看,不同省份的迁居人数与在沪人员总数高度一致。如下图所示,"迁居人数"来自 SUNS 2017 年的调查数据,"总人数"来自上海市 2017 年的实有人口数据。这两个数字的分布呈现高度一致的情况,说明"上海都市社区调查"数据具有非常高的可信度。

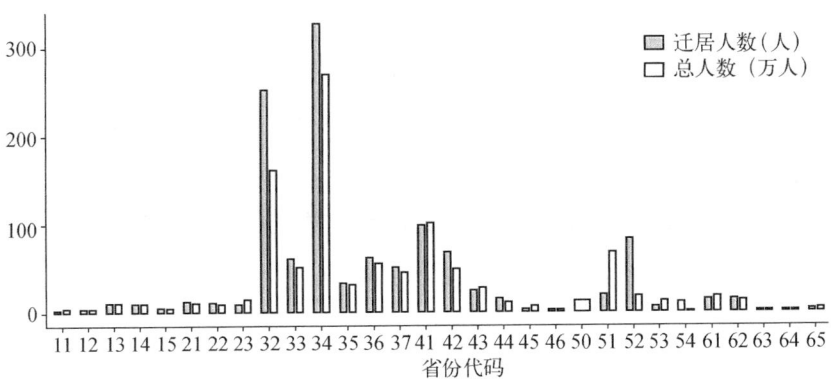

图 1　上海市外来人口总人数与迁居人数

(二)因变量

同乡聚居。聚居与隔离,是同一枚硬币的两面。② 一些具有相似特征(种族、宗教信仰、户籍、职业等)的群体聚集在一起的同时③,就会与

---

① 孙秀林等:《中国都市社会脉动:上海调查(2017)》,北京:社会科学文献出版社,2018 年。
② M. White 等:《居住隔离论——理论与方法的比较研究》,朱格等译,《山东社会科学》2016 年第 1 期。
③ S. Massey, N. Denton, "The Dimensions of Residential Segregation", *Social Forces*, Vol. 67, No. 2, 1988, pp. 281 - 315.

异己群体在居住空间上彼此隔离,从而产生居住隔离①。在对这一问题的研究中,对于城市中某一特定族群聚居的测量,往往使用"居住隔离指数"这一指标。② 本文对于同乡聚居的研究,也使用"居住隔离指数"来进行测量。

对于居住隔离的经典测量,来源于邓肯(O. Duncan)等人在1955年提出的"相异指数"(dissimilarity index)③:

$$D = 0.5 * \sum_{i=1}^{n} \left| \frac{x_i}{X} - \frac{y_i}{Y} \right|$$

在这一指数计算公式中,x_i 为第 i 个村居委中外来人口的数量,y_i 为第 i 个村居委中本地人口的数量,X 为全上海外来人口的总数量,Y 为全上海本地人口的总数量。D 指数的取值范围为[0,1],0 表示在每个村居委中两个群体的人口比例与全上海的比例完全一致,即完全不存在居住隔离情况;1 表示完全隔离,即在每个村居委中要么全是本地人,要么全是外地人。

值得注意的是,D 指数是一个全局性指数,也就是说,在全上海,只能计算一个 D 指数,表示上海市层面的外地人居住隔离情况。在很多情况下,我们需要计算每个村居委的居住隔离情况,因此,后续的研究通过对 D 指数进行修正,提出了局部性的居住隔离指数④:

$$DI = 100 * \left(\frac{x_i}{X} - \frac{y_i}{Y} \right)$$

局部性的居住隔离指数(DI)可以在每个村居委层次上进行外来人

---

① M. White, A. Kim, J. Glick, "Mapping Social Distance Ethnic Residential Segregation in a Multiethnic Metro", *Sociological Methods & Research*, Vol. 34, No. 2, 2005, pp. 75 - 203.

② 孙秀林、施润华、顾艳霞:《居住隔离指数回顾——方法、计算、示例》,《山东社会科学》2017年第12期。

③ O. Duncan, B. Duncan, "Residential Distribution and Occupational Stratification", *American Journal of Sociology*, Vol. 60, No. 5, 1955, pp. 493 - 503.

④ D. Wong, "Enhancing Segregation Studies Using GIS", *Computers Environment & Urban Systems*, Vol. 20, No. 2, 1996, pp. 99 - 109.

口与本地人的比较,因此本文使用这一局部性的居住隔离指数进行分析。DI 指数的具体意义与 D 指数非常相似,取值范围为[－100,100]。0 表示在某个特定村居委中外地人与本地人的比例与全市的分布是一致的;－100 与 100 则表示外地人和本地人在某个特定村居委中完全隔离——这一指数大于 0 则意味着某个特定村居委中外地人的相对比例更高,小于 0 则意味着本地人的相对比例更高。

为了计算每个村居委的 DI 指数,需要知道每个村居委中的本地人与外地人数量,因此,本文利用 2017 年上海市每个村居委的实有人口数据,来对这一指数进行计算。

对于"老乡"的界定。本文的核心目的,并不是测量上海市外地人的居住隔离情况,而是要测量"老乡"这一乡土社会网络的影响效果。在实际生活中,对于外地人在上海生活影响更大的,并不是一个笼统的"外地人"概念,而是一个更加具体的来自同一个地方的"老乡"的范畴。为了更加精准地测量"老乡"这一概念,在计算 DI 指数过程中,x_i 和 X 不是将所有外地人混在一起计算,而是根据被访者的来源省份,将每个省份的被访者分别计算,只有来自同一个省份的外地人,才被定义为"老乡"纳入 DI 指数计算中。因此,在本文的计算中,DI 指数越高,表示在其居住的村居委中本省人的相对比例越高,即同乡聚居的情况越明显。

(三) 自变量

本文的核心自变量是社会学最经典的社会经济地位指标,包括教育(年限)、收入(对数)、职业(无业、国家机关、党群组织、企事业单位负责人,专业技术人员,办事人员和有关人员,商业、服务业人员,农林牧副渔业生产人员,生产、运输设备操作人员及有关人员,其他,退休)。

其他控制变量包括性别、宗教信仰、政治面貌、婚姻状况、居住证、来沪时长、世代(20 世纪 60 年代、20 世纪 70 年代、20 世纪 80 年代、20 世纪 90 年代及以后)等。下表是一个对于自变量基本分布的描述。

表1 样本描述

	N	Mean(%)	SD	Min	Max
教育年限	1184	10.516	4.384	0	25
收入对数	1178	7.953	2.397	0	13.122
性别(女性=1)	1187	0.489	0.5	0	1
宗教信仰(有=1)	1187	0.145	0.352	0	1
政治面貌(党员=1)	1187	0.072	0.259	0	1
婚姻状况(在婚=1)	1186	0.848	0.359	0	1
居住证(有=1)	1177	0.625	0.484	0	1
来沪时长	1176	11.367	6.989	0.3	67
职业					
无业	125	10.5			
国家机关、党群组织、企事业单位负责人	23	1.9			
专业技术人员	230	19.4			
办事人员和有关人员	65	5.5			
商业、服务业人员	384	32.4			
农林牧副渔业生产人员	14	1.2			
生产、运输设备操作人员及有关人员	198	16.7			
其他	109	9.2			
退休	39	3.3			
世代					
20世纪60年代	221	18.6			
20世纪70年代	291	24.5			
20世纪80年代	487	41.0			
20世纪90年代及以后	188	15.8			

四、数据分析

对于 1187 位有过迁居经历的外地人，根据现在居住社区和搬家前居住社区，对数据进行地址的经纬度匹配，定位出搬迁前后所居住的村居委。然后，分别计算搬家前后居住的不同社区的 DI 指数。从搬家前后的 DI 指数差异来看，如果搬家之后的 DI 指数大于搬家之前，意味着搬入老乡相对更多的社区；如果搬家之后 DI 指数小于搬家之前，意味着搬入本地人相对更多的社区。

从数据结果来看，搬家之前的 DI 指数为 0.0108，搬家之后的 DI 指数为 0.0248。相比而言，搬家之后的 DI 指数平均上升了 0.0140，上升了一倍多。说明从整体上看，居住在上海的外地人，搬家之后会选择老乡更加聚居的社区。这一结果与预期不相符合。按照市民化的理论预期，移民在进入城市的初期阶段，需要老乡网络的支持，往往会选择同乡聚居的社区；但随着在城市中社会经济地位的稳定和上升，会更愿意与本地人居住在一起。从上海市的数据结果来看，这一预期并未得到验证。

进一步，将居住社区分为两种不同类型：如果 DI 大于 0 则定义为老乡相对居多，如果 DI 小于 0 则定义为本地人相对居多。从这一指标来看，在搬家之前，住在本地人居多社区的人数（690 人）要多于外地人居多社区的人数（497 人）；而在搬家之后，情况发生了明显变化，住在本地人居多社区的人数（585 人）少于外地人居多社区的人数（602 人）。从搬家前后 DI 指数差异的数据结果看，有 60% 的外地人（714 人）搬家之后的 DI 指数明显上升了，只有不到 40% 的外地人搬家之后的 DI 指数下降了（473 人）。也就是说，有 60% 的外地人在搬家之后，现在居住社区中来自同一省份的外地人的比例相对上升了。搬家之后，同乡聚居的情形更加明显。

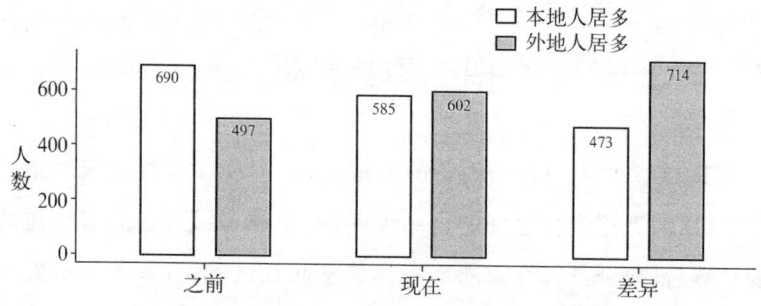

图 2 上海市外来人口居住迁移情况

从整体上 DI 指数的分布看出,居住在上海的外地人,在居住迁移的过程中,同乡聚居效应并没有弱化,反而得到了非常明显的强化。

接下来,我们从不同侧面来考察这一情况的具体分布。

(一) 居住迁移的时间

从迁居发生的年份来看,不管什么时间发生的居住迁移,搬家之后的 DI 指数都要大于搬家之前。也就是说,居住迁移中的老乡效应,并没有随着时间变迁而有所弱化。

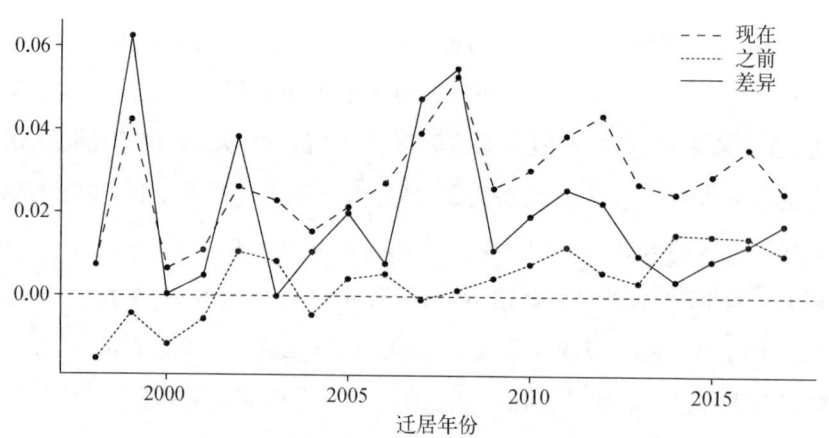

图 3 历年上海市外来人口居住迁移情况

(二) 来源地

从来源地看,除去极少数省份,大多数省份的外地人在搬家之后,所居住社区的 DI 指数都出现了不同程度的上升。也就是说,来源地的差异并不会影响到搬家之后老乡效应的强化。从不同省份来看,来自西南地区的几个省份(云贵地区)的同乡聚居效应增强得更加明显,而来自江浙地区的外地人这一增强效应不是特别明显。

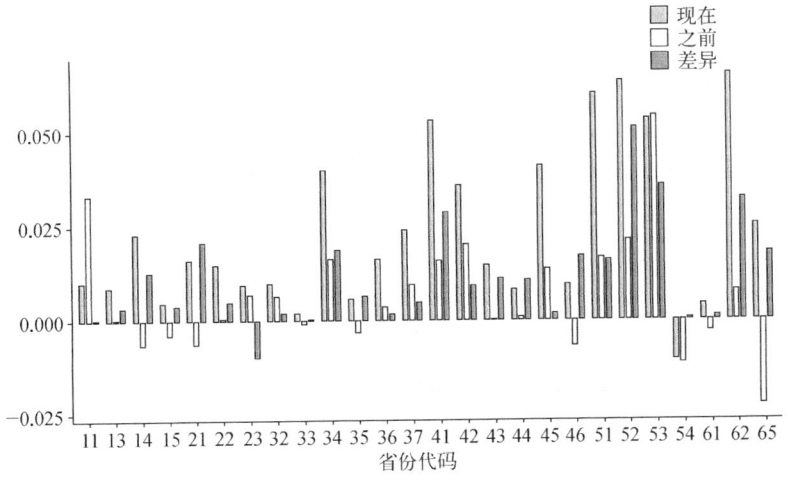

图 4 上海市外来人口搬迁前后的居住隔离指数差异

(三) 居住迁移的原因

从搬家原因来看,不同的搬家原因导致的同乡聚居程度具有明显的差别。由于家庭原因、想要购买自己的产权房、期望改善住房条件等而搬家的,搬迁之后的 DI 指数上升幅度较小;而因为工作、房价、拆迁等搬家的,搬迁之后的 DI 指数上升幅度较大。也就是说,因为生活改善而进行主动型搬家的外地人,会更多选择搬入本地人居多的社区;而因为工作与收入等原因而进行被动型搬家的外地人,在搬家过程中的同乡聚居效应越发明显。这一情况与中国当代城市化的路径有关:在城市中的外地人,居住与工作往往是紧密关联在一起的,很多人往往选择在工作地周边的社区居住,而在这些地区,老乡聚居的情况更加明显。

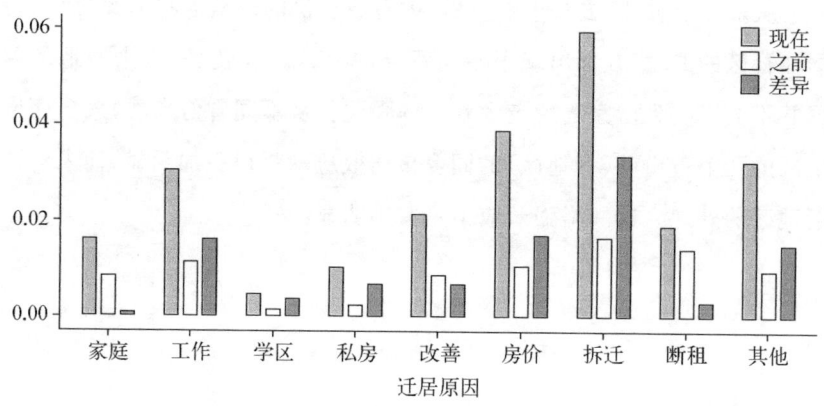

图 5　上海市外来人口的迁居原因

(四)居住迁移的方向

通过比较迁居前后距离市中心的物理距离来区分迁移的方向:如果现在居住地比上次居住地距离市中心的距离更近,则定义为向内迁移;如果距离市中心更远,则定义为向外迁移。数据发现,对于向内迁移的外地人来说,不管搬迁前后,DI 指数都明显比向外搬迁者更小;同时,向内迁移者 DI 的增加幅度,也明显小于向外搬迁者。

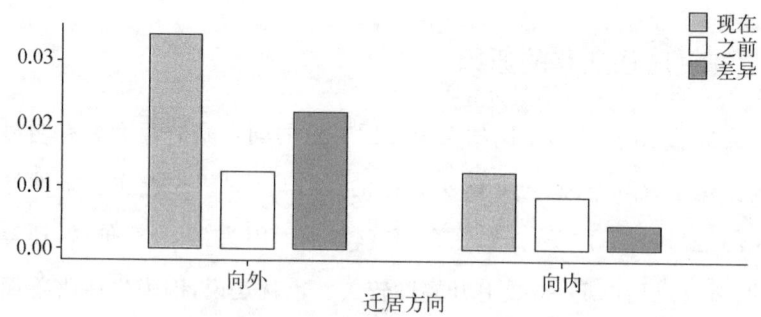

图 6　上海市外来人口的迁居方向

（五）居住的空间位置

从距离市中心的地理空间位置来看，DI指数存在着非常明显的差异。居住地点距离市中心越远，搬家之后的DI增加幅度越大，即迁居过程中的居住地点具有越强的同乡聚居效应。值得注意的是，居住在中环之内的外地人（距离市中心10公里以内），搬家之后的DI指数出现了下降情况。也就是说，在中环之内居住的外地人，搬迁过程中的同乡聚居效应明显减弱了，更加明显地融入了本地人社区。

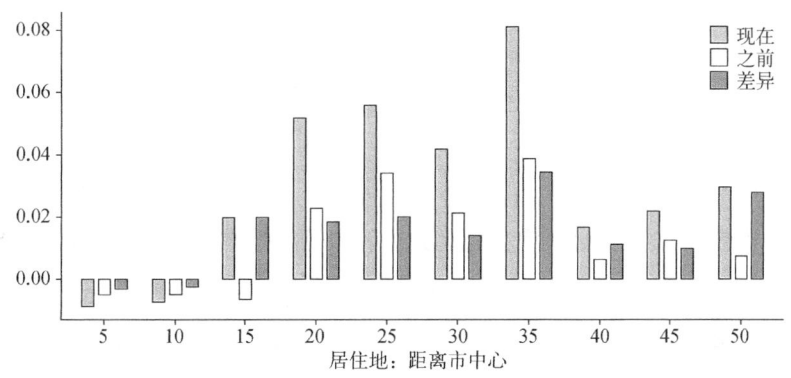

图7 上海市外来人口的居住位置

（六）居住的社区类型

随着城市人口异质性的增大，不同社区类型会产生差异化非常大的社会效果。[①] 根据国家统计局的城乡分类标准，本文将上海各个村居委分为"城区""城乡接合区""乡镇中心区""村庄"等几个不同类别。从下图可以看出，居住在城乡接合区的外地人，具有最明显的同乡聚居效应，而且这一效应在居住迁移过程中的增强幅度最大；居住在城区的外地人，老乡聚居应非常不明显，在居住迁移前后的变化也不明显。

---

① 孙秀林、蒋细斌：《从社会区到社区SEI——当代中国都市社区研究的新取向》，《新视野》2018年第5期。

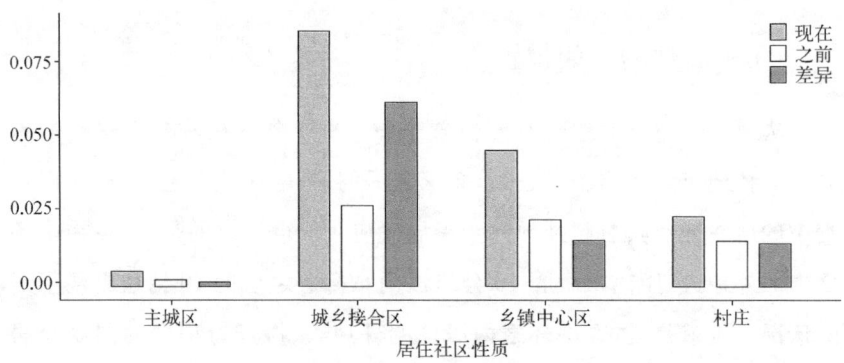

图 8 上海市外来人口的居住社区

五、模型结果

在分析同乡聚居对于居住迁移的影响效应之前,本文先考察在沪外地人市内居住迁移的影响因素。这一问题在对于外地人城市居住选择的研究中有不少讨论,多数集中于经济因素、工作因素、家庭因素等。本文着重考察社会经济地位(包括教育、收入、职业)对于居住迁移的影响。下表的结果显示(模型 1),教育和职业对于居住迁移行为具有显著的正向作用,受教育水平越高,居住迁移的概率越高;相对于无业的外地人,专业技术人员和办事人员具有更高的居住迁移概率,而退休人员则具有更低的迁移概率。从其他控制变量来看,出生年代、婚姻状况、来沪时间、居住区位等因素,也会显著影响到居住迁移概率。

接下来考察同乡聚居效应的影响因素,尤其是社会经济地位对于同乡聚居的影响效果。从居住地点的居住隔离指数来看,教育具有重要的影响作用,而收入和职业则不显著。受教育水平越高,越选择本地人比例更高的社区。这一影响效果,不管在搬迁之前(模型 2)还是搬迁之后(模型 3),都是非常显著的。更重要的是,受教育水平越高,搬迁之后居住隔离指数的增加幅度越小(模型 4)。也就是说,教育水平可以明显弱化居住选择过程中的同乡聚居效应。受教育程度越高,同乡聚居的影响效果越小,所居住小区的老乡聚居比例越低,同时搬迁过程中受到同乡聚居的影响也越小。

另外,向内搬迁的外地人,在搬迁之后降低同乡聚居的概率,体现出上海外地人分布的空间机制。这一结果再次提示我们,对于当代中国城市社会的研究,空间因素是一个不能无视的议题。在城市社会学分析中,我们需要在加强数据积累的基础上,进一步加强对于空间因素的实证分析。①

表2 居住迁移的影响因素分析

	是否迁居	DI:搬迁以前	DI:搬迁以后	DI:搬迁前后差异
	logistic(1)	OLS(2)	OLS(3)	OLS(4)
教育年限	0.0352*** (0.0122)	−0.0011** (0.0005)	−0.0022*** (0.0005)	−0.0011* (0.0006)
收入对数	0.0031 (0.0249)	−0.0003 (0.0010)	−0.0007 (0.0010)	−0.0005 (0.0012)
职业:机关	0.3676 (0.3678)	−0.0003 (0.0139)	−0.0144 (0.0132)	−0.0143 (0.0166)
职业:专技	0.4057* (0.2094)	0.0079 (0.0086)	−0.0006 (0.0081)	−0.0082 (0.0102)
职业:办事	0.5965** (0.2685)	0.0093 (0.0102)	0.0117 (0.0097)	0.0029 (0.0122)
职业:商服	0.2297 (0.1905)	−0.0045 (0.0080)	−0.0023 (0.0075)	0.0019 (0.0095)
职业:农业	−0.0996 (0.4041)	0.0053 (0.0168)	0.0038 (0.0159)	−0.0013 (0.0200)
职业:生产	0.1438 (0.2015)	0.0201** (0.0085)	0.0243*** (0.0080)	0.0043 (0.0102)
职业:其他	0.1958 (0.2169)	0.0009 (0.0090)	0.0071 (0.0085)	0.0063 (0.0107)
职业:退休	−0.6897** (0.2854)	0.0028 (0.0125)	−0.0151 (0.0118)	−0.0178 (0.0149)

---

① 孙秀林:《社会科学中的空间分析——概念、技术和应用实例》,《山东社会科学》2015年第8期。

续表

	是否迁居	DI:搬迁以前	DI:搬迁以后	DI:搬迁前后差异
	logistic(1)	OLS(2)	OLS(3)	OLS(4)
世代:20世纪70年代	0.2136 (0.1391)	−0.0018 (0.0054)	0.0074 (0.0051)	0.0094 (0.0065)
世代:20世纪80年代	0.5845*** (0.1423)	0.0090 (0.0057)	0.0112** (0.0054)	0.0022 (0.0068)
世代:20世纪90年代及以后	0.1672 (0.1697)	0.0052 (0.0070)	0.0116* (0.0066)	0.0068 (0.0084)
性别(女性=1)	0.0432 (0.0880)	−0.0041 (0.0036)	−0.0078** (0.0034)	−0.0036 (0.0043)
宗教信仰(有=1)	0.0930 (0.1229)	0.0036 (0.0047)	−0.0067 (0.0045)	−0.0104* (0.0056)
政治面貌(党员=1)	−0.0116 (0.1731)	−0.0055 (0.0068)	−0.0035 (0.0064)	0.0025 (0.0081)
婚姻状况(在婚=1)	0.4701*** (0.1261)	−0.0039 (0.0051)	0.0036 (0.0048)	0.0073 (0.0061)
居住证(有=1)	0.0884 (0.0885)	−0.0040 (0.0036)	−0.0115*** (0.0034)	−0.0074* (0.0043)
来沪时间	0.0871*** (0.0072)	0.0002 (0.0003)	0.0002 (0.0003)	−0.00005 (0.0004)
距离市中心	−0.1142*** (0.0158)	0.0020*** (0.0007)	0.0037*** (0.0006)	0.0017** (0.0008)
搬迁方向(向内=1)		−0.0003 (0.0035)	−0.0139*** (0.0033)	−0.0136*** (0.0042)
迁居时间		0.0007 (0.0005)	−0.0001 (0.0005)	−0.0008 (0.0006)
Constant	−1.9249*** (0.2612)	−1.4914 (0.9641)	0.2336 (0.9104)	1.7302 (1.1487)
Observations	2836	1163	1173	1163
Adjusted R^2		0.0435	0.1745	0.0388

说明:* $p<0.1$,** $p<0.05$,*** $p<0.01$;世代参照组:20世纪60年代;职业参照组:无业。

六、结论

（一）结论

外来人口与本地人之间的居住隔离，是城市社会学的核心研究议题之一。在这一过程中，由于外来人群所特有的同乡网络机制，不同来源地的外地人往往选择居住在一起，形成不同程度的同乡聚居现象。

本文利用2017年"上海都市社区调查"数据，详细分析了上海市外地人的居住迁移情况。同时，利用上海市所有村居委的实有人口数据，对搬家前后所居住社区进行地理位置匹配，并使用所在社区中来源地为同一省份的外地人口数量，作为"老乡"的测量数据，进行"同乡聚居"的指数计算。

通过比较搬家前后所居住社区中的同乡聚居指数，本文的数据分析结果发现：(1) 同乡聚居指标的各种计算结果均显示，居住在上海的外地人，在居住迁移的过程中，同乡聚居效应并没有弱化，反而出现了明显强化；(2) 教育水平可以明显弱化居住选择过程中的同乡聚居效应，受教育程度越高，同乡聚居的影响效果越小，居住小区的同乡聚居比例越低，同时搬迁过程中受到同乡聚居的影响也越小。

（二）本文的不足

本文使用的数据，非常具有代表性，详细记录了上海居民（包括本地人和外地人）居住迁移的相关信息，对于我们理解外地人在城市中的居住迁移提供了非常独特的数据支持。但是，我们也需要看到，由于无可避免的样本自选择性问题，本文的分析是不完整的。与本地户籍人口不同的是，外地人在上海的居住是一个自我选择过程。在过去40年中，很多曾经在上海工作和居住的外地人，尤其是老一代农民工，由于各种制度原因和个人原因，无法一直留在上海，已经回到了自己的家乡。现在留在上海的外地人,要么是新进入上海的新生代,要么是社会经济地位比较高的群体。我们能够访问到的外地人,与已经离开上海的外地人,可能是两个具有高度异质性的样本群体。因此,我们对于外地人居住迁移的研究,仅仅揭示了整个故事的一半,而缺少另外一半。这一点,是所有横截面数据研究都无法克服的。希望"上海都市社会调查"在未来能够持续追踪数据,以更好地克服这一问题。

虽然由于数据的限制,我们只能描述完整图像的一半,本文的分析仍然具有非常重要的价值。尤其是,通过搬家前后的数据匹配,比较搬家前后的同乡聚居指数,对于当代大都市中的居住迁移提供了非常独特的数据结果,并考察了社会经济地位在这一过程中对于老乡聚居效应的影响效果。这一分析,有助于我们理解当代大都市的外来人居住安排和城市空间结构,也为我国的城市社会学发展提供了坚实的经验案例。

同时,我们也需要认识到,城市居住迁移是一个非常复杂的社会发生机制,受到多种因素的影响,包括国家宏观政策、城市空间布局、家庭因素、个体选择等等。本文的分析,仅仅是一个非常初步的探索,需要在未来进一步深化分析——尤其是对于内在社会机制的分析。

Localistic Enclave: Migrants' Residential Mobility in Shanghai

Sun Xiulin

Abstract: The residential mobility of migrants is an important factor affecting the urban spatial form. Based on the data of the Shanghai Urban Neighborhood Survey (SUNS), this paper describes the trend of the localistic enclave effect in the process of residential mobility and analyzes the effect of social and economic status in this process. The data analysis shows that the degree of localistic enclave does not decrease as expected, but education level can significantly weaken this effect.

Keywords: urban residence, residential mobility, localistic network, localistic enclave

老乡见老乡:深圳市不同方言群体的空间聚集、行业聚集与收入回报

普娟菠　曾东林　张卓妮*

摘要: 移民群体的空间聚集和行业聚集是城市研究的重要议题。与以往研究不同,本文以"方言文化差异"的视角研究我国流动人口的内部差异。我们利用深圳市 2005 年全国 1% 人口抽样调查数据,比较客家、粤、赣、潮州、湘和闽等六大方言群体的居住聚集、行业聚集与收入之间的关系,以检验空间同化理论和分层同化理论对中国城市不同方言群体的适用性。我们发现,对客家、粤和闽群体而言,居住聚集和收入呈负相关,那些在所属群体聚集的社区居住的人,相比在非聚集区居住者,平均月收入更低;但对赣和潮州群体而言,居住聚集和收入呈正相关:说明空间同化理论的适用性因方言文化群体而异。在行业聚集与收入的关系方面,我们的结果跟以往分层同化理论的文献一样,发现同时存在正相关和负相关的情况。对粤群体而言,在所属方言群体聚集行业(相比在非聚集行业)工作的人,平均收入更高;而客家和潮州群体则相反。这些研究结果说明,中国城市移民研究需重视方言文化等因素带来的流动人口内部差异。我们对本文的发现和未来相关研究的方向进行了讨论。

关键词: 居住聚集　行业聚集　收入　方言文化差异　空间同化理论　分层同化理论

---

* 普娟菠(juanbopu2-c@my.cityu.edu.hk),香港科技大学广州校区社会枢纽城市治理与设计学域博士研究生;曾东林(donglin@m.scnu.edu.cn),华南师范大学哲学与社会发展学院特聘研究员;张卓妮(通讯作者,znzhang@ust.hk),香港科技大学广州校区社会枢纽城市治理与设计学域副教授,香港科技大学社会科学部与公共政策学部联属副教授。

一、引言

族群聚集是都市中的普遍现象,根据同质性理论(homophily theory),人们更愿意与同类型的群体接触,并在交往中自我归组。[①] 这一过程主要包括两种形式:居住聚集与族群经济。居住聚集反映社会群体在空间分布中的隔离状态,而族群经济则强调族群网络在经济关系中的重要作用。西方对族群隔离进行了长期的理论与实证探究:在理论层面,已形成人类生态学派、行为学派、制度学派、新古典经济学派和马克思主义学派等多种学派[②],以及空间同化理论(spatial assimilation theory)和分层同化理论(segmented assimilation theory)等经典理论[③];在实证研究层面,西方已有大量文献对族群隔离的原因及影响展开了探讨,进而对经典理论进行验证。

与西方跨国移民不同,中国国内的迁移人口主要是汉族,因而种族、宗教、国籍等因素并非首要研究议题;但是,流动人口的内部差异尤其是"方言文化差异"突出。有研究表明,中国东部和南部大部分地区都是方言盛行的地区。[④] 在国内,人们几乎离家100公里就能碰到一种不同

[①] Miller Mcpherson, Lynn Smith-Lovin, James Cook, "Birds of a Feather: Homophily in Social Networks", *Annual Review of Sociology*, Vol. 27, No. 1, 2001, pp. 415 – 444.
[②] 孙秀林、顾艳霞:《中国大都市外来人口的居住隔离分析——以上海为例》,《东南大学学报》(哲学社会科学版)2017年第4期;钟奕纯、冯健:《城市迁移人口居住空间分异——对深圳市的实证研究》,《地理科学进展》2017年第1期。
[③] 彭庆军:《西方城市族群居住隔离的空间整合——理论、政策与反思》,《民族研究》2018年第5期;Zeng Donglin, Wu Xiaogang, Zhang Zhuoni, "Residential and Industrial Enclaves and Labor Market Outcomes among Migrant Workers in Shenzhen, China", *Journal of Ethnic and Migration Studies*, 2021, pp. 1 – 23.
[④] Gong Yuanyuan, Irene Hau-siu Chow, David Ahlstrom, "Cultural Diversity in China: Dialect, Job Embeddedness, and Turnover", *Asia Pacific Journal of Management*, Vol. 28, No. 2, 2011, pp. 221 – 238.

的、难以理解的方言。① 区域性差异塑造着不同的态度和行为②,由方言文化而各成群体的"移民"之间是否也存在差异？

以往关于迁移人口居住聚集和族群经济的研究,大多将移民划分为本地人口和流动人口,而忽略了移民内部不同方言群体之间的比较。本研究旨在填补这一空白。深圳是典型的移民城市,大量且多元的流动人口为研究"方言群体"差异创造了条件。我们利用深圳市 2005 年全国 1‰人口抽样调查数据,比较分析客家、粤、赣、潮州、湘和闽等六大方言群体的空间聚集、族群经济与劳动收入的关系。本文的主要贡献在于提出"方言文化差异"的分析视角,进而检验经典的空间同化理论和分层同化理论,其实用性是否在不同的方言群体中存在差别。

二、居住隔离与族裔经济：理论与实证研究回顾

空间同化理论和分层同化理论是族群隔离研究中的两个经典理论。空间同化理论提出,城市中的族群聚集区为"临时庇护所"和"过渡社区",它们为社会经济地位较低的流动人口提供居住、生活、就业等各方面的庇护。随着该部分群体社会经济地位的提升,他们将搬离聚集区,从而更好地融入主流社会。③ 对此,很多文献证实了空间聚集与劳动收入之间呈现负相关。④ 分层同化理论提出一个更广阔的视角,认为不同

---

① Mary Erbaugh, "Southern Chinese Dialects as a Medium for Reconciliation within Greater China", *Language in Society*, Vol. 24, No. 1, 1995, pp. 79 - 94; Lynn Pan, *Sons of the Yellow Emperor: The Story of the Overseas Chinese*, London: Mandarin, 1990.
② Kai-Alexander Schlevogt, "Institutional and Organizational Factors Affecting Effectiveness: Geoeconomic Comparison Between Shanghai and Beijing", *Asia Pacific Journal of Management*, Vol. 18, No. 4, 2001, pp. 519 - 551.
③ D. Massey, N. Denton, "Spatial Assimilation as a Socioeconomic Outcome", *American Sociological Review*, Vol. 50, No. 1, 1985, pp. 94 - 106.
④ Zeng Donglin, Wu Xiaogang, Zhang Zhuoni, "Residential and Industrial Enclaves and Labor Market Outcomes among Migrant Workers in Shenzhen, China", *Journal of Ethnic and Migration Studies*, 2021, pp. 1 - 23.

社会经济背景的移民群体最终会融入不同的社会阶层。① 双重劳动力市场理论更进一步阐释，认为劳动力可以大致分为高技能劳动力和低技能劳动力，前者受益于人力资本而进入一级劳动力市场，后者则更多流入二级劳动力市场。因而，族裔经济与劳动收入的关系有正相关也有负相关。

对居住聚集与族群经济的理论回应持续受到西方学者的关注。Logan 等学者发现，美国的少数族裔通过建立聚集区为贫困成员提供庇护，以帮助其更好地融入白人社会。② Massey 和 Denton 用结构方程模型对此进一步证实，发现在美国的西班牙裔及黑人群体中存在着"过渡社区"。③ Andersen 考察了欧洲的情况，发现在欧洲的少数族裔通过聚集社区来规避住房市场中被歧视的风险。④ 这些文献均证实了空间同化理论在欧美国家的适用性。对分层同化理论的验证也有类似的结论，Portes 等人的研究发现在迈阿密的古巴裔通过族群网络建立起了族裔经济，并实现了超过市场平均水平的劳动回报，同样的现象在纽约市的华人群体中也存在。⑤

---

① Carl Bankston, Zhou Min, "The Social Adjustment of Vietnamese American Adolescents: Evidence for a Segmented-Assimilation Approach", *Social Science Quarterly*, Vol. 78, No. 2, 1997, pp. 508–523; Alejandro Portes, Zhou Min, "The New Second Generation: Segmented Assimilation and Its Variants", *The Annals of the American Academy of Political and Social Science*, Vol. 530, No. 1, 1993, pp. 74–96.

② John Logan, Richard Alba, Zhang Wenquan, "Immigrant Enclaves and Ethnic Communities in New York and Los Angeles", *American Sociological Review*, Vol. 67, No. 2, 2002, pp. 299–322.

③ D. Massey, N. Denton, "Spatial Assimilation as a Socioeconomic Outcome", *American Sociological Review*, Vol. 50, No. 1, 1985, pp. 94–106.

④ Hans Andersen, "Spatial Assimilation in Denmark? Why Do Immigrants Move to and from Multi-ethnic Neighbourhoods", *Housing Studies*, Vol. 25, No. 3, 2010, pp. 281–300.

⑤ Alejandro Portes, Leif Jensen, "The Enclave and the Entrants: Patterns of Ethnic Enterprise in Miami before and after Mariel", *American Sociological Review*, Vol. 54, No. 6, 1989, pp. 929–949; Kenneth Wilson, Alejandro Portes, "Immigrant Enclaves", *The American Journal of Sociology*, Vol. 86, No. 2, 1980, pp. 295–319; Zhou Min, John Logan, "Returns on Human Capital in Ethnic Enclaves: New York City's Chinatown", *American Sociological Review*, Vol. 54, No. 5, 1989, pp. 809–820.

国内关于居住隔离与族群经济的研究,以描述性文献为主。随着普查数据和调查数据的开放,近些年逐渐有学者尝试用实证方式对隔离现象进行深入分析。① 张春泥和谢宇利用 2010 年对珠三角和长三角地区外来务工人员的调查数据,考察了两地同乡聚集经济的情况,发现加入同乡聚集经济的外来务工人员,相比在开放劳动力市场的人,平均收入更高。② 曾东林、吴晓刚和张卓妮分析了深圳市流动人口的居住聚集、行业聚集与就业市场的关系,发现居住于同乡聚集区的群体平均收入更低,但就业于同乡聚集行业的群体平均收入更高。③ 这些研究对经典的空间同化理论和分层同化理论进行了回应,推动了国内关于居住隔离和族群经济的实证研究的发展,但是关于移民群体内部差异,尤其是方言群体之间的比较研究方面,存在不足。

语言与族群聚集密切相关。在群体的社交网络方面,学者发现拥有相似语言的群体往往认可相似的文化,也更有可能长期留在同族群网络中。④ 对贸易行为的研究也发现了类似的规律,有学者提出较大的语言差异会增加贸易成本,阻碍跨地区的经济来往,但相近的语言能有效促进贸易。⑤ 这些研究说明方言文化在群体的居住聚集与族群经济中起着重要作用,不少西方文献也证实了这一点。Gal 调查了奥地利的德国

---

① 孙秀林、顾艳霞:《中国大都市外来人口的居住隔离分析——以上海为例》,《东南大学学报》(哲学社会科学版)2017 年第 4 期。
② Zhang Chunni, Xie Yu, "Ethnic Enclaves Revisited: Effects on Earnings of Migrant Workers in China", *Chinese Journal of Sociology*, Vol. 2, No. 2, 2016, pp. 214 - 234.
③ Zeng Donglin, Wu Xiaogang, Zhang Zhuoni, "Residential and Industrial Enclaves and Labor Market Outcomes among Migrant Workers in Shenzhen, China", *Journal of Ethnic and Migration Studies*, 2021, pp. 1 - 23.
④ Howard Giles, Donald Taylor, Richard Bourhis, "Towards a Theory of Interpersonal Accommodation through Language: Some Canadian Data", *Language in Society*, Vol. 2, No. 2, 1973, pp. 177 - 192; Gong Yuanyuan, Irene Hau-siu Chow, David Ahlstrom, "Cultural Diversity in China: Dialect, Job Embeddedness, and Turnover", *Asia Pacific Journal of Management*, Vol. 28, No. 2, 2011, pp. 221 - 238.
⑤ Wang Ling, Ruan Jianqing, "Dialect, Transaction Cost and Intra-National Trade: Evidence from China", *Applied Economics*, Vol. 51, No. 57, 2019, pp. 6113 - 6126.

和匈牙利社区,发现个人的社会网络与其语言选择密切相关[1],Milroy 对该结论进行了补充,发现英国的语言聚集区在很大程度上也受到社交网络的影响[2]。方言文化与社会网络紧密相关,进而影响着族群的居住聚集与族群经济。

在我国,方言文化也是流动人口内部分化的重要因素,所谓"老乡见老乡",往往包含着明显的群体内部认同以及与此相关的社会网络。因此,我们在这篇文章里提出"方言文化差异"的视角,以深圳为例研究我国"移民"群体的内部差异,进而检验空间同化理论和分层同化理论在不同方言群体中的适用性。

三、基于语言文化的族群内部差异视角:以深圳为例

深圳市作为中国典型的移民城市,具有多元的人口结构和丰富的方言文化。如图 1 所示,深圳市常住人口的户籍登记地几乎覆盖全国各地区。除户籍地为深圳市的人口之外,来源地为广东省其他地市的人口占比最高,超过 20%;其次为来自湖南、湖北、广西、四川及江西的流动人口,均构成深圳市总人口的 5% 及以上;来源地为河南、贵州、重庆、安徽、陕西及福建的人口同样占据着重要比重,均大于 1%;其余人口的来源地数量多、范围广。据深圳市统计年鉴记载,过去 30 年来流动人口占据着深圳市的绝大部分人口。如此多元的流动人口格局,为"族群"内部异质性的探究提供了重要条件。

---

[1] Susan Gal, "Peasant Men Can't Get Wives: Language Change and Sex Roles in a Bilingual Community", *Language in Society*, Vol. 7, No. 1, 1978, pp. 1–16.
[2] Lesley Milroy, *Language and Social Networks*, Oxford: Blackwell, 1987.

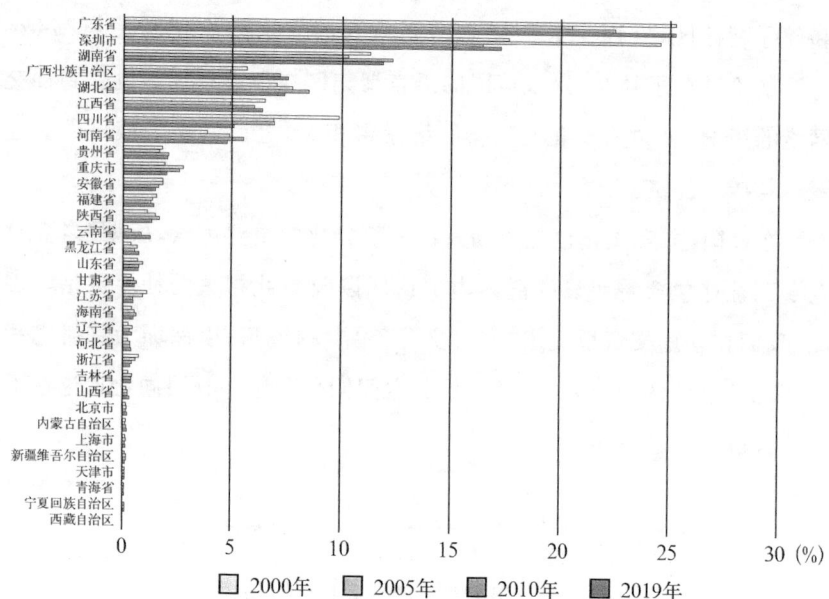

图 1　深圳常住人口的户籍登记地(2000—2019)

数据来源:2000年深圳市第五次全国人口普查数据;2005年深圳市全国1‰人口抽样调查数据;2010年深圳市第六次全国人口普查数据;2019年深圳市网格办人口统计数据。

以往关于移民聚集的研究大多忽视了语言文化纽带在社会网络中的作用。整体来说,中国的方言具有两大特点:数量多与差异大。在数量方面,根据中国社会科学院及澳大利亚人文学院的报告,中国的七大方言区共有105种细分方言。① 对此,有学者提出中国方言的数量之多、承载的文化之重在世界范围内属于罕见。② 从内容来看,中国方言的内容差异不仅体现在省与省之间,更为独特的是,同省内部的方言差异同样巨大。以广东省为例,其内部的潮汕文化、客家文化与雷州文化差异明显③,如此多元的方言文化,是"族群隔离"研究中不可忽视的重

---

① Chinese Academy of Social Sciences, Australian Academy of the Humanities, *Language Atlas of China*, Hong Kong: Hong Kong Longman Publishing (Far East) Limited Company, 1987.
② 李诗凫:《广东粤语的发展及岭南文化的传承和保护》,《学术评论》2012年第3期。
③ 叔翼健:《媒体文化与城市新移民地域文化认同的建构——以广州为例》,《新闻研究导刊》2018年第16期。

要维度。

图 2 汇总了深圳市各类方言使用者的人口比例,由图可知,除普通话之外,客家、粤、赣、潮州、湘、闽、吴、晋等方言均是深圳市方言的重要组成部分。其中,客家、粤、赣、潮州、湘和闽方言的使用人数占比较高,分别为 8.4%、8%、7.4%、7.2%、6.4% 及 3.2%,为深圳市的六种主要方言。

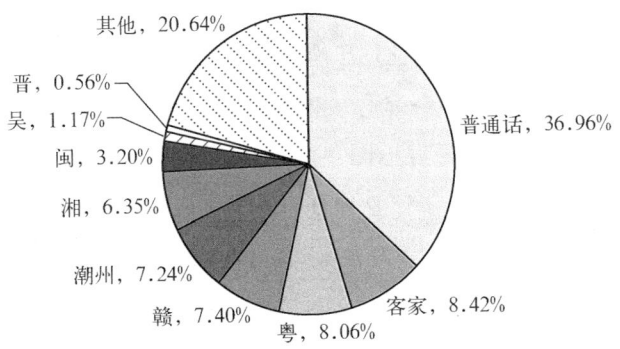

图 2　2005 年深圳各类方言人口比例
数据来源:2005 年深圳市全国 1% 人口抽样调查数据。

本文重点关注客家、粤、赣、潮州、湘和闽六大方言群体的空间聚集、族群经济与劳动收入。本文的具体研究问题为:一、深圳市不同方言群体的空间聚集、族群经济与劳动收入的关系有何异同;二、空间同化理论和分层同化理论对这些群体是否适用。

四、数据、变量和分析方法

本研究采用深圳市 2005 年全国 1% 人口抽样调查数据,该数据总共收集了 193 587 位受访者的信息。按来源地统计,受访者共计来自全国 31 个省级行政区、2509 个县级行政区,共同构成深圳市 2005 年总人口的 2.5%。按户籍人口与流动人口的比例统计,在 193 587 位受访者中,流动人口占绝大多数,共计 80.4%,这些受访者的来源地几乎覆盖全国绝大部分地区。该数据采集了个人层面的多类信息,包括年龄、性别、户籍地、受教育程度、职业、收入、在深居住时长、常住地等。

本研究的关注点是方言群体的居住聚集和行业聚集与收入之间的关系。这里涉及两个重要的界定:第一,在社区和行业层面,界定某个社区/行业是某个方言群体聚集的社区/行业;第二,在个人层面,界定最终分析样本里的个人是否在自己所属方言群体的聚集区里居住,以及是否在自己所属方言群体的聚集行业里工作。

关于第一个界定,我们使用了全样本数据(即 193 587 位受访者,包括所有流动人口以及具有深圳户口的居民)。对每一个受访者,我们根据户籍地信息与《中国语言地图集》进行方言匹配,确定其所属方言群体。[①] 然后,我们以社区和行业为分析单位,运用比值比的方法分别对客家、粤、赣、潮州、湘和闽六大方言群体界定聚集社区和聚集行业。

比值比方法主要分为两个步骤:第一步为计算比值比,其结果反映的是相比于其他社区/行业,某个方言群体在特定社区/行业的相对分布情况;第二步为设立临界值,超过临界值的社区/行业被界定为聚集社区/聚集行业。[②] 在本文中,计算居住聚集时以居委会为分析单位,一共包括 325 个居委会;计算行业聚集时参照中国标准行业分类系统中的两位数行业类别,一共包括 94 个行业(这部分使用了全样本中有工作的人口进行计算)。

比值比的计算公式如下:

$$\text{比值比} = \frac{\frac{E_{ij}}{O_{ij}}}{\frac{E_{\hat{ij}}}{O_{\hat{ij}}}}$$

[①]《中国语言地图集》第 2 版,《方言》2014 年第 1 期。
[②] Richard Alba, John Logan, Kyle Crowder, "White Ethnic Neighborhoods and Assimilation: The Greater New York Region, 1980 - 1990", *Social Forces*, Vol. 75, No. 3, 1997, pp. 883 - 912; John Logan, Richard Alba, Thomas McNulty, "Ethnic Economies in Metropolitan Regions: Miami and Beyond", *Social Forces*, Vol. 72, No. 3, 1994, pp. 691 - 724; Xie Yu, Margaret Gough, "Ethnic Enclaves and the Earnings of Immigrants", *Demography*, Vol. 48, No. 4, 2011, pp. 1293 - 1315.

其中，i 代表方言群体，分别为客家、粤、赣、潮州、湘和闽；j 表示居委会代码（1,2,3,……,325）或者行业代码（1,2,3,……,94）。分子（E_{ij} 与 O_{ij} 的比值）表示 i 方言在 j 居委会/行业中的代表程度，等于 j 居委会/行业中 i 方言的人数除以所有其他（除 i 方言以外）人数；分母（E_{ij}^- 与 O_{ij}^- 的比值）表示 i 方言在所有其他居委会/行业（除去 j 居委会或者 j 行业）中的代表程度，等于在所有除 j 以外的居委会/行业中 i 方言的人数与其他所有人数的比值。简单来说，比值比反映的是某个群体在某社区/行业的相对分布情况（相对于在其他社区/行业的分布）。

以居住聚集的计算为例。对于客家人（$i=$客家人），我们对第一个居委会（$j=1$）计算客家人数与非客家人数的比值（即上面公式的分子 E_{ij}/O_{ij}，第一个比值），然后计算在所有其他 324 个社区中，客家人数与非客家人数的比值（即公式的分母 E_{ij}^-/O_{ij}^-，第二个比值）；然后把这两个比值相除，得到客家人在第一个居委会的比值比。同样的方法，对客家人计算在第二个居委会的比值比，一直计算到客家人在第 325 个居委会的比值比。以此类推，对粤、赣、潮州、湘和闽等其他五大方言群体也如此计算。行业聚集也是通过同样的方式计算，唯一区别在于我们将样本分为了两部分：雇主（包括自雇）和雇员。

按上述方法，得到了一系列比值比之后，下一步就是设置临界值以确定哪些社区/行业是某个方言群体（客家、粤、赣、潮州、湘或闽）所聚集的社区/行业。依据之前的研究，我们把社区聚集的临界值设为 2，把行业聚集的临界值设为 1.5。[1] 举例，当某个居委会对客家人来说其比值比大于或等于 2 时，它就被界定为客家人的聚集社区。需特别说明的是，为了使行业聚集的界定更为严谨，只有雇主样本的比值比和雇员样本的比值比都大于或等于 1.5 时，该行业才会被界定为对应群体（比如客家人）聚集的行业。

---

[1] Per-Anders Edin, Peter Fredriksson, Olof Åslund, "Ethnic Enclaves and the Economic Success of Immigrants: Evidence from a Natural Experiment", *The Quarterly Journal of Economics*, Vol. 118, No. 1, 2003, pp. 329–357; John Logan, Richard Alba, Thomas McNulty, "Ethnic Economies in Metropolitan Regions: Miami and Beyond", *Social Forces*, Vol. 72, No. 3, 1994, pp. 691–724.

针对各方言群体的聚集社区和聚集行业确定之后，第二个界定是针对样本里面的流动人口，确定他/她是否在自己所属方言群体的聚集区里居住，以及是否在自己所属方言群体的聚集行业里工作。在这一步，我们把分析限定在属于客家、粤、赣、潮州、湘或闽等六大方言群体的流动人口之中。"居住聚集"和"行业聚集"这两个核心自变量都是因变量。如果受访者在所属方言群体的聚集社区居住，那么"居住聚集"这个变量就等于1，否则等于0；如果受访者在所属方言群体聚集的行业工作，那么"行业聚集"这个变量就等于1，否则等于0。

本文的因变量是受访者月收入的对数。除了"居住聚集"和"行业聚集"之外，我们还控制了年龄（及其平方）、性别、婚姻状况、教育水平、在深居住时长、雇佣身份、居住社区的社会经济指数、职业大类和行业大类等变量。所有变量及其取值见表1。

我们把最终的分析样本限定在六大方言群体（客家、粤、赣、潮州、湘和闽）中有收入且年龄在16—60岁的受访者，一共57 568人（其中客家11 719人、粤11 916人、赣11 555人、潮州7697人、湘10 007人、闽4674人）。在多变量分析中，我们使用了最小二乘法回归模型（OLS regression）。我们对总的分析样本以及每个方言群体的分样本做多变量分析，以比较六大方言群体之间的差异。

表1 2005年深圳流动人口六大方言群体居住聚集和行业聚集分析变量表

变量	变量取值
因变量	
月收入的对数	大于0的常数
核心自变量	
居住聚集	1：在所属方言群体聚集区居住 0：在非聚集区居住
行业聚集	1：在所属方言群体聚集行业工作 0：在非聚集行业工作

续表

变量	变量取值
因变量	
其他自变量	
年龄	大于0的常数
年龄平方	大于0的常数
性别	1:女性;0:男性
婚姻状况	1:已婚;0:未婚
高等教育	1:已接受高等教育 0:未接受高等教育
在深居住时长	1:小于一年 0:大于等于一年
雇佣身份	1:雇员 2:雇主 3:自雇
居住社区的社会经济指数	0到100之间的常数
职业类别	1:管理人员 2:专业人员 3:文员 4:商业/服务业人员 5:体力劳动者
行业类别	1:制造业 2:建筑业 3:批发/零售 4:住宿/餐饮 5:其他

五、分析结果

（一）深圳六大方言群体所聚集的社区与行业

以往研究揭示深圳市存在数以百计的城中村，而城中村很多情况下也是"同乡村"。① 我们对深圳流动人口六大方言群体居住聚集的分析也反映

---

① 周春山、杨高、王少剑：《深圳农民工集聚空间的演变特征及影响机制》，《地理科学》2016年第11期。

了这一点。深圳很多社区存在一个或多个方言群体聚集居住的情况。从行政区域来看，福田区和罗湖区内的方言聚集区呈散点分布，与之相比，处于外围的宝安、光明、龙华和龙岗等聚集社区连片分布，且数量更多。从各居委会内方言群体聚集的数量来看，处于中心的福田、罗湖和南山等具有较少数量的多群体聚集社区，而外围的宝安、光明、龙华和龙岗等具有较多数量的多群体聚集社区。这可能跟行政设置、产业布局和住房供应等相关。福田区和罗湖区为深圳市的行政中心和商业中心；而外围区域则有更多的工业区，比如2005年宝安区和龙岗区的工业园区数量占全市的86%，此外住房成本较低也是流动人口聚集于宝安和龙岗等区域的重要原因。

整体来看，客家、粤、赣、潮州、湘和闽等六大方言群体的空间聚集呈现出不同的分布规律。比如，客家人主要聚集在龙岗和宝安，粤群体主要聚集在宝安、光明和龙华，闽群体主要聚集在龙岗和坪山；而除了外围的龙岗和大鹏新区，潮州人在市中心的福田和罗湖也有不少聚集社区。这些不同方言群体居住聚集的空间分布差异，说明对我国流动人口的居住聚集及其相关结果进行研究时，需重视语言文化群体的界定和比较。

表2列出了各方言群体所聚集的行业。从聚集行业的数量来看，客家、粤、赣群体分别有4个聚集行业，潮州群体有3个，闽群体有2个，湘群体有1个。从聚集行业的种类来看，赣群体聚集于城市公共交通业，居民服务业，农副食品加工业，木材加工及木、竹、藤、棕、草制品业；客家群体聚集于有色金属冶炼及压延加工业、零售业、娱乐业及邮政业；粤群体聚集于渔业、农业、畜牧业及建筑装饰业；潮州群体聚集于农副食品加工业、零售业及非金属矿物制品业；闽群体聚集于家具制造业及餐饮业；湘群体聚集于农业。

表3汇总了各方言群体居住聚集与行业聚集的整体情况。居住聚集的数据显示，潮州和客家群体的聚集社区数量最多，均为40个，所对应的人数占比分别为35.3%和27%；其次为粤和闽群体，分别为34个和32个聚集社区，对应的聚集人口比例分别为23.1%和22.9%；湘和赣群体的聚集社区数量分别为25个和20个，对应的聚集人口比例分别

为14.4%和16.2%。行业聚集的情况也反映出流动人口内部的异质性,潮州和客家群体依然是六大方言群体中聚集趋势最明显的,分别有42.8%和19.4%的人在所属方言群体聚集的行业工作,远远高于其他方言群体(闽10.8%、赣8.7%、粤4.3%、湘0.1%)。

表2 2005年深圳流动人口六大方言群体聚集的行业

方言群体	该群体所聚集的行业
客家	有色金属冶炼及压延加工业、零售业、娱乐业、邮政业
粤	渔业、农业、畜牧业、建筑装饰业
赣	城市公共交通业,居民服务业,农副食品加工业,木材加工及木、竹、藤、棕、草制品业
潮州	农副食品加工业、零售业、非金属矿物制品业
湘	农业
闽	家具制造业、餐饮业

表3 2005年深圳流动人口六大方言群体的居住聚集与行业聚集情况

方言群体	居住社区总数	聚集社区总数	居住于方言聚集社区的人口比例	所在行业总数	聚集行业总数	就业于方言聚集行业的人口比例
客家	323	40	27.0%	84	4	19.4%
粤	324	34	23.1%	85	4	4.3%
赣	323	20	16.2%	77	4	8.7%
潮州	317	40	35.3%	77	3	42.8%
湘	324	25	14.4%	80	1	0.1%
闽	317	32	22.9%	76	2	10.8%

(二)深圳六大方言群体居住聚集和行业聚集与收入的关系

表4列出了最终分析样本的总体特征,以及按是否在聚集社区居住和是否在聚集行业工作进行分类的情况。在居住聚集方面,住在所属方言群体聚集区

内的人,相比住在非聚集区的人,平均月收入稍微高些(分别为1553元和1389.7元)。在行业聚集方面,在所属群体聚集行业工作的人,相比在非聚集行业工作的人,平均收入却更低(分别为1483.6元与1743.3元)。

表4 2005年深圳流动人口六大方言群体的描述性统计

	六大方言群体全部样本	在聚集社区居住		在聚集行业工作	
		是	否	是	否
月收入	1516.3 (1772.3)	1553.0 (1671.5)	1389.7 (2077.3)	1483.6 (1754.8)	1743.3 (1873.6)
年龄	27.4 (8.3)	27.4 (8.2)	27.3 (8.7)	27.0 (8.1)	29.7 (9.3)
女性	44.5	44.1	46.0	45.0	40.6
已婚	42.7	42.6	42.8	40.9	55.0
高等教育	9.8	11.5	4.0	10.7	3.5
在深居住少于1年	24.9	25.2	24.0	25.6	20.6
雇佣身份					
雇员	87.6	89.0	84.0	91.3	61.7
雇主	4.7	4.3	6.1	3.5	13.4
自雇	7.7	7.1	9.9	5.3	24.9
职业类别					
管理人员	3.5	4.0	2.2	3.3	4.3
专业人员	6.3	7.0	3.1	7.0	1.4
文员	7.4	8.0	5.0	8.0	2.6
商业/服务业人员	34.4	33.9	35.9	28.1	77.8
体力劳动者	48.6	47.1	53.8	53.6	14.0
行业类别					
制造业	49.9	49.0	53.0	56.4	4.8
建筑业	3.7	4.0	2.9	3.5	5.2
批发/零售	19.5	18.5	22.9	12.4	68.5
住宿/餐饮	6.7	7.1	5.4	6.9	5.4
其他	20.2	21.4	15.9	20.8	16.1

续表

	六大方言群体全部样本	在聚集社区居住		在聚集行业工作	
		是	否	是	否
方言群体					
客家	20.4	19.3	23.9	19.0	30.1
粤	20.7	20.3	22.2	22.9	5.8
赣	20.1	22.1	13.2	21.0	13.9
潮州	13.4	11.4	20.1	9.1	43.4
湘	17.4	19.0	11.8	19.9	0.1
闽	8.1	7.9	8.8	8.3	6.8
样本量	57 568	44 612	12 956	50 320	7248

注：收入和年龄的数字为均值(标准差)，其他变量的数字为百分比。

对六大方言群体分别进行分析发现,居住聚集与收入之间的关系存在差别。对于客家、粤、湘和闽群体来说,居住在所属群体聚集区内的人,相比住在非聚集区的,平均收入更低(客家:1328.1元与1497.4元;粤:1022.6元与1556.1元;湘:1089.2元与1485.2元;闽:1282.2元与1709.1元);但是对赣和潮州群体来说,住在聚集区内的平均收入却比在非聚集区的更高(赣:1596.9元与1415.4元;潮州:1954.8元与1912.6元)。行业聚集与收入之间的关系在六大方言群体间也有差别(客家:按是否在聚集行业工作的平均月收入为1591.3元和1420.9元;粤:1695.2元与1417.8元;赣:1518.7元与1434.9元;潮州:2011.5元与1868.6元;湘:1777.8元与1424.6元;闽:1203元与1651.6元)。

表5展示了2005年深圳六大方言流动人口的收入回归(OLS regression)分析结果。模型1是全样本分析,模型2—7分别为客家、粤、赣、潮州、湘和闽的分样本分析。如表所示,在控制了其他变量之后,居住聚集和行业聚集与收入之间的关系在各方言群体之间存在差异。对客家、粤和闽来说,在所属方言群体聚集区(相比在非聚集区)居住的人平均收入更低(分别低 3.5% $[1-e^{-0.036}]$、8.9% $[1-e^{-0.093}]$ 和 7.3% $[1-e^{-0.076}]$);而赣和潮州则相反,在所属方言群体聚集区居住的平均收入更高(分别高12.6%

表 5 2005 年深圳流动人口六大方言群体的收入回归分析结果

	模型 1	模型 2 (客家)	模型 3 (粤)	模型 4 (赣)	模型 5 (潮州)	模型 6 (湘)	模型 7 (闽)
居住聚集	−0.008 (0.005)	−0.036*** (0.010)	−0.093*** (0.010)	0.119*** (0.012)	0.034* (0.014)	−0.001 (0.012)	−0.076*** (0.017)
行业聚集	−0.011 (0.007)	−0.098*** (0.020)	0.106** (0.032)	−0.011 (0.018)	−0.144*** (0.020)	0.068 (0.145)	0.005 (0.039)
年龄	0.051*** (0.002)	0.062*** (0.004)	0.058*** (0.003)	0.041*** (0.004)	0.059*** (0.005)	0.039*** (0.004)	0.083*** (0.006)
年龄二次项	−0.076*** (0.002)	−0.092*** (0.006)	−0.084*** (0.005)	−0.068*** (0.006)	−0.083*** (0.007)	−0.061*** (0.006)	−0.116*** (0.009)
女性	−0.161*** (0.004)	−0.180*** (0.009)	−0.170*** (0.009)	−0.137*** (0.009)	−0.185*** (0.014)	−0.101*** (0.009)	−0.153*** (0.015)
已婚	0.055*** (0.006)	0.031* (0.014)	0.081*** (0.013)	0.069*** (0.013)	0.067** (0.021)	0.028* (0.014)	0.026 (0.023)
高等教育	0.463*** (0.008)	0.444*** (0.018)	0.481*** (0.017)	0.497*** (0.015)	0.361*** (0.030)	0.482*** (0.016)	0.457*** (0.026)
在深居住少于1年	−0.159*** (0.005)	−0.136*** (0.011)	−0.126*** (0.010)	−0.178*** (0.010)	−0.184*** (0.016)	−0.161*** (0.010)	−0.151*** (0.016)
雇佣身份(参照组:雇员)							
雇主	0.419*** (0.010)	0.399*** (0.022)	0.378*** (0.025)	0.328*** (0.027)	0.453*** (0.022)	0.375*** (0.032)	0.488*** (0.035)
自雇	0.250*** (0.008)	0.216*** (0.018)	0.197*** (0.019)	0.094*** (0.020)	0.369*** (0.019)	0.161*** (0.024)	0.253*** (0.031)
社区社会经济指数	0.007*** (0.000)	0.007*** (0.000)	0.006*** (0.000)	0.007*** (0.000)	0.006*** (0.000)	0.007*** (0.000)	0.006*** (0.000)

续表

	模型 1	模型 2（客家）	模型 3（粤）	模型 4（赣）	模型 5（潮州）	模型 6（湘）	模型 7（闽）
职业类别（参照组：管理人员）							
专业人员	−0.284***(0.014)	−0.312***(0.032)	−0.316***(0.030)	−0.324***(0.030)	−0.219***(0.042)	−0.290***(0.033)	−0.165***(0.045)
文员	−0.449***(0.013)	−0.416***(0.031)	−0.475***(0.029)	−0.484***(0.030)	−0.416***(0.039)	−0.512***(0.032)	−0.363***(0.044)
商业/服务业人员	−0.609***(0.012)	−0.557***(0.028)	−0.688***(0.026)	−0.686***(0.027)	−0.517***(0.030)	−0.633***(0.030)	−0.500***(0.037)
体力劳动者	−0.570***(0.012)	−0.540***(0.029)	−0.657***(0.027)	−0.526***(0.028)	−0.588***(0.034)	−0.595***(0.031)	−0.547***(0.039)
行业类别（参照组：制造业）							
建筑业	0.049***(0.011)	0.015(0.030)	−0.010(0.027)	0.049*(0.025)	0.045(0.031)	0.020(0.027)	0.023(0.042)
批发/零售	0.135***(0.008)	0.130***(0.023)	0.148***(0.017)	0.227***(0.017)	0.081**(0.027)	0.116***(0.019)	0.094***(0.027)
住宿/餐饮	−0.031**(0.010)	−0.047*(0.020)	−0.022(0.020)	0.055*(0.023)	−0.168***(0.033)	−0.056*(0.023)	−0.071(0.045)
其他	0.083***(0.006)	0.036**(0.014)	0.076***(0.014)	0.207***(0.014)	−0.070**(0.024)	0.096***(0.014)	0.083***(0.023)
常数项	6.673***(0.029)	6.521***(0.067)	6.631***(0.061)	6.833***(0.063)	6.588***(0.087)	6.905***(0.068)	6.120***(0.102)
样本量	57 568	11 719	11 916	11 555	7697	10 007	4674
调整 R2	0.427	0.372	0.486	0.436	0.390	0.439	0.498

注：括号内为标准误；* $p<0.05$，** $p<0.01$，*** $p<0.001$。

$[e^{0.119}-1]$ 和 3.5%$[e^{0.034}-1]$);对于湘群体来说,居住聚集与收入之间的关系在统计上不显著($\alpha=0.1$)。在行业聚集方面,就粤群体而言,在所属方言群体聚集行业(相比在非聚集行业)工作的人平均收入更高(高 11.2%$[e^{0.106}-1]$);而客家和潮州则相反,在聚集行业工作的成员平均收入更低(分别低 9.3%$[1-e^{-0.098}]$ 和 13.4%$[1-e^{-0.144}]$)。

为了更直观地比较不同方言群体之间居住/行业聚集与收入关系的差异,以及对空间同化理论和分层同化理论的回应情况,我们把表5的回归分析结果概括为表6。如表所示,对各方言群体分别进行的实证分析结果,说明空间同化理论对客家、粤和闽适用,对这些方言群体而言,聚集的社区起到了过渡平台的作用;从移民融入的角度看,这些聚集的社区很可能为新来者提供了"庇护所",但当这些成员获得更高的收入之后,则逐渐迁出聚集区,融入主流或条件更好的社区(在截面数据分析结果中,我们对应地发现在聚集社区居住的平均收入更低,在非聚集区居住的收入更高)。然而,对赣和潮州群体来说,分析结果与空间同化理论并不一致。对分层同化理论的回应方面,粤群体证实了族群经济与收入的正相关,而客家和潮州群体则呈现出负相关。这些比较分析结果再次说明,在研究流动人口的族群聚集及相关议题时,需要重视流动人口内部的异质性。

表6 2005年深圳流动人口方言群体聚集与收入关系比较

方言群体	居住聚集	空间同化理论	行业聚集	分层同化理论
客家	—	过渡社区	—	负相关
粤	—	过渡社区	+	正相关
赣	+	不一致	/	/
潮州	+	不一致	—	负相关
湘	/	/	/	/
闽	—	过渡社区	/	/

注:"+"表示族群聚集与收入正相关;"—"表示族群聚集与收入负相关;"/"表示族群聚集与收入之间的关系在统计学上不显著($\alpha=0.1$)。

六、 总结与讨论

居住空间聚集和族群经济是移民研究的重点。以往关于中国城市族群聚集的研究大都把流动人口当成一个整体,忽略了移民来源地广泛及方言文化多样带来的内部差异。在这个背景下,这篇文章强调"方言文化差异"的视角,利用深圳市 2005 年全国 1‰ 人口抽样调查数据,比较了客家、粤、赣、潮州、湘和闽等六大方言群体的居住聚集和行业聚集情况,以及两者与收入之间的关系,进而检验空间同化理论和分层同化理论对中国城市不同方言群体的适用性。

我们首次使用比值比的方法对上述六大方言群体分别界定其所聚集的社区和行业,发现这些群体的空间聚集形态和行业聚集情况各有差异。接着我们对这六大群体分别进行收入回归分析,发现各方言群体的居住聚集、行业聚集与收入的关系也存在差异。

对客家、粤和闽群体而言,居住聚集和收入负相关,那些在所属群体聚集的社区居住的人,相比在非聚集区居住者,平均月收入更低。这个结果与空间同化理论一致。对客家、粤和闽这些群体而言,其方言聚集社区类似于"过渡社区",可能为新来者提供"庇护",随着成员社会经济地位的提高,他们会迁出这些聚集地进而融入主流或条件更好的社区。但是,对赣和潮州群体而言,居住聚集和收入正相关,那些在所属群体聚集的社区(相比在非聚集区)居住的人,平均月收入更高。这些结果说明,空间同化理论的适用性因方言文化群体而异。

在行业聚集与收入的关系方面,我们的实证分析跟以往分层同化理论的文献一样,发现同时存在正相关和负相关的情况。对粤群体而言,在所属方言群体聚集行业(比在非聚集行业)工作的人,平均收入更高;而客家和潮州群体则相反,在聚集行业工作的人平均收入更低。这些结果进一步说明,中国城市移民研究需要关注方言文化差异。

本文对中国城市族群聚集和移民融入等相关研究的贡献,在于提出了"方言文化差异"的视角,并以深圳为例,说明经典的同化理论在中国城市的适用性并不能一概而论,需考察流动人口的内部差异。基于截面数据,这篇文章描述的是空间聚集、行业聚集与收入之间的相关关系。族群聚集与收入之间的因果效应,需要更合适的研究设计和量化数据进行探讨,这是本文的局限,也是我们未来研究努力的方向。

为何我国城市流动人口不同方言群体之间会存在上述差异? 由于数据限制,这篇文章无法进行实证分析。我们认为,大概可以从文化、行业与社会空间分析的角度促进相关研究的发展。

从文化角度来看,弱连接理论(strength of weak ties)和结构洞理论(structural hole theory)可能提供一些参考。这两个理论指出过于紧密的社会网络反而可能不利于组织的绩效和发展。[1] 以往的相关研究发现"家长式"运作关系存在于紧密的族群网络和族裔经济中,移民企业家可能压迫自己族群的工人,给他们工作时间长、工资相对较低的职位。[2] 此外,根据文献记载,粤文化相对开放,而潮州文化和客家文化则相对保守,浓厚的乡族观念使得客家和潮州群体的内部关系十分紧密[3],是否过于紧密的宗族网络在一定程度上阻碍了"庇护所"的发展,变"庇护"为"剥削",这有待考察。

---

[1] James Montgomery, "Job Search and Network Composition: Implications of the Strength-Of-Weak-Ties Hypothesis", *American Sociological Review*, Vol. 57, No. 5, 1992, pp. 586 – 596; David Constant, Lee Sproull, Sara Kiesler, "The Kindness of Strangers: The Usefulness of Electronic Weak Ties for Technical Advice", *Organization Science*, Vol. 7, No. 2, 1996, pp. 119 – 135; Ronald Burt, "Structural Holes and Good Ideas", *The American Journal of Sociology*, Vol. 110, No. 2, 2004, pp. 349 – 399.

[2] Edna Bonacich, " 'Making It' in America: A Social Evaluation of the Ethics of Immigrant Entrepreneurship", *Sociological Perspectives*, Vol. 30, No. 4, 1987, pp. 446 – 466; Jimy Sanders, Victor Nee, "Limits of Ethnic Solidarity in the Enclave Economy", *American Sociological Review*, Vol. 52, No. 6, 1987, pp. 745 – 773; Eric Fong, Feng Hou, "Effects of Ethnic Enclosure of Neighborhoods, Workplace, and Industrial Sectors on Earnings", *Social Science Research*, Vol. 42, No. 4, 2013, pp. 1061 – 1076.

[3] 李新梅:《从粤语的谐音特点看广州文化》,《深圳职业技术学院学报》2016年第4期;李渫锋、古亮锋、庞颖怡:《近代以来梅州客家文化发展的传承与发展研究》,《今古文创》2021年第31期;胡少东、李龙、黄元盈:《乡族关系、商人信仰与近代潮汕商帮治理》,《南大商学评论》2020年第4期。

行业特征可能也是方言群体之间差异的来源。以潮州群体为例,根据本研究的统计,潮州群体中接近一半的人数(42.8%)就业于方言聚集行业,即农副食品加工业、零售业和非金属矿物制品业,且其中约40%的人员为雇主(含自雇),这两个比例均远远高于其他方言群体。除此以外,通过对比各群体的人口分布可知,其他方言群体(如客家、粤、湘)主要居住于以工业区为主的区域,但潮州群体的聚集社区也分布于中心区域(福田和罗湖)。行业性质及较高的雇主占比是否导致行业聚集与收入之间的负相关,值得探究。

从社会空间分析的角度看,族群聚集是多层次、多维度共演的动态过程。宏观层面的规划设计和产业分布等,与微观层面各群体的社会网络、机会成本和利弊权衡等,形成社会空间大网络,共同对流动人口的居住和行业聚集起作用。中国城市研究的一大挑战是打破学科壁垒。我们认为,未来城市实证研究应重视跨学科的"社会空间分析"视角,结合人口调查数据与外部空间数据,更全面和深入地研究族群空间分布与其他经济社会网络的形成、发展及影响。

Birds of a Feather: Chinese Dialects, Residential and Industrial Enclaves, and Migrants' Earnings in Shenzhen, China

Pu Juanbo　Zeng Donglin　Zhang Zhuoni

Abstract: Residential segregation and ethnic enclaves have received much attention in migration and urban studies. Internal migrants in urban China are often classified into dialect clusters given great varieties of places of origin and related regional differences in language and culture. Yet few research has empirically compared migrants of different dialects regarding residential and industrial enclaves and their relationships with labor market outcomes. In this paper, we filled the gap by using data from the 2005 Shenzhen Mini Census to compare among Hakka, Cantonese, Gan, Chiu Chow, Xiang and Min migrants, to test whether the spatial assimilation theory and segmented assimilation theory are applicable to these different dialect groups. We found that for Hakka, Cantonese and Min dialect groups, migrants who lived in residential enclaves earned less than those who did not, yet for Gan and Chiu Chow the corresponding relationship were positive. Furthermore, consistent with previous literature, we found that industrial enclaves were positively associated with earnings for some dialect group (i.e., Cantonese) and negatively associated with earnings for some others (i.e., Hakka and Chiu Chow). This paper contributes to the literature with a new "dialect comparison" perspective to examine the internal variation of migrants in urban China. Limitations of this study and possible future research topics were also discussed.

Keywords: residential enclave, industrial enclave, earnings, dialect comparison perspective, spatial assimilation theory, segmented assimilation theory

居住迁移与城市公共服务资源再分配*

——基于上海的经验证据

陈 伟**

摘要: 古典城市生态学理论认为,居住迁移实质上是城市资源的重新分配过程。那些具有优势地位的居民通过搬迁获得更为优质的城市资源,进而形成城市内部的社会不平等结构。本文关注居民在城市内部的居住迁移是否增加了其城市公共服务资源占有以及是否增加了其满意度。使用"上海都市社区调查"(SUNS)数据,并结合地理兴趣点(POI)大数据进行分析,本研究有四个方面的发现:第一,由获得住房产权而引起的居住迁移,虽然不一定有利于增加迁移后住房周边公共服务资源的总量和多样性,但有利于增加居民对迁移后住房周边公共服务资源的满意度;第二,居住迁移方向显著影响居民迁居后的住房周边公共服务资源,那些跨环线向内迁移的居民在迁居之后的公共服务资源占有往往具有优势,但在行政区域内进行短距离迁移的居民则没有明显优势;第三,自主迁移有助于提升对新住房周边公共服务资源的满意度,但不一定会在客观上显著增加优势;第四,移民相对于本地居民在公共服务资源方面往往处于劣势地位,但居住迁移有助于移民获得更多公共服务资源。本文试图融合居住迁移和城市公共资源配置机制,讨论公共资源配置的社

---

* 本文系国家社科基金青年项目"租购并举住房制度下城市公共服务均等化研究"(项目批准号:21CSH096)的阶段性研究成果。作者曾在中国社会学会2021年学术年会"新发展阶段下的特大城市社会治理"论坛和第十届社会理论工作坊云端专题"当代中国的居住与空间分析"论坛汇报本研究初步结果。感谢与会专家的批评指正。

** 陈伟,上海大学社会学院社会学系讲师。

会后果,以推进城市社会不平等的相关研究。

关键词: 居住迁移　住房　公共服务资源　满意度

一、研究问题

过去 40 年来,快速城市化是我国社会经济发展的最显著特征之一。快速城市化一方面表现为城市建设和住房开发,城市公共服务设施从市中心向郊区扩散开;另一方面则表现为移民大量涌入城市,城市内部空间出现移民和本地居民的继替过程。在很长一段时间内,我国的城市公共服务资源落后于城市化进程,政府在配置公共服务资源时,未能够有效考虑移民进城后可能形成的公共服务压力。这导致了城市公共服务资源相对紧缺,城市公共服务资源分配呈现诸多不平等的特征。优质公共服务资源在城市中心的高度聚集,也是大城市人口在中心城区聚集的一个重要原因。①

在城市公共服务资源配置的相关研究中,学者们往往将城市公共服务的相对紧缺和配置不均衡归因为城市规划滞后于城市发展②,而未有效呈现居民在城市公共服务资源再分配中的主动性。城市地方政府在规划城市公共资源时往往通过预判人口数或者基于城市的需求进行配置,但当居民在城市内部迁移时,则之前规划较为均衡的城市公共服务资源可能并不能保持动态均衡。在芝加哥城市社会学的经典研究中,伯吉斯等人认为不同的社会群体通过居住迁移的方式实现对城市资源的占有和继替,从而形成了城市社会的空间特征。③ 居住迁移是人们主动去竞争城市资源的途径之一。

---

① 赵秀池:《北京市优质公共资源配置与人口疏解研究》,《人口研究》2011 年第 4 期。
② 周岱霖、胡嘉佩:《社区生活圈公共服务设施配置规划路径探索——〈广州社区生活圈及公共中心专项规划〉编制思考》,《城乡规划》2021 年第 4 期;武田艳、何芳:《城市社区公共服务设施规划标准设置准则探讨》,《城市规划》2011 年第 9 期。
③ 罗伯特·帕克等:《城市:有关城市环境中人类行为研究的建议》,杭苏红译,北京:商务印书馆,2016 年。

基于以上理论背景和现实问题,本研究试图回答如下问题:在快速城市化过程中,哪些居民在获得城市公共设施资源方面存在优势?市内的居住迁移又将如何影响城市公共设施资源的再分配?何种居住迁移方式将有利于获得更多公共设施资源?不同居住迁移模式的居民对住房周边公共设施的满意度有何差异?

二、文献回顾

(一)理论渊源

早期芝加哥城市社会学研究者在研究芝加哥城市发展时,借用了生态学的理论,认为人们围绕着城市资源进行竞争。不同族群、不同社会地位群体的居住迁移行为形成了一种类似于生态学中的入侵和替代的社会发展过程,进而形成了芝加哥的城市空间形态。[①] 比如,随着城市郊区建设更新、更好的住房,高收入者从内城区迁往这些住房居住,而遗留下来的住房则供次等收入者居住,由此形成了一个房屋替换链。[②] 伴随着居住迁移而实现的城市空间继替,居民内部不平等同时具有了空间特征,表现为优势社会阶层能够获得更好的城市区位,而少数族裔移民则往往聚居在更差社区。在城市士绅化过程中,那些低社会经济地位的群体往往搬往更差的社区居住。[③] 住房区位决定了居民在城市的居住空间,从而限制了所能够获取的公共服务资源,比如,医疗服务、公共交通服务的获取取决于住房在城市中的空间位置。这些公共服务资源成

---

① 罗伯特·帕克等:《城市:有关城市环境中人类行为研究的建议》,杭苏红译,北京:商务印书馆,2016年。
② Homer Hoyt, *The Structure and Growth of Residential Neighborhoods in American Cities*, Washington D. C.: Federal Housing Adminstration, 1939.
③ Lei Ding, Jackelyn Hwang, Eileen Divringi, "Gentrification and Residential Mobility in Philadelphia", *Regional Science and Urban Economics*, Vol. 61, 2016, pp. 38-51.

为人们居住空间选择的主要依据。① 与此同时,房价、种族等因素所形成的居住隔离②,实际上是对城市公共服务资源的隔离,由此导致了公共服务资源的不均等③。

在美国的后续研究中,桑普森等人发现,社区的集中劣势往往与居住迁移和公共资源不足相关:一方面,优势群体会搬向更优质的社区,从而使得弱势社区环境改善和提升的难度进一步增加;另一方面,弱势族群往往在城市中缺乏足够的搬迁能力,特别是难以通过搬迁去往更好的居住社区。④ 城市内部形成的空间机会不平等,特别是居住和职业机会之间的错位,使得弱势群体更难以获得经济机会。比如,职住空间错位就成了弱势群体实现就业的空间障碍。⑤ 在中国,城市的公共资源配置通常呈现由市中心向外围逐步降低的模式,这意味着居住在市中心往往能够享受更多的公共服务资源,居民往郊外搬迁往往会降低其能够享受的公共服务资源。在城市改造过程中,弱势群体在政策和市场的压力下迁移至公共服务配套不足的社区。⑥

综上所述,100 年以来城市社会学研究者已经关注到城市内部居住迁移所形成的城市形态变化。他们将资源竞争作为居民在城市内部迁移的动力,而把城市形态特别是居住区位作为居住迁移竞争的结果。这

---

① Wu Wenjie, Zhang Wenzhong, Dong Guanpeng, "Determinant of Residential Location Choice in a Transitional Housing Market: Evidence Based on Micro Survey from Beijing", *Habitat International*, Vol. 39, 2013, pp. 16 – 24.
② John Logan, Matthew Martinez, "The Spatial Scale and Spatial Configuration of Residential Settlement: Measuring Segregation in the Postbellum South", *American Journal of Sociology*, Vol. 123, No. 4, 2018, pp. 1161 – 1203; Stefanie DeLuca, Philip Garbodenand, Peter Rosenblatt, "Segregating Shelter: How Housing Policies Shape the Residential Locations of Low - Income Minority Families", *The Annals of the American Academy of Political and Social Science*, Vol. 647, 2013, pp. 268 – 299.
③ Keren Horn, Ingrid Ellenb, Amy Schwartz, "Do Housing Choice Voucher Holders Live Near Good Schools", *Journal of Housing Economics*, Vol. 23, 2014, pp. 28 – 40.
④ 罗伯特·桑普森:《伟大的美国城市:芝加哥和持久的邻里效应》,梁玉成等译,北京:社会科学文献出版社,2018 年。
⑤ 刘志林、王茂军、柴彦威:《空间错位理论研究进展与方法论评述》,《人文地理》2010 年第 1 期。
⑥ 赵晔琴:《"居住权"与市民待遇——城市改造中的"第四方群体"》,《社会学研究》2008 年第 2 期。

些学者倾向于将城市内部资源的不均衡作为居住迁移的起点而非结果。那么仍然遗留的问题是：在一个城市化快速发展而城市公共服务资源以政府为配置主体的社会，居住迁移对城市公共服务资源配置或再分配将产生何种影响？

（二）城市公共服务资源配置

城市中公共服务资源配置可以被划分为两个过程：第一个配置过程是政府通过城市规划和城市建设，部署和配置居民所需要的公共服务或公共服务设施；第二个配置过程则是居民在城市内部通过居住迁移等方式，主动选择靠近公共服务资源。城市公共服务资源配置的两个过程遵循不同的逻辑：第一个配置过程遵循政府规划主导的逻辑，政府在城市规划和城市建设中的科学性以及公平性决定了公共服务资源配置的均衡程度；第二个配置过程遵循个人理性选择的逻辑，个人的迁移能力和在城市中的资源获取能力影响其所能够享受的公共服务资源。

在国内外已有研究中，城市规划方向的学者往往强调第一个配置过程的科学性以实现公共服务优化配置，注重应然层面的规范分析[①]；而社会学等专业的学者则更为强调第二个配置过程，即居民自身的主动性以及居民个体特征所产生的公共服务不均等，注重实然层面的经验分析[②]。

进一步分析已有文献，不难发现居住迁移与城市公共服务资源配置之间所存在的关系。这些研究通常有两种取向：一种取向认为城市空间资源是家庭迁移的决策因素，在不同的生命周期人们会迁往不同的更合

[①] 魏伟、洪梦瑶、周婕、夏俊楠：《"城市人"视角下城市基本公共服务设施评估方法——以武汉市为例》，《城市规划》2020年第10期；李博闻、黄正东、蒯希、于溪：《基于空间公平理论的公共交通服务评价——以深圳市为例》，《地理科学进展》2021年第6期。

[②] 杨铠、孙晓彤：《基础医疗资源配置与服务利用的研究——以上海城市空间为例》，《甘肃行政学院学报》2016年第5期；毕向阳、李沫：《在公平与效率之间——对北京市养老资源的空间分析》，《社会》2020年第3期；熊易寒：《从业主福利到公民权利——一个中产阶层移民社区的政治参与》，《社会学研究》2012年第6期。

适的城市空间①,城市公共资源是居民居住迁移的原因或迁移的动力之一,在该种取向的学者看来,一旦迁移发生,居民通常是迁移至自己所需要的公共服务资源附近,从而实现了公共服务资源的有效再分配;另一种取向则认为在城市内部迁移是个人综合经济社会地位的体现,那些拥有优势社会经济地位的居民往往会通占优势资源,而社会经济地位较低的居民则往往被挤压至城市边缘地区或者公共服务设施较差的地区,进而形成不同社会群体的居住区隔,不同群体由此形成了新的不平等结构。

以上城市公共服务资源的配置和再配置过程,启示着我们从居住迁移的角度重新探究城市公共服务资源的实际分配状况,同时还启示着我们从不同的居住迁移模式,来探究在城市内部不同社会群体获得公共服务资源的微观机制。

(三)居住迁移模式

住房通常作为人们获取城市资源特别是城市公共资源的重要途径②,住房区位直接影响到人们所能够获取的城市资源③。在城市公共服务资源分配中,住房特别是住房产权的作用越发明显。④ 在单位制时期,城乡间基于户口形成了差异性的公共服务配置⑤,而城市的公共服

---

① Peter Rossi, *Why Families Move: A Study in the Social Psychology of Urban Residential Mobility*, Glencoe: The Free Press, 1955; Rory Coulter, Jacqueline Scott, "What Motivates Residential Mobility? Re-Examining Self-Reported Reasons for Desiring and Making Residential Moves", *Population, Space and Place*, Vol. 21, No. 4, 2015, pp. 354 – 371.
② William Rohe, Shannon Van Zandt, George McCarthy, "Home Ownership and Access to Opportunity", *Housing Studies*, Vol. 17, No. 1, 2002, pp. 51 – 61.
③ 郑思齐、任荣荣、符育明:《中国城市移民的区位质量需求与公共服务消费——基于住房需求分解的研究和政策含义》,《广东社会科学》2012年第3期。
④ 陈映芳:《城市开发与住房排斥——城市准入制的表象及实质》,《宁波大学学报》(人文科学版)2009年第2期。
⑤ 王美艳、蔡昉:《户籍制度改革的历程与展望》,《广东社会科学》2008年第6期。

务主要由工作单位提供①。随着单位制的转型和城市化的发展,政府成为公共服务供给的主体②,并且将户口作为城市公共服务分配的主要依据③。与此同时,住房产权在公共资源获得和基础设施使用方面的作用逐渐扩大,不同类型和条件的住房产权所依附的生活便利度和公共服务权利相差极大,住房成为居民享受城市公共服务的必要条件。④ 近年来,城市中优质公共服务资源诸如义务教育资源的分配越发强调住房产权的重要性。⑤

在住房市场,住房价格越高,其所在区位条件往往越好,依附于住房的公共设施和公共服务也往往越优质。在洛根和莫洛奇看来,城市内部空间依附在住房上面作为商品销售,居民对城市空间的占据则通过住房来实现。对不同城市空间的占据影响着不同群体所能够获得的财富数量,由此构成了城市中的社会分层。⑥ 围绕着住宅小区,有绿地、道路、医院、商场等一系列的基础设施,住房决定了居民对于这些基础设施的可以获得性。⑦ 在市场条件下,住房的改变很大程度上受制于家庭经济能力。对于收入较高的群体而言,市中心有着更为完备的基础设施和社

---

① 郝彦辉、刘威:《制度变迁与社区公共物品生产——从"单位制"到"社区制"》,《城市发展研究》2006 年第 5 期;李路路:《"单位制"的变迁与研究》,《吉林大学社会科学学报》2013 年第 1 期。
② 李雪萍:《论城市社区公共产品的准市场机制供给》,《华中师范大学学报》(人文社会科学版)2009 年第 3 期。
③ 易成栋、高菠阳、黄友琴:《北京市人户分离人口的空间分布及其影响因素分析》,《中国人口科学》2014 年第 1 期;侯力:《户籍制度改革的新突破与新课题》,《人口学刊》2014 年第 6 期;谢宝富:《居住证积分制:户籍改革的又一个"补丁"?——上海居住证积分制的特征、问题及对策研究》,《人口研究》2014 年第 1 期。
④ Deborah Davis, "Urban Chinese Homeowners as Consumer-Citizens", in Sheldon Garon, Patricia Maclachlan eds., *The Ambivalent Consumer*, Ithaca: Cornell University Press, 2006, pp. 281 – 299;陈映芳:《城市开发与住房排斥——城市准入制的表象及实质》,《宁波大学学报》(人文科学版)2009 年第 2 期;张传勇、罗峰、黄芝兰:《住房属性嬗变与城市居民阶层认同——基于消费分层的研究视域》,《社会学研究》2020 年第 4 期。
⑤ 胡婉旸、郑思齐、王锐:《学区房的溢价究竟有多大——利用"租买不同权"配对回归的实证估计》,《经济学(季刊)》2014 年第 3 期。
⑥ 约翰·洛根、哈维·莫洛奇:《都市财富:空间的政治经济学》,陈那波等译,上海:格致出版社,2015 年。
⑦ 郑思齐、任荣荣、符育明:《中国城市移民的区位质量需求与公共服务消费——基于住房需求分解的研究和政策含义》,《广东社会科学》2012 年第 3 期。

会服务设施,他们能够支付更高价格以获得中心地带的住房。①

总而言之,城市居民基于自身的需求和经济能力,存在着诸多不同的居住迁移模式。这些迁移模式同时意味着他们获得城市公共服务资源可能存在着差异。

首先,居住迁移方向的影响。在中国的情境下,公共服务和城市稀缺资源往往集中在城市中心。通常而言从内城区向外城区迁移意味着能够享受的公共资源减少。在城市化进程中,城市政府往往将城市中心的老旧城区原有住宅用地拆迁转变为价值更高的商业用地,并将原住居民迁至更为偏远的郊区。② 而政府建设的保障性住房,则往往远离中心城区,公共服务设施可达性较差。③

其次,居住迁移距离的影响。有研究发现,北京的迁移以中短距离为主,呈现短距离扩散式迁居和中长距离蛙跳式迁居并存的混合形态,同时,社会阶层地位越高,迁居的距离越远。房屋产权也会显著增加迁居的距离,购买了房产的群体,其迁居的距离会明显增大。④ 刘望保等人对广州居民的居住迁移研究发现,居住迁移空间以就近迁移为主,在同一行政区范围内和邻近行政区之间的迁移比重非常高。⑤ 考虑到城市中行政区域的范围,若在同行政区域内迁移,则通常迁移距离会更近;在行政区域之间进行迁移的居民,其迁居距离则通常会更远。

最后,主动迁移和被动迁移的影响。在计划经济时期,城市空间布局和规划依赖于经济与社会建设需求,通过单位分配住房资源;而在市

---

① 郑思齐、符育明、刘洪玉:《利用排序多元 Logit 模型研究城市居民的居住区位选择》,《地理科学进展》2004 年第 5 期。
② 施芸卿:《增长与道义:城市开发的双重逻辑——以 B 市 C 城区"开发带危改"阶段为例》,《社会学研究》2014 年第 6 期。
③ 杨赞、张蔚、易成栋、高菠阳:《公共租赁住房的可支付性和可达性研究——以北京为例》,《城市发展研究》2013 年第 10 期。
④ 齐心、鲁黛迪:《北京城市内部居住迁移的空间模式研究》,《城市发展研究》2012 年第 12 期;齐心:《从北京看住房产权对居住迁移的影响》,《北京市经济管理干部学院学报》2010 年第 4 期。
⑤ 刘望保、闫小培、曹小曙:《广州城市内部居住迁移空间特征及其影响因素研究》,《人文地理》2007 年第 4 期。

场化改革之后,人们的住房选择和迁居行为都有了很大的自主性。① 在城市化和城市更新过程中,人们一方面可以通过购买住房或租赁住房的方式主动实现居住迁移,以在城市中寻找适合自己和适合家庭的居住位置。在市场化的自由迁居过程中,居民迁居更侧重于满足自身的特定需求,比如居住环境、居住通达性等。② 但另一方面,人们可能会面临着拆迁安置等情况,而被动迁出原来居住地。在拆迁安置的过程中,内城区的居民往往被迁往更为偏远的安置区域,从而不利于获得足够丰富的城市资源。

综合已有研究文献,一方面可以明确居住迁移将是城市公共服务资源再分配的一种关键途径,需要给予关注并继续深入分析;另一方面可以发现居住迁移模式对城市公共服务资源分配的异质性作用,居民具体居住迁移模式对其城市公共服务资源获得的影响仍然欠缺足够研究。故而,本文余下部分将以上海为例,使用具有代表性的城市入户调查样本,结合地图大数据分析居住迁移模式对城市公共服务资源再分配的影响,并探讨群体间的差异性。

三、 研究设计

(一) 数据来源

本文使用的核心数据为上海大学社会学院、上海大学数据科学与都市研究中心完成的"上海都市社区调查"(SUNS),该数据库包括社区、家庭和个人在内的多层次追踪调查数据,是国内首个以城市社会生活和基层治理为主题的专题追踪数据库。③

---

① 方长春:《中国城市居住空间的变迁及其内在逻辑》,《学术月刊》2014 第 1 期。
② 柴彦威、陈零极:《中国城市单位居民的迁居——生命历程方法的解读》,《国际城市规划》2009 年第 5 期。
③ 吴晓刚、孙秀林:《城市调查基础数据库助力社会治理》,《中国社会科学报》2017 年 11 月 8 日,第 6 版。

本文研究使用的是SUNS第一轮住户调查数据,该调查在2017年完成,成功收集了5102份家庭问卷和8640份成人问卷。在成人问卷中,调查详细询问了被访者上次居住地址、迁移原因、住房及区位资源满意度等信息。考虑到城市化进程和住房市场化进程,本研究仅分析1998年之后迁移的样本。在所有SUNS的成人样本中,超过76%的被访者在1998年之后有着居住迁移经历。

本文同时使用电子地图的地理兴趣点数据(POI),包括餐饮、购物、交通运输、生活服务等各类生活服务设施的大数据,数据主要来自高德地图。高德地图提供了丰富的API接口,可以将地址转换为经纬度坐标,也可以实现搜索或调用特定区域范围内的地理兴趣点,并获得兴趣点的经纬度信息、兴趣点名称、兴趣点类别以及电话号码等信息。[①] 以高德地图为代表的电子地图通常及时地将各类兴趣点数据标注到地图上,以方便为居民提供基于位置的服务(LBS)。基于电子地图的地理兴趣点数据,学者们已经发表了诸多城市规划、城市功能区以及城市公共物品相关研究。[②] 在本研究中,我们从地图兴趣点中提取与城市公共服务资源相关的数据,作为本研究分析的外部数据。具体而言,所涉及的地图兴趣点数据大类有"餐饮服务""日常购物""医疗卫生和社会保障""科教文化""体育休闲""交通运输"以及"生活服务"这7类。

通过经纬度地理信息转换,本文将SUNS样本的当前居住地址转为经纬度地理坐标,同时使用Geohash方法转为一个hash值,从而可以使用Geohash模糊匹配的方式与高德地图POI数据进行匹配,以获得每个样本地址的周边公共服务设施信息。Geohash提供了一种简便快速的模糊匹配方式,研

---

① 更多高德地图POI信息参见https://lbs.amap.com/api/webservice/summary/;国家信息中心:《高德地图兴趣点POI(Point of Interest)数据》,https://doi.org/10.18170/DVN/WSXCNM。
② 崔真真、黄晓春、何莲娜等:《基于POI数据的城市生活便利度指数研究》,《地理信息世界》2016年第3期;张景奇、史文宝、修春亮:《POI数据在中国城市研究中的应用》,《地理科学》2021年第1期。

究者可以方便地控制匹配范围的精度。① 在本研究中,我们使用的是 6 位编码的区块精度(精度为 1200 m * 609.4 m),同时包括周边 8 个邻近区块(同样为 6 位编码的区块),最后匹配为一个精度为 3600 m * 1828.2 m的长方形区块,样本地址位于这个长方形区块的中心区块内。换言之,我们匹配了每个 SUNS 样本当前居住地附近 6.58 平方公里范围内的公共服务资源兴趣点(POI)数据。

在实证分析时,我们剔除了崇明区的样本,这是因为崇明区地理位置比较特殊;同时,我们还剔除了在 1998 年之前迁移的样本,以主要讨论上海住房分配货币化改革之后的居住迁移者。在剔除了没有居住迁移记录的样本和关键变量缺失的样本之后,最终纳入分析的样本为 3718 人。

(二) 变量

1. 因变量

本研究试图探究城市居民在市内居住迁移对公共服务资源再分配的影响,其中公共服务资源主要包括"餐饮服务""日常购物""医疗卫生和社会保障""科教文化""体育休闲""交通运输"以及"生活服务"这 7 类。选取这 7 类公共服务资源的主要原因是:第一,城市生活日常需求,比如餐饮服务和日常购物服务点虽然为市场提供,但是与城市居民的日常生活紧密相关;第二,这些类别多为城市基础性公共服务设施,特别是交通运输和科教文化等类别。根据以上 7 类公共服务资源,本研究构建了如下三个指标作为因变量,以衡量城市公共服务资源分布情况。

第一,住宅周边公共服务资源总数量对数。将"上海都市社区调查"样本地址与 POI 数据匹配后,计算匹配区域范围内的几类公共服务资源总数量并取对数。一般而言,居住区域附近存在的公共服务资源总数越多,居民能够获得的公共服务资源总数量也越多。

---

① 更多 geohash 的相关信息参见 http://geohash.org。

第二,住宅周边公共服务资源多样性。我们使用香农多样性指数构建了本指标,以测量住宅周边的公共设施服务资源多样性。这是由于仅仅考虑数量无法有效衡量公共服务资源的优势,住宅周边公共服务设施资源越具有多样性,居民能够获得的公共服务种类也越多越丰富。表1汇报了样本周边设施分布情况,并汇报了公共服务资源总量和香农多样性指数。在后文的回归分析中,主要使用 3600 m * 1828.2 m 区块所构成的区域范围。

表1　上海市居民周边设施分布　　N=3718

	区块大小:1200 m * 609.4 m			区块大小:3600 m * 1828.2 m		
	均值	最小值	最大值	均值	最小值	最大值
公共服务资源总数量	718.360 (846.931)	1	7102	5698.718 (5709.964)	23	30 644
香农多样性指数	0.786 (0.117)	0.000	0.920	0.808 (0.072)	0.185	0.895
餐饮服务点	151.176 (194.921)	0	1691	1179.654 (1208.830)	0	6957
购物服务点	229.425 (367.576)	0	3399	1854.750 (2091.971)	1	14 086
卫生社保点	19.281 (23.475)	0	133	136.921 (135.944)	0	577
科教文化点	33.080 (44.017)	0	303	284.980 (324.642)	0	1212
体育休闲点	31.302 (34.072)	0	213	236.639 (224.289)	0	1006
交通运输点	100.994 (95.842)	0	562	836.896 (770.873)	15	3470
生活服务点	153.104 (156.664)	0	983	1168.878 (1143.376)	0	5488

注:括号内为标准差。

第三,住房周边公共服务设施满意度。在"上海都市社区调查"的成人问卷中,我们询问了被访者当前住所相对于上一处住所在周边公共设施方面的满意度,具体询问了"交通出行""绿化及活动场地""医疗及卫生设施""中小学教育设施""治安情况"5类,满意度评分为1—5分。这5类公共服务设施项目满意度得分的Cronbach's alpha值为0.79,说明该量表各项具有较高的一致性。故而,本研究使用主成分因子分析的方法进行降维,以提取出一个住房公共设施满意度的因子。原始评分数据和提取的因子得分数据汇报见于表2。

表2 上海市居民对周边公共服务资源满意度评价
（与上处住所相比） N=3718

	均值	标准差	最小值	最大值
周边公共服务资源满意度因子分	0.008	0.998	−3.220	2.211
周边公共服务资源满意度加总得分	16.928	3.643	5	25
交通满意度	3.438	1.052	1	5
绿化满意度	3.445	1.086	1	5
医疗满意度	3.327	0.936	1	5
教育满意度	3.324	0.969	1	5
安全满意度	3.395	0.888	1	5

2. 关键自变量

第一,住房产权变动。基于上次住房和当前住房的产权,我们构建了一个四分类的住房产权变动情况,分别为"从非自有产权住房搬迁至自有产权住房""从自有产权住房搬迁至非自有产权住房""从自有产权住房搬迁至自有产权住房"以及"从非自有产权住房搬迁至非自有产权住房"。第一类的主要情形是居民购买住房,从租房转变为自有产权住房;第二类的主要情形是居民由于各种情况搬离自有产权住房,转向租房居住;第三类的主要情形是居民搬向自有的另一套住房居住;第四类的主要情形则是没有自有住房的居民换租住所。

第二,居住迁移方向。考虑到上海的城市特征和行政区特征,本研究构建了两个搬迁方向的变量。第一个变量是居住迁移方向,第二个为是否行政区内迁移。居住迁移方向以内环、中环和外环线作为划分标志:若居民的住房地址从内环向外环方向变动,则记作"由内向外迁移";若居民的住房地址从外环向内环方向变动,则记作"由外向内迁移";若居民的住房地址在同一个环线内部变动,则记作"平行迁移"。结合上海市的城市建成区分布,内环范围内为发展成熟的老城区,而外环之外则更倾向于城市郊区。已有相关研究揭示,上海市移民的聚居往往呈现环线特征。① 是否行政区内迁移,则比较上次住房地址与这次住房地址的行政区域变化,如果仍然在同一个行政区,则记为"区内迁移",若不在同一个行政区,则记为"跨区迁移"。

第三,居住迁移原因。"上海都市社区调查"详细询问了被访者从上一处居住迁移的原因,主要包括"家庭原因""工作原因""社区原因""住房原因""健康原因"5个方面,并提供了总计19个小类的可能原因。综合相关研究发现,本研究将迁移原因划分为主动迁移和被动迁移两种:主动迁移包括"新组建家庭""主动购买住房""靠近工作地点"等方面;被动迁移则主要包括"住房拆迁""住宅无法继续居住"等原因。主动迁移和被动迁移体现了居民在住房搬迁过程中的个人意志:一般而言主动搬迁的居民在选择住所时将会更加关注住房条件的改善,而被动迁移的居民对住所选择和住所改善的主动性相对较低。

第四,移民身份。在已有的研究中,移民在城市中的住房获得往往处于劣势地位。外地移民通常高度聚居于上海的郊区。② 我们的前期研究也发现,上海市的移民在居住迁移过程中,外地人在公共服务资源获得方面处于劣势。③ 根据"上海都市社区调查"问卷中的界定,本文将移民界定为出生时没有上海户口的那些居民。

表3汇报了本研究的主要因变量、关键自变量和各控制变量信息。从本地居民和移民的比较来看,移民在公共服务设施方面相对处于劣势地位。

---

① 梁海祥:《双层劳动力市场下的居住隔离——以上海市居住分异实证研究为例》,《山东社会科学》2015年第8期。
② 曾东林、吴晓刚、陈伟:《移民的空间聚集与群体社会距离——来自上海的证据》,《社会》2021年第5期。
③ 孙秀林、陈伟、Fabien Pfaender:《城市空间与公共服务设施——上海市居住迁移分析》,《武汉科技大学学报》(社会科学版)2021年第5期。

表3 变量描述性统计表

	本地居民 (N=1954)	移民 (N=1764)	全部居民 (N=3718)
公共服务资源总数量	6210(5410)	5140(5980)	5700(5710)
香农多样性指数	0.817(0.065)	0.798(0.077)	0.808(0.072)
周边公共服务资源满意度因子分	0.119(1.010)	−0.116(0.967)	0.008(0.998)
住房产权变动情况			
非自有→自有	20.42%	18.76%	19.63%
自有→非自有	5.73%	4.59%	5.19%
自有→自有	68.32%	14.51%	42.79%
非自有→非自有	5.53%	62.13%	32.38%
居住迁移方向			
内→外	24.16%	18.93%	21.68%
平行迁移	62.08%	70.80%	66.22%
外→内	13.77%	10.26%	12.10%
行政区内迁移			
是	63.82%	67.63%	65.63%
否	36.18%	32.37%	34.37%
迁移原因			
被动迁移	22.26%	28.68%	25.31%
主动迁移	77.74%	71.32%	74.69%
多套住房			
是	39.92%	14.63%	27.92%
否	60.08%	85.37%	72.08%
人均家庭年收入(万元)	14.7(14.7)	14.4(17.2)	14.6(15.9)
受教育年限	12.4(3.34)	11.6(3.83)	12.1(3.60)
党员			
是	16.17%	10.77%	13.61%
否	83.83%	89.23%	86.39%
年龄	51.1(16.1)	40.2(14.1)	45.9(16.2)
性别			
男	49.18%	51.36%	50.22%
女	50.82%	48.64%	49.78%
婚姻状况			
在婚	82.50%	83.22%	82.84%
未婚	17.50%	16.78%	17.16%

注:类别变量汇报百分比,连续性变量汇报均值,括号内为标准差。

（三）统计模型和估计方法

本研究构建的四个城市公共服务资源指标均可被视为连续性变量，其中前三个为地图兴趣点数据构建的客观指标，第四个为居民主观评价指标。对于这些指标取值 y，都有：

$$y = \alpha + \beta_1 x_1 + \beta_2 x_2 + \beta c X c + \varepsilon$$

其中 x_1 分别指"住房产权变动""居住迁移方向"和"居住迁移原因"三个关键自变量，x_2 指移民变量，Xc 则指代一系列控制变量。考虑到移民群体和本地居民在经历以上三类不同的居住迁移时，面对的城市公共服务资源存在着差异，故而在以上模型中加入交互项，以捕捉移民在居住迁移之后的公共服务资源再分配情况。于是：

$$y = \alpha + \beta_1 x_1 + \beta_2 x_2 + \beta_3 x_1 \times x_2 + \beta c X c + \varepsilon$$

其中 β_3 指移民与居住迁移在获得公共服务资源上的交互效应：β_3 小于零指移民在同样经历过以上居住迁移时，其新住所能够获得的公共服务资源相对于本地居民更差，或者满意度更低；β_3 大于零则表明移民在进行居住迁移之后，相对于本地居民能够获得更多或更丰富的住房周边公共服务资源，或者满意度更高。

根据以上界定，y 可被视为连续性变量，那么可以通过普通最小二乘法（OLS）估计相应的系数。

四、实证结果

（一）住房产权变动与公共服务设施资源

表 4 呈现的是住房产权变动对住房周边公共服务设施资源以及住房周边设施满意度的回归结果，模型 1 和模型 2 的因变量为居民当前住房周边公共服务资源总数，模型 3 和模型 4 的因变量为当前住房周边公

表 4 住房产权变动对周边设施的多元线性回归结果 N=3718

	公共服务资源总数		公共服务资源香农多样性指数		周边公共服务资源满意度	
	模型 1	模型 2	模型 3	模型 4	模型 5	模型 6
	住房产权变动					
非自有→自有	−0.067 (0.065)	−0.102 (0.128)	0.003 (0.004)	−0.001 (0.007)	0.380*** (0.054)	0.362*** (0.106)
自有→非自有	−0.222* (0.097)	−0.285 (0.159)	0.001 (0.006)	−0.007 (0.009)	−0.154 (0.080)	−0.138 (0.132)
自有→自有	−0.318*** (0.064)	−0.522*** (0.118)	−0.001 (0.004)	−0.010 (0.007)	0.421*** (0.053)	0.435*** (0.098)
移民	−0.314*** (0.053)	−0.515*** (0.123)	−0.007* (0.003)	−0.016* (0.007)	−0.033 (0.043)	−0.021 (0.102)
	住房产权变动*移民					
非自有→自有*移民		−0.058 (0.148)		0.002 (0.009)		0.044 (0.123)
自有→非自有*移民		−0.029 (0.209)		0.010 (0.012)		−0.031 (0.173)
自有→自有*移民		0.532*** (0.147)		0.018* (0.009)		−0.058 (0.122)

续表

	公共服务资源总数		公共服务资源香农多样性指数		周边公共服务资源满意度	
	模型 1	模型 2	模型 3	模型 4	模型 5	模型 6
多套住房(有=1)	0.104* (0.047)	0.084 (0.047)	0.003 (0.003)	0.003 (0.003)	0.086* (0.039)	0.088* (0.039)
家庭年收入	0.009*** (0.001)	0.009*** (0.001)	0.0002** (0.0001)	0.0002** (0.0001)	0.0003 (0.001)	0.0003 (0.001)
受教育年限	0.116*** (0.007)	0.112*** (0.007)	0.005*** (0.0004)	0.005*** (0.0004)	−0.042*** (0.006)	−0.042*** (0.006)
党员(是=1)	−0.002 (0.061)	−0.012 (0.061)	0.001 (0.004)	0.0002 (0.004)	0.038 (0.050)	0.040 (0.051)
年龄	0.022*** (0.002)	0.021*** (0.002)	0.001*** (0.0001)	0.001*** (0.0001)	−0.002 (0.001)	−0.002 (0.001)
性别(男=1)	−0.144*** (0.039)	−0.140*** (0.039)	−0.004 (0.002)	−0.003 (0.002)	0.040 (0.032)	0.040 (0.032)
在婚(是=1)	−0.304*** (0.053)	−0.294*** (0.053)	−0.005 (0.003)	−0.005 (0.003)	−0.055 (0.044)	−0.056 (0.044)
常数项	6.119*** (0.136)	6.387*** (0.180)	0.718*** (0.008)	0.729*** (0.011)	0.354** (0.113)	0.333* (0.150)
Adjusted R^2	0.175	0.181	0.086	0.087	0.048	0.048

注:括号内为标准误;* $p<0.05$,** $p<0.01$,*** $p<0.001$;周边范围为 6.58 平方公里。

共服务资源的多样性指数,模型5和模型6的因变量为居民对当前住房公共设施满意度评价总因子得分。各个模型的关键自变量为住房产权变动情况,模型2、模型4和模型6还增加了住房产权变动情况与移民变量的交互项,以考察移民群体和本地居民在居住迁移和城市公共服务资源获得方面的差异。

模型1的结果显示,居民居住迁移前后产权类型变动模式会与其当前住房周边公共服务资源存在显著的关联。那些住房产权由非自有转为自有的居民,其住房周边公共设施总量相较于非自有转为非自有的居民未有显著差异,而由自有住房向另一套自有住房搬迁的居民享受公共设施的总量相对较少。同样,那些住房产权由非自有转为自有的居民住房周边公共设施的多样性也未呈现显著差异。但是,两类迁移人口对住房周边公共设施的满意度水平也显著更高(模型5)。该结果与欧洲国家的研究结论相一致,增加住房产权能够提升人们对住房的满意度。[①] 模型1和模型3的结果也同时揭示,移民群体相对于本地居民而言,其住房周边公共设施的数量和多样性均显著偏低。

模型2、模型4和模型5增加了移民和住房产权变动的交互项,其中"自有→自有"和移民变量交互项结果为正;住房产权变动变量的主效应仍然显著。这表明移民群体经历过住房产权变动,特别是置换住房(住房产权从自有转为自有)之后,能够获得的公共服务资源显著增加。不过,移民群体与本地居民相比,对住房公共服务资源的满意度并不存在显著差异。

通过其他控制变量可知,家庭年收入、受教育年限变量在模型1至模型4中均显著,表明那些具有更高社会经济地位的居民,其住房周边的公共服务资源在数量上和多样性上均具有显著优势。这也印证了已有研究:社会经济上具有优势的居民,能够在城市中占据有利的空间,获得更为优质的公

---

① Luis Diaz-Serrano, "Disentangling the Housing Satisfaction Puzzle: Does Homeownership Really Matter", *Journal of Economic Psychology*, Vol. 30, 2009, pp. 745–755.

共服务资源。对于移民而言,那些能够在上海购房的移民,往往具有更大的可能性将住所搬迁至具有更多公共服务资源的区域。

(二) 居住迁移方向与公共服务资源

表5和表6均呈现居民的居住迁移方向与公共服务资源的关系。表5的关键自变量为居住迁移方向,表6的关键自变量为是否为行政区域内迁移。

表5中模型1和模型3结果表明由外环向内环方向迁移能够显著提升公共服务资源总数量和多样性。模型2和模型4增加了是否移民变量的交互项之后,"由外向内迁移"和"移民"的交互项通过显著性检验,这表明移民通过向中心城区迁移能够获得更多公共服务资源优势。模型5和模型6的结果显示,上海市居民若由内环向外环迁移,居民对其住房周边公共设施资源的满意度明显降低;而若从外环向内环迁移,则对住房周边公共设施资源的满意度出现增加。表5中所呈现的客观公共服务资源和主观满意度之间的差距,表明人们在城市内部的居住迁移结果与城市区位相关联。在上海,中心城区有着更多且更丰富的公共服务设施,居住在中心城区同时也成为社会地位标志。居民在外迁之后,虽然相对于环线内部迁移而言公共服务设施并未存在显著劣势,但是在情感也即对住房周边公共服务设施态度上仍然抱有相对不满。

表6中模型1至模型4的结果显示,行政区范围内的迁移后住房周边公共服务资源总数量明显下降,但住房周边公共服务资源的多样性并无显著变化。移民和居住迁移的交互项未通过显著性检验,这表明移民在行政区范围内迁移后的住房周边公共服务资源总数量和多样性与本地居民并无显著差别。模型5和模型6的结果显示,行政区域内迁移的居民在对住房周边公共设施的满意度上却显著更高。这一结果或许可以通过人们安土重迁的传统文化进行解释:在短距离迁移或者行政区范围内迁移的居民对住房周边设施更为熟悉,更容易表现出较高的满意度;而跨行政区长距离迁移的居民,在面临新的居住环境时,则容易表现出念旧的心态,往往认为当前的地方不如老地方好。

表 5 居住迁移方向对周边设施的多元线性回归结果

N=3718

	公共服务资源总数		公共服务资源香农多样性指数		周边公共服务资源满意度	
	模型 1	模型 2	模型 3	模型 4	模型 5	模型 6
居住迁移方向						
由内向外迁移	-0.044 (0.048)	-0.025 (0.063)	0.009** (0.003)	0.004 (0.004)	-0.425*** (0.040)	-0.582*** (0.052)
由外向内迁移	0.786*** (0.061)	0.674*** (0.079)	0.028*** (0.004)	0.022*** (0.005)	0.308*** (0.050)	0.196** (0.065)
移民(是=1)	-0.163*** (0.043)	-0.187*** (0.052)	-0.006* (0.003)	-0.010** (0.003)	-0.231*** (0.036)	-0.342*** (0.043)
居住迁移方向*移民						
由内向外迁移*移民		-0.048 (0.095)		0.010 (0.006)		0.355*** (0.079)
由外向内迁移*移民		0.274* (0.121)		0.014* (0.007)		0.255* (0.100)
多套住房(有=1)	0.053 (0.046)	0.050 (0.046)	0.003 (0.003)	0.003 (0.003)	0.042 (0.038)	0.030 (0.038)
家庭年收入	0.008*** (0.001)	0.008*** (0.001)	0.0002* (0.0001)	0.0002* (0.0001)	0.001 (0.001)	0.001 (0.001)

续表

	公共服务资源总数		公共服务资源香农多样性指数		周边公共服务资源满意度	
	模型 1	模型 2	模型 3	模型 4	模型 5	模型 6
受教育年限	0.102*** (0.007)	0.102*** (0.007)	0.005*** (0.0004)	0.005*** (0.0004)	−0.025*** (0.006)	−0.026*** (0.005)
党员(是=1)	−0.027 (0.060)	−0.030 (0.060)	−0.0001 (0.004)	−0.0002 (0.004)	0.022 (0.050)	0.022 (0.050)
年龄	0.020*** (0.001)	0.020*** (0.001)	0.001*** (0.0001)	0.001*** (0.0001)	0.002 (0.001)	0.002 (0.001)
性别(男=1)	−0.106** (0.038)	−0.108** (0.038)	−0.003 (0.002)	−0.003 (0.002)	0.026 (0.032)	0.024 (0.032)
在婚(是=1)	−0.309*** (0.052)	−0.304*** (0.052)	−0.005 (0.003)	−0.004 (0.003)	−0.008 (0.043)	−0.005 (0.043)
常数项	6.083*** (0.132)	6.099*** (0.134)	0.720*** (0.008)	0.723*** (0.008)	0.338** (0.110)	0.413*** (0.111)
Adjusted R^2	0.207	0.208	0.101	0.102	0.069	0.075

注:括号内为标准误; * $p<0.05$, ** $p<0.01$, *** $p<0.001$; 周边范围为 6.58 平方公里。

表6 居住迁移范围对周边设施的多元线性回归结果

N=3718

	周边公共服务资源总数		周边公共服务资源香农多样性指数		周边公共服务资源满意度	
	模型1	模型2	模型3	模型4	模型5	模型6
行政区内迁移(是=1)	−0.288*** (0.041)	−0.348*** (0.056)	−0.001 (0.002)	−0.004 (0.003)	0.106** (0.035)	0.186*** (0.047)
移民	−0.169*** (0.044)	−0.253*** (0.069)	−0.006* (0.003)	−0.011** (0.004)	−0.217*** (0.037)	−0.104 (0.058)
行政区内迁移*移民		0.129 (0.082)		0.007 (0.005)		−0.174* (0.068)
多套住房(有=1)	0.072 (0.046)	0.073 (0.046)	0.003 (0.003)	0.003 (0.003)	0.077* (0.039)	0.075 (0.039)
家庭年收入	0.008*** (0.001)	0.008*** (0.001)	0.0002** (0.0001)	0.0002** (0.0001)	0.002 (0.001)	0.002 (0.001)
受教育年限	0.104*** (0.007)	0.104*** (0.007)	0.005*** (0.0004)	0.005*** (0.0004)	−0.025*** (0.006)	−0.025*** (0.006)
党员(是=1)	−0.003 (0.061)	−0.004 (0.061)	0.001 (0.004)	0.0005 (0.004)	0.045 (0.051)	0.047 (0.051)
年龄	0.020*** (0.001)	0.020*** (0.001)	0.001*** (0.0001)	0.001*** (0.0001)	0.002 (0.001)	0.002 (0.001)
性别(男=1)	−0.132*** (0.039)	−0.131*** (0.039)	−0.004 (0.002)	−0.003 (0.002)	0.011 (0.033)	0.010 (0.033)
在婚(是=1)	−0.312*** (0.053)	−0.313*** (0.053)	−0.005 (0.003)	−0.005 (0.003)	−0.020 (0.044)	−0.019 (0.044)
常数项	6.341*** (0.142)	6.372*** (0.144)	0.719*** (0.008)	0.720*** (0.008)	0.218 (0.119)	0.176 (0.120)
Adjusted R^2	0.179	0.179	0.086	0.086	0.024	0.026

注:括号内为标准误; * $p<0.05$, ** $p<0.01$, *** $p<0.001$;周边范围为6.58平方公里。

表 5 和表 6 中出现的客观公共服务资源和主观满意度的不一致性，提醒我们在城市公共服务资源配置过程中一方面要考虑到实际资源方面的差异，另一方面还需要做足宣传工作，提升居住迁移之后居民对周边公共设施的满意度。

（三）居住迁移起因与公共服务资源

表 7 汇报了居住迁移起因与公共服务资源的关系。其中，模型 1 和模型 2 讨论居住迁移后的住房周边公共服务资源总数量，模型 3 和模型 4 讨论住房周边公共服务资源多样性，模型 5 和模型 6 讨论居住迁移起因与周边设施满意度的关系。

模型 1 的结果显示，主动迁移的居民并未在住房周边设施总数量上占据优势。模型 2 增加了主动迁移与移民交互项后各项均不显著。模型 3 和模型 4 的结果显示，主动迁移者的住房周边公共服务多样性显著降低，而上海本地居民迁移后的周边公共服务资源多样性下降更为明显。模型 5 和模型 6 的结果则表明，居民主动迁移后对住房周边公共服务资源的满意度评价趋正，移民主动迁移者对住房周边公共服务资源的满意度评价更高。

表 7 中的结果再次表明，在城市公共服务资源分配中，客观不均等与主观满意度的影响因素并不一致。那些主动迁移的居民，虽然迁移后的住房周边公共服务资源相对较差，但是他们对其满意度反而相对更高。这其中存在一个自主选择的过程，也即居民既会往更好的地方搬迁，也会往更适合自身的地方搬迁。对于那些主动搬迁的居民而言，居住搬迁后的住房条件更多是深思熟虑选择后的结果，故而往往能够有更高的满意度。

表 7 居住迁移起因对周边设施的多元线性回归结果 N=3718

	周边公共服务资源总数		周边公共服务资源香农多样性指数		周边公共服务资源满意度	
	模型 1	模型 2	模型 3	模型 4	模型 5	模型 6
主动迁移(是=1)	0.036 (0.047)	0.112 (0.067)	−0.009** (0.003)	−0.008* (0.004)	0.169*** (0.039)	0.006 (0.055)
移民	−0.164*** (0.044)	−0.053 (0.082)	−0.006* (0.003)	−0.005 (0.005)	−0.214*** (0.037)	−0.455*** (0.068)
主动迁移·移民		−0.146 (0.090)		−0.002 (0.005)		0.315*** (0.075)
多套住房(有=1)	0.066 (0.047)	0.062 (0.047)	0.004 (0.003)	0.004 (0.003)	0.065 (0.039)	0.072 (0.039)
家庭年收入	0.008*** (0.001)	0.008*** (0.001)	0.0002** (0.0001)	0.0002** (0.0001)	0.001 (0.001)	0.001 (0.001)
受教育年限	0.110*** (0.007)	0.110*** (0.007)	0.005*** (0.0004)	0.005*** (0.0004)	−0.033*** (0.006)	−0.034*** (0.006)
党员(是=1)	−0.0005 (0.061)	−0.0004 (0.061)	0.001 (0.004)	0.001 (0.004)	0.042 (0.051)	0.041 (0.051)
年龄	0.021*** (0.001)	0.021*** (0.001)	0.001*** (0.0001)	0.001*** (0.0001)	0.002 (0.001)	0.001 (0.001)
性别(男=1)	−0.129*** (0.039)	−0.131*** (0.039)	−0.004 (0.002)	−0.004 (0.002)	0.023 (0.033)	0.025 (0.033)
在婚(是=1)	−0.322*** (0.053)	−0.325*** (0.053)	−0.005 (0.003)	−0.005 (0.003)	−0.025 (0.044)	−0.019 (0.044)
常数项	6.008*** (0.137)	5.933*** (0.144)	0.720*** (0.008)	0.720*** (0.008)	0.273* (0.114)	0.435*** (0.120)
Adjusted R^2	0.168	0.169	0.088	0.088	0.027	0.031

注:括号内为标准误;$*p<0.05$,$**p<0.01$,$***p<0.001$;周边范围为 6.58 平方公里。

五、结论与讨论

（一）主要结论

通过使用上海具有代表性的家户调查样本，结合电子地图兴趣点数据，本研究分析了不同的居住迁移方式与迁移后住房周边公共服务资源的关系。实证分析结果显示，住房产权变动、居住迁移方向以及居住迁移起因等因素均会影响搬迁后的客观公共服务资源的多寡，并且也会影响居民对搬迁后的住房周边公共资源满意度评价。

第一，由获得住房产权而引起的居住迁移，总体上并未增加迁移后的住房周边公共服务资源的总量和多样性，但有利于增加居民对迁移后住房周边公共服务资源的满意度。这表明在上海，住房市场化之后，居民通过购买住房并未得到相对更好的公共服务资源，但是对住房周边的公共服务设施满意度却更高。与此同时，那些租房的居民则可能更容易进入公共服务资源相对较差的社区中。

第二，居住迁移方向显著影响居民迁居后的住房周边公共服务资源。那些跨环线迁移的居民在迁居之后公共服务资源往往具有优势，但在行政区域内进行短距离迁移的居民则并未有明显优势。上海市居民对中心城区的公共服务资源有着更高的满意度，表现为那些由外环往内环迁移的居民对周边的公共服务资源的满意度更高。上海居民同样具有安土重迁的文化特征，居民在行政区内迁移比例较高，尽管行政区域内迁移后的客观公共服务资源相对较差，但是主观满意度却更高。

第三，自主迁移有助于提升对新住房周边公共服务资源的满意度，但不一定在客观上具有显著的优势。这表明居住迁移实质上是居民在城市中自我选择的过程，那些能够自主实现居住迁移的居民往往对迁移结果展现出更高的满意度。

第四，移民相对于本地居民在公共服务资源方面往往处于劣势地位,但居住迁移有助于移民获得更多公共服务资源。这表现为通过各种居住迁移之后,移民能够迁往公共服务资源更多、更丰富的社区。居住迁移所产生的公共服务资源收益于移民而言更大。同时,移民通过各种模式的迁移之后,对新住所周边的公共服务资源也往往表现得更为满意。

当然,以上四点结论是通过比较不同的居住迁移模式和本外地两类群体在居住迁移之后的客观公共服务资源和主观满意度的差异,从而捕捉到上海居民居住迁移和城市公共服务资源再分配之间的变动关系。我们更倾向于认为该结果是对上海过去数年城市内部居住迁移后果的一个事实的描述性分析,而非一个因果推断。该研究结果显示,在城市公共服务资源配置中,需要考虑居民居住迁移可能产生的再配置结果,也需要考虑到居民对公共服务资源的满意度。

(二) 研究意义

根植于芝加哥学派城市社会学的理论脉络,本文将公共设施资源的空间差异作为关键指标,分析居住迁移所形成的城市公共服务设施不均等性,拓展对城市内部不平等形成机制的研究。具体而言,本文融合居民居住迁移和城市公共资源配置机制讨论公共资源配置的社会后果,完善和推进城市社会不平等的相关研究。同时,以居住迁移视角描绘城市内部区域变化和区域更替进程。已有对住房或居住状况、城市区位的研究往往是静态的分析,缺乏过程性的分析。本研究通过分析居住迁移过程,将动态描绘城市居民在居住迁移时与城市内部区位的交互影响,特别是呈现了移民在公共服务资源占有和居住迁移方面可能的收益。

考虑到城市化进程中公共服务资源可能形成新的城市不平等来源,国家在"'十四五'规划"中继续强调要实现"公共服务均等化配置"。上海市政府在上海市"'十四五'规划"中,较为细致地列明了实现公共服务均等化的举措,并推动构建"十五分钟生活圈"。这些规划和举措表明,城市内部的公共服务资源配置再度被提上城市管理者的议事日程。

本研究结果表明,城市公共服务资源的配置不仅仅要考虑到市政规划配置,还需要考虑到居民居住迁移后形成的再配置结果。在城市公共服务资源配置中,需要根据人口迁移情况对公共服务设施和公共服务资源进行动态调整,以满足居民的公共服务需求,提升居民对公共服务设施资源的满意度和获得感。

Residential Mobility and the Redistribution of Public Service Resources: The Empirical Evidence from Shanghai, China

Chen Wei

Abstract: Residential mobility will result in redistribution of urban resources as the theory of urban ecology. Those high class can move to a place with better resources easier while the minority and migrants should stay in bad community, which in turn creates a structure of social inequality within the city. In this paper, the author is like to test the hypothesis that who get residence changed would achieve more public service resources and would be more satisfied by the public service resources nearby. Using the data of Shanghai Urban Neighborhood Survey (SUNS) and combining the Point of Interest (POI) data from AutoNavi for analysis, this study has four aspects of the findings: First, the residential mobility caused by changing homeownership, may be not significant to increasing the total amount and diversity of public service resources around the housing, but it will be conducive to increasing residents' satisfaction with the public service resources around the housing. Second, those who move across the ring line often have advantages in public service resources after mobility, but residents who migrate over short distances within administrative areas do not have a significant advantage. Third, voluntarily mobility helps to improve the satisfaction of public service resources around new residence, but it does not necessarily have significant advantages in resources. Fourth, migrants have disadvantage in public service resources, while residential mobility will help the migrants to achieve more resources than the natives. This paper attempts to integrate the residential mobility and the redistribution mechanism of urban public resources to discuss the social consequences of the redistribution of public resources to improve and promote the study of social inequality in urban society.

Keywords: residential mobility, housing, public service resources, satisfaction

论 文

工业的乡缘:一个"适配"分析视角*

折晓叶**

摘要:乡村工业化的历史实践表明,工业与乡村结缘是宏观制度条件与微观动力之间、城市与乡村之间双向互动的结果,在乡镇企业发展中,乡一方的视角和村庄的主动回应,尤其值得关注。这一时期的乡村工业化,一方面是工业体制对乡土资源进行利用的过程,另一方面也是乡缘关系应对工业体制的过程。作为社会互动机制的乡缘,综合了乡村社区结合紧密的亲缘、地缘、业缘和政缘关系,是一种社会关系结构、制度机制和互动策略的结合体。本文采用适配分析视角和案例比较方法,对乡缘与工业的适配过程进行比较分析,论证"工业进村"不仅是经济生活"嵌入"社会关系结构的问题,而且是参与主体通过社会互动而影响甚至决定适配形态的问题。从这个角度看,乡村工业化是将乡缘规范纳入工业生产和组织中的社会互动过程。乡缘与工业的适配关系,将为"工农相辅"结构空间的打开、资本回乡以及村社区治理和家园建设提供新的模式。

关键词:乡村工业化 乡镇企业 乡缘 适配 社会互动

---

* 该议题曾于 2021 年 6 月 30 日在北京大学文研院开讲座,感谢刘世定、陈婴婴、杨善华、黄晓春、渠敬东、沈红、李汉林、梁晨、周潇等教授和其他师友给予的批评、建议和评议。

** 折晓叶,中国社会科学院社会发展战略研究院研究员。

乡村工业化是一个经典研究议题，研究者众多且对于工业特别是与农业相距较远的工业是否应该进入乡村，多有争议。聚焦这一长时段中工业酝酿、发育、成长乃至衰落的生命历程，对于它在乡村的生存形态和组织行为背后的制度逻辑进行考察，探讨它何以在城市大工业和农业市场化的双重挤压下顽强生存，不但有助于认识工业聚集和扩散的规律与趋势，而且还可以对事物有一个相对完整的认识，对当下它所产生的影响有一个深入的理解。在这种思路下讨论问题，仍会有许多新的发现。

一、工业何以与乡村结缘

历史地看，工业在中国乡村的经历并不简单。工业化的进程十分漫长且复杂，大约经历过家庭手工业、社队工业、乡镇企业工业、民营工业等四个阶段。其中乡镇企业工业承前启后，既不同于原初形态的家庭手工业，也已脱离农产品加工和农机生产制造，而是向着城市大工业延伸出的加工业发展，之后又逐渐从劳动密集型产业向科技含量高的产业发展。

纵观这一历史过程，国运国策的变化在其中的深远影响，成为乡村工业兴衰的必要条件，否则在某些阶段就不会发生工业忽而突飞猛进，忽而又偃旗息鼓的状况。但是，如果没有乡村发展需要打开"农工相辅"微观空间的内在需求，宏观机会仍然会从手边溜走或者得而复失，所以可把乡村的内在需求看作一个补充进来的充分条件。这在本文重点关注的乡镇企业发展阶段，表现得尤为明显。

乡镇企业所代表的这一轮工业化，作为一种新的经济力量，落脚在乡村，对应着与城市完全不同的乡土社会环境，形成了不同于以往任何时候的微观城乡关系和制度条件，因而忽视其中任何一方，都会造成理解上的偏差。

一般认为，工业化与城市化一体两面。若从城市角度看问题，便是城市工业扩散成就了乡村工业化；但若从城乡互动的角度看问题，工下乡就不仅是城市工业辐射或外扩的结果,而且也是乡村利用政策"请"工业进入的结果,这是一个双向互动的过程。在此过程中,出现了乡村工业对城市工业的反向拉力,发生了资源由城市向乡村的逆向流动。城乡工业分割的局面因乡镇企业的突飞猛进而被打破,乡镇企业成为中国经济结构中独具特色的一个组成部分。① 这反映出改革的基本逻辑,即用新的增量财富来摆脱旧的国家计划控制。

从城乡互动关系的角度看,虽然这一时期乡村工业的发展的确离不开城市工业的支持,特别是20世纪80年代中期中央政府《关于加快农业发展若干问题的决定》为乡村工业化开了两个政策口子:一是将宜于农村加工的农副产品逐步由社队企业加工;二是城市工厂要把一部分宜于在农村加工的产品或零部件,有计划地扩散给社队企业经营,支援设备,指导技术。但是,由于没有相应的实施政策,城市工业并没有发挥好这种作用,因而如果认为是城市工业扩散成就了乡村工业化,那就大错特错了。实际上是乡村挖了城市工业的墙角,否则就不会出现80年代中期国有企业与乡镇企业的那一场大争论,最后由于市场经济的推进方化解。一位乡镇企业家曾这样描述道:"老虎称大王,猴子照样跳。"这也间接说明,工业下乡的主动权掌握在乡村一方。

当然,从制度设计的角度看,乡镇企业的出现似乎是一个意料之外的事情。它之所以为体制改革和国家意识形态所接受,并且在制度上被加以肯定和推广,是因为这支建立于社队企业基础之上的队伍,在严格的计划经济环境下开辟了一小块早期市场经济的新天地,最终迎合了改革意识形态下的政治过程和政策过程,使这些本质上反计划经济的改革行动获得了成功。

仔细思考它的发展路径,恰好为我们提出了另外一种研究视角,那就是:乡镇企业发展最重要的优势,不在于它最能利用市场机制,而在于

---

① 韩俊:《中国城乡关系演变60年——回顾与展望》,《改革》2009年第11期。

它最能摆脱国家计划控制①;不在于它最能接受城市工业辐射,而在于它最能利用城市改革难以推动的契机。20世纪80年代中期以后,由价格双轨制所引发的体制内诸多层面的双轨制,为体制外的增长提供了竞争性条件。它所提供的机会结构是,竞争性增长既稳定住了存量,让旧有的结构保持相对稳定,又使得新的增长加大了增量部分,让新的市场改革试验得以进行。这就让我们不能单从城乡静态关系的角度,而需要从城乡互动的角度看问题。

在这个视角下,经典工业化理论对于乡村工业化的研究尚存在几个缺失:其一,将工业化和城市化视为一个过程的两个面向,所以主要从城市的角度考量工业化,缺少从乡村一方看问题的视角;其二,将工业化首先看作经济变迁过程,所以从经济的角度考量其效益成为合理的思路,缺少从社会层面考虑其社会过程;其三,将工业化看作城市工业扩散及工业下乡的过程,缺少对乡村"请工业进村"动力的考量;其四,从农业"过密化"的被动视角考虑农业劳动力转移,缺少对农民自主寻求"增长"的非农化思考。

填补这些缺失,需要从乡一方或者说不能不从乡的角度考虑问题。正如一些有识之士所表达的,以乡村作为社会本位是中国持续了一个多世纪的思考与实践,在今天关于什么是工业化的讨论中,应该获得新的理解。

从乡的一方看问题,工业的适度发展、农业的持续、乡村的利益、农民的意愿和参与等,才会成为问题的核心,而其中农民问题更是核心中的核心②,与农民问题直接关联的农民生计和就业、农村社区发展、工农互补问题,更是乡村工业化的关键议题。当然,讨论这一议题,离不开农民、社区和国家三者之间的关系,这似乎是一个极其一般的或者常规性

---

① 秦晖:《"大共同体本位"与传统中国社会(下)》,《社会学研究》1999年第4期。
② 秦晖:《三农问题最重要的是农民的权利问题》,http://www.henan.gov.cn/ztzl/system/2006/08/12/010002257.shtml;温铁军:《中国的问题根本上是农民问题》,《北京党史》2004年第5期。

的思路。但是,将分析的重心落在何处,却事关重大,不同的落脚处往往引出完全不同的理论和视角。

本研究把乡村社区作为微观视角的窗口,提出一些不同于宏观视角的基层视角和问题。就乡镇企业的起落而言,虽然宏观制度条件的变化所起到的重要作用是毋庸置疑的,但是工业与乡村结缘背后却有其独特的制度逻辑。

那么,从"乡"一方的视角来看,工业何以与乡村结缘,其背后又有着怎样的制度逻辑呢?

(一)历史传统和结构空间逻辑:农工相辅

20世纪80年代乡镇企业在中国乡村最基层的崛起,不可否认是工业化制度史的演进为它打开了一扇窗口。但是其之所以成功,从根本上说并不是因为政策开有口子,也不是因为农民天生会钻空挣钱,更不是因为城市工业需要寻找更便宜的加工点,而是因为农村经济中一直存在一个"农工相辅"的历史传统和结构空间。一部完整的乡村工业化史,在很大程度上是对于这个空间的拓展史。

不幸的是,在农业时代地少人多的条件下,农工相辅的结构空间并不大,而且在户籍制度限制下向农业和乡村以外拓展的可能性就更小。但正是因为有这样一个生存空间以及不断拓展它的需要,才使得国家不得不调整经济战略和政策,从而在工农业之间以及城乡之间重新分割利益。从这种意义上说,改革开放即是打破这种结构空间束缚的一场变革。它至少拓展出两个新的空间,用以破解"内卷"问题,其中一个即是非农化和乡村工业化,另一个则是紧随农村工业化,人口开始向发达地区和城市(镇)流动,从而推动了城市化进程。

这个空间的打开,有着重要的变革意义,以此作为基础结构框架,才有可能实现适度工业化,开拓乡村的合理发展空间。

(二) 利益最大化逻辑:无工不富

这一逻辑源自上述"农工相辅"的历史遗产,虽然乡村工业在城市工业战略主导下萎缩,但它也顽强延续至社队企业乃至乡镇企业中。

在工业得以成规模地进入农村后,工农业收益"剪刀差"所产生的比较利益,才促使农民放弃农业。农民不愿意固守农田,分田到户时期的种养大户已失去赚钱示范作用,农民"羡慕其收入,不羡慕其工作"。而为农业服务的加工业的需求和赚钱效益并不比农业强多少。因此,依靠非农化增加家庭收入,使得非农工作机会的吸引力超乎寻常,农民个人和家庭更实际地考虑向非农转移。

"无工不富"自然成为非农化的合理逻辑。以往人口与土地相比"过密化"产生的农业挤出效应或城乡推拉学说,是解释农民从事非农产业的经典理论。现实情况是,在相当一个时期内劳动力非农化加剧时,农地抛荒与劳力非农化同时发生,人口与土地相比过密化的推断,其解释力受到质疑。有学者早在研究原初织布业时就对此提出质疑,指出对农民来说:"织布业却是利益远高于耕田的非农就业。江阴就一度有所谓荒田织布的情况发生。这些情况说明,在清末民初,一些土布的织布区的兴起并非农民过密化行为的结果,而是农民追求最大利益的非农就业的结果。"[①]这个从原初织布业实践提出的看法,仍然部分适用于解释乡镇企业时期工业化的动力所在。

从一些工业化程度较高的地区如苏南来看,人地矛盾无疑是将剩余劳力挤出农业的某种力量。但是几乎从工业进入乡村开始,就同时出现了农地抛荒与非农化同时存在的情况。也就是说,即便剩余劳动力被挤出了,人地矛盾减弱了,也没人愿意种地。这说明追求"增长"、实现利益最大化,才是农村工业化最大的动力机制。在有条件接触城市工业的

[①] 周飞舟:《制度变迁和农村工业化:包买制在清末民初手工业发展中的历史角度》,北京:中国社会科学出版社,2006年,第157页。

地区,集体地或合伙合作地办厂,"请工业进村",也就成为那一时期实现利益最大化的首选。

(三)反制度控制的逻辑:"摆脱"才好"利用"

90年代中期以前,在中国社会转型的宏观背景下,农民作为行动主体所具有的参与能力和意义,表现得日益丰富。这里所谓"反制度控制"具有"去制度化"的意涵,但更多地被视为农民正常的日常生活策略,只不过在计划经济条件下,制度控制的系统性风险使得"反控制"的表现更为弱势。从这个角度来说,"反控制"也是在特定的机会结构下,弱势一方采用的非对抗性的特殊互动机制和行动策略。乡村工业化过程中,乡镇企业正是在早期城市企业改革难以推动的机会结构下,反计划经济控制而行才取得成功的。

控制与反控制,构成一对矛盾的辩证统一。而要达成统一,则必然契合到了共同的增长逻辑和共赢的利益空间,没有这种共同性,所产生的结果就只能是"革命性"的而不可能是"改革性"的。在这个过程中,有几个来自不同方面的条件提供了机会结构:其一是改革留出了有弹性的制度空间,容许"试一试,看一看","请工业进村"正是"试一试"的结果;其二是行动者对机会结构具有了洞察和把握的能力,而机会总是竞争性的,往往由那些具有机会敏感性的精英和具有集体行动能力的地区、社区或个人首先得到,因而产生出激烈的竞争,制造出种种差距,而制度性缺口的打开以及改革的推进,正是在这些竞争和差距刺激下开展的;其三是村庄的乡土规则留有对社会宏观体制和制度以及意识形态适应、磨合和适配的余地,工业才有了落地的可能。

(四)内外呼应和持续发展逻辑:有"增长"才能谋"发展"

从工业化村庄的实际情况来看,真正起决定作用的是村庄内部的条件和因素,并且由于内源动力的不同,这种发展是分散的,发展的水平和发展的道路在不同地区甚至同一地区都存在着相当大的差异。关注这些差异,是进行比较研究的基础。

从内源发展的观点看,乡村工业化虽然是在城乡分割与体制分割这样一种双重二元结构背景下开始的,但也是农民认识到现有体制既限制他们进入城市,又提供了将城市资源引入农村即"请工业进村"的机会,因而也是他们利用本土的优势,在村庄集体地实现向非农转化的主动选择。

从国家宏观视角看,中国乡村发展在以往很长时期内都没有被定位在国家发展的较高的优先次序上,更不要说乡村工业。在村庄里办工业的村干部和村民,从村庄农业经济和政治生活的历史轨迹中早已看到,外来干预的力量一旦撤离,输入型的改造和建设便会逐渐失去活力,借力而为的合法性也会动摇,村民依然要实实在在地维持他们自己的生计,仍然要回到他们自己的日常生活,村庄也仍然要恢复到自身的发展轨道上去。这种历史的经验,村民们并不会因工业的进入而轻易忘记和放弃。

但是他们更明白,抓住工业化的机遇才有可能实现经济增长,自行的工业积累才是村庄公共品提供和农业发展的可靠基础。从案例村所在地区的现实情况来看,在经过一定时期的工业增长之后,特别是村企之间达成合作的前提下,都有企业回馈或工业资本反投本村农业和村社区建设的举动。从乡村自我发展的角度看问题,并不意味着主张自由发展,而是强调乡村社会终究要走到自洽发展的轨道上去。从可观察的经验如本文案例那样,乡村一方的反向视角,反而有可能解除"增长即发展"的发展主义。乡村一方的视角,强调乡村社区的综合发展是现代化中不可或缺的社会战略,凸显的将是加强乡土意识、推动乡缘建设、增进农民再合作、主张"农工相辅""城乡互容性"等发展议题。

(五) 乡土经济的逻辑:工业"农作"才能挤出效益

办在村庄里的工业特别是集体制工业企业,有一整套依靠社区传统的经济机制。以节约企业流动资金为例,工业企业制度引进村庄后,尽管生产方式、周期和核算都与农业大相径庭,但也并不一定促成"月工资制"的实行。企业最可利用的,是家庭农耕文化里以年为单位的农业收获季节计算的方式,也就是说,工人接受按农历年一次结算工资而不是工业企业惯常的月工资制,实际的收益分配是与农作物生产和收获周期相适应的,因而多以支取生活费和年底集中结算的方式进行。这样一来,企业平时只按少量的用钱需要发放一点生活费给工人,其余充入企业流动资金,年底结清时并不支付利息。"月工资,年结清"的做法就说明,在社区内部,企业经济成本的降低是以社区成员及其家庭普遍分担和让利为代价的。另外,企业不景气或停产歇业时,可以不向职工甚至村中民工支付任何待业工资。这说明在农村社区内部,企业家的经营风险能顺利地向农民和土地转嫁。[①] 这种运作方式的经济效益是明显的,这是企业不出村的隐秘经济方式之一,也是适合于办在村庄的工业类型可以接纳的方式。这种方式是以职工习惯由农业时代沿袭下来的分配办法为基础的,同时,这类村庄中绝大多数人的家庭仍兼营农业,工业分配的这种方式恰好与农业收益的周期相配合,更适于家庭安排各种计划。但是,在珠江三角洲引进"三来一补"企业的村庄中,却很少见到这种情形,村里的企业接单生产,大多参照发单外企的制度,实行彻底的月工资制度。这是外向型经济的特点,在这些村庄中早已见不到农地和农作了。

从上述制度逻辑中,可以看到村庄内应性条件的重要作用,这也就引出了本文研究的问题和分析思路。从 20 世纪八九十年代可观察的乡村工业化实践来看,虽然宏观战略和政策都是农村工业化的必要条件,但并不是充分条件。经典工业化的思路,主要是从宏观视角上来看待乡村工业化在大工业体系中是否有位置、发展大工业次生结构的条件是什么等议题。当然,工业进入或撤离乡村,受到宏观政策和客观条件的影

---

① 温铁军:《乡镇企业资产的来源及其改制中的相关原则》,《农村经济文摘》1998 年第 1 期。

响甚大，但是对工业接纳与否、让不让它或它能不能够扎根乡村，却取决于村庄内在的动力。

本文关注的问题是：为什么在国家宏观制度变迁背景下，在某些地区相同的制度条件或环境下，工业化仅只在某些乡镇和村庄启动并持续？作为一种新的经济力量，它与乡村传统力量之间如何互动融合，又如何产生出种种新的动力、规则、方式和关系，从而推动了工业的落地和发展？

这些问题引发的微观动力，是本文理解乡村日常工业生活逻辑的议题和主旨。当然，这并不只是一个外因由内因起作用的简单辩证问题，而是一个宏观和微观、内外要素相互适配、再建与融合的问题。

本文在解释上述问题时，采用了"乡缘"和"适配"这两个核心概念。这里先对适配加以说明，对乡缘则另辟一节进行讨论。

在经济学视野下，匹配（match）是资源配置达到均衡（双方不可能再找到更好的匹配对象）以取得最佳效益、降低交易成本的手段或一系列机制①，注重对既定要素资源"搜寻""选择"和"对位"的过程。这基本上是一种静态分析，强调结果的有效性，对于要素之间如何达成匹配以及相互适应性的改变过程则没有过多关注。

经济社会学者借助这个概念并试图扩展到一些更普遍的社会科学的范畴加以讨论，例如，格兰诺维特从社会学的角度比较深入和明确地讨论了匹配范畴，加入了对人职匹配等过程中的社会关系网络机制的研究，指出社会关系网络是信息传递的关键桥梁，是劳动力市场中促使供给和需求两条曲线得以相交的"匹配机制"。② 在借用这个分析框架时，需要进一步注意到，在"请工业进村"的过程中，社会关系网络对于工业信息和资源，不只有静态的搜寻和配对的功能，还有动态的动员、开发甚

---

① 沈原等：《社区治理：价值匹配（NGT）分析方法》，北京：社会科学文献出版社，2017年，第99—107页。
② 马克·格兰诺维特：《镶嵌：社会网与经济行动》，罗家德等译，北京：社会科学文献出版社，2008年，第三章第2—76页、第四章。

至创造能动性的功能。

更有启发性的一项研究,是对社区善治中治理手段的选择与社区自然禀赋匹配的研究。就社区治理研究的新思路而言,"匹配"实际上是一个最重要的社会学范畴,具有深层的机制作用。社区治理主体如何将现存的社区自然禀赋和不同的治理手段,与所欲达成的治理目标价值匹配起来,恰为整个研究的关键所在,因此必须加以深入探讨。① 这项研究的理论启发是显而易见的,不过可以了解到的是,研究借助匹配这个概念的基本内涵,它处理的要素资源还是既定的,匹配是一个对既定要素资源"搜寻""选择"和"对位"的过程,而对于要素本身的对应性动态改变难以过多关注。进一步的研究,将对匹配的关注推展到更加具体的领域②,注意到了匹配的动态过程,特别是注意到了社会互动在其中的重要作用③。这是与本研究最为贴近的观点。

为了特别突出其动态过程,本研究采用"适配"概念加以分析。

适配(adapt)概念转型于"匹配"这个经济学概念,指两种要素或力量在互动中各自产生的适应性的变化,主要观照工业经营与乡缘之间的张力与互融。所以,适配更多强调的是行动及其动态过程,而不是既定的社会经济要素在结构位置中的搭配;关注的是"促使"的能动过程,即促使两种要素或力量在互动中各自产生适配性的变化,试图以此来解释匹配是怎样发生的。

也就是说,适配具有双重互动性:一方面它是一个选择和对位、变革和相互适应的动态变化过程,二者之间不是一方受制于或适应于另一方,也不只是所搜寻的工业既定类型是否与村庄既有的资源条件(包括

---

① 沈原等:《社区治理:价值匹配(NGT)分析方法》,北京:社会科学文献出版社,2017年。
② 参见刘玉照:《"就业难""技工荒"并存,如何破解职业教育结构性矛盾?》,https://www.163.com/dy/article/GC1KU517051481US.html;周潇:《数字平台、行业重组与群体生计——以公路货运市场车货匹配模式的变迁为例》,《社会学研究》2021年第5期;张茂元、张澍沁、刘世定:《技术的社会行动与物理性-组织性技术匹配——近年中国社会学者有关技术与社会研究述评》,《经济社会学研究》2021年第7辑。
③ 华南师范大学哲学与社会发展学院:《北京大学社会学系刘世定教授莅临我院讲学》,http://zhx.scnu.edu.cn/a/20141113/746.html。

自然的和社会性的)和日常生活逻辑匹配的问题,而且是后者能否通过互动行为而有所变化,以便与前者达成适配的问题;另一方面它还是一个社会互动过程,不仅仅是一种工业经济生活"嵌入"社会关系结构中的问题,而且是参与主体通过社会互动而影响甚至决定适配形态的问题,即使具有稳定形态的传统要素,如后文讨论的乡缘,也须在这种互动中发生改变,才能适配于新的工业产业。从这个角度看,乡村工业化,正是将动态变化的乡缘规范纳入工业生产和组织情境中的社会过程。也正是从这个视角,我们才容易理解新的工业化力量与乡村传统力量如何才得以相互融合,而适配正是互融得以达成的机制。

适配问题其实在中国乡村变迁研究中一直都有所体现。林耀华在破解金翼之家变迁时就曾指出,所谓社会变迁即是指从一种平衡状态到另一种非平衡状态直至一种新的平衡状态体系的确立,人类生活就是摇摆于平衡与纷扰之间,摇摆于均衡与非均衡之间。而导致乡村社会体系变迁的力量中不仅有人际关系和物质环境,还有因技术变迁而引起的它们二者的适应性变化。[①] 研究者对于国家力量进入或退出村庄也给予了相当关注[②],社区生活传统在回应中是消失还是回归,成为其中讨论的重要问题,特别还是注意到在政治文化和行政政策变迁所引发的适应性变化中,外力与乡土文化之间更加需要相互协调的配合过程。[③] 费孝

[①] 林耀华:《金翼》,香港:三联书店,1990年,第201—204页。
[②] 秦晖:《耕耘者言:一个农民学研究者的心路》,济南:山东教育出版社,1999年,第340—345页;汪熙等主编:《中国现代化问题:一个多方位的历史探索》,上海:复旦大学出版社,1994年;黄树民:《林村的故事》,台北:张老师出版社,1994年,前言、第11页;黄宗智:《华北的小农经济与社会变迁》,北京:中华书局,1986年,第21—26页;施坚雅:《中国农村的市场和社会结构》,史建云、徐秀丽译,北京:中国社会科学出版社,1998年,第一部分;项飙:《社区何为——对北京流动人口聚居区的研究》,《社会学研究》1998年第6期;王铭铭:《小地方与大社会——中国社会的社区观察》,《社会学研究》1997年第1期;王铭铭:《社会人类学与中国研究》,北京:生活·读书·新知三联书店,1997年,第297—298页;张乐天:《告别理想:人民公社制度研究》,上海:东方出版中心,1998年,第7页;折晓叶:《村庄边界的多元化——经济边界开放与社会边界封闭的冲突与共生》,《中国社会科学》1996年第3期。
[③] 庄孔韶:《银翅:中国的地方社会与文化变迁》,北京:生活·读书·新知三联书店,2000年,第110—112页。

通早期在对江村乡村工业的研究中,曾采用"三栏分析法"将村庄工业变迁中"促使变革的外界力量、变化的情况、承受变化的传统力量"分别列出,仔细对比分析了承受者对诸多外力做出的适应性改变,指出村庄的亲属关系和其他社会关系以新的形式进行着重新组合,并将随着工业的变迁得到调整。① 我与合作者在研究 20 世纪八九十年代的村庄工业化时,发现工业化和市场化力量可能比行政化力量更为有力地促进了自然村落生活的衰落,但乡村社会在外部力量与内部动力之间始终存在一种张力:一方面村社区与外部大社会诸多体系之间的联系日益加强,比任何时候都更加成为宏观社会体系的次级结构;而另一方面却没发生人们通常所说的那种社区解体的情形,社区内聚力和自主性也并没有下降,相反社区不断寻找新的有适应力的方式与大社会结合在一起。②

可见,外来力量和新技术怎样整合进社区生活从而引起乡村传统变化,是乡村变迁的题中应有之义,但是互动的主动性在哪一方,作用和意义是很不相同的。如上研究发现,在社会变迁中,乡一方的适应性变化并不鲜见,特别是在外来力量强加或强势推进下,被动的适应就更为普遍。那么,面对异质性工业力量的进入,乡村传统力量怎样才能发生更加主动的适配性对应呢?

本文所论的乡缘之所以产生积极的适配性变化,与"请工业进村"的主动行为密切相关。首先,"请工业进村"是小村庄与大社会之间的一种以乡为主动方的新的互动方式,所以适配才具有了不同于被动适应的更加积极的意义,才更加具有了分析的性质。其次,村庄主动的适配过程同样也会促使外来力量发生适配性的变化。正是由于适配过程的这些特点,才使得工业落地与否产生了差别,也才得以产生出种种新的动力、规则、方式和关系。

如是,我将在适配分析中采用以下几个维度:

---

① 费孝通,《江村经济:中国农民的生活》,北京:商务印书馆,2001年,第 172—200 页。
② 折晓叶、陈婴婴:《社区的实践:"超级村庄"的发展历程》,杭州:浙江人民出版社,2000年,第 28—30 页。

其一,适配的动态过程。这个维度分布在客体和主体两个轴线上,包括引发适配的动力事件或事项、范围、目标和适配结构变化。在本研究中指乡村工业化、市场化等事项,事项的复杂程度越高,适配的方位和范围越难以确定,适配的目标也就越难以达成。本研究中适配的目标隐含在"工业进村"这个特定条件下的诸个制度逻辑中,从中可抽象出村社区经济发展和社区治理双赢的总体目标。

其二,适配的社会互动结构。互动性是适配最为重要的特质,特别是主体之间的社会互动对于适配过程产生重要影响。这个维度主要分布在主体轴线上,分布着参与适配的不同社会特质的行动者,包括组织和个人,反映出适配的社会性条件。不同特质的行动主体在适配过程中会有不同的表现并且发生不同的互动关系,这反过来影响乃至形塑着适配行动的模式以及社会关系结构。并且,他们社会行为的特点和互动程度,反映适配结构与实际运行之间的差别,差异性越大,适配的不确定性越大,促使变革的能动性也就越强,适配机制也就更加多样化。从这个意义上来说,适配就不只是既定要素对位的过程,而且是不同特质的行动者互动的结果。需要注意的是,在本研究中,适配不仅是一个搜寻工业供给和村庄需求对位和搭配的问题,而且是经由社会互动而动员供给甚至开发供给的问题。

其三,适配的稳定性和延续性。这个维度分布在时空轴线上,指适配结构的持续时间和变动频率,反映适配结构演变的不同阶段和动态过程。由于事项复杂,村社区日常生活逻辑又在变与不变之间存在张力,所谓适配的稳定,实际是一个动态平衡过程,如何达到动态平衡,是这个分析维度的核心。适配的动态平衡过程越适合于时空要求,其结构关系就越完善越合理,否则就会出现失衡和失败。在本研究中,我将这种动态变化描述为"扎根—留根—伤根—移根"。同时,我还将分析适配过程的复杂性和反复性,以说明乡缘是在不断适配过程中才得以保持其可持续性。

还需要一提的,是本文为什么以村办工业(企业)作为研究客体。

在乡村工业化过程中值得注意的是,鼎盛时期的乡镇企业和农民向非农产业流动这两件引人注目的大事情,两件在理论预期和假设上都与"城"或"镇"有关联的事,却都主要没有发生在城镇。统计资料告诉我们,在乡镇企业鼎盛时期,有 70%—80% 的乡镇企业办在村庄。① 小城镇人口在人口中所占比重不高,人口聚集规模较小,农民就地"转移"和异地"流动"也在相当程度上落脚在经济发达地区的乡村。② 也就是说,农民仅只离开了自"乡"而去到了他"乡"。

这种现象的存在,使几个与现代化和发展问题有关的基本假设并未能按照预期实现:工业化的推进并没有大幅度减少农村人口(不只是户籍人口而且是实际留在农村的人口)的数量;工业化与城市化特别是政策支持的城市化并未能同步进行,相反,却强有力地刺激了乡村社区特别是村社区的超前发展,造就了"工业村"的新形态。从这个意义上说,乡村自身城镇化与工业化却是同步进行的。③ "村办"之所以引人关注,还因为它与"镇办"有着很大的不同,村办不仅与农耕文化传统变迁之间更具亲和力,而且产权与前者存在实质性的差别,村办带有社区母体社会关系的典型特征。工业主要落地在村庄,这与工业化经典方式如此不同而又真实地发生了,这就值得问一问为什么,也就值得以村庄工业为观察和探究的重点了。

这里所强调的诸多问题和议题,其实都指向了工业落地乡村的另一个微观决定因素或条件,需要对它进行深入的剖析和理解,那就是本文关注的另一个议题即乡缘。

---

① 折晓叶:《村庄的再造:一个"超级村庄"的社会变迁》,北京:中国社会科学出版社,1997年,第 79 页;辜胜阻:《非农化及城镇化理论与实践》,武汉:武汉大学出版社,1993 年,第 91 页。另据 1996 年第一次全国农业普查数据,在全国 16 124 个非县政府驻地镇当中,3 万人以上较大规模的镇只有 170 个,占镇总数的 1.05%,镇区人口不到 5000 人的镇有 11 985 个,占总数的 74.3%。每个建制镇平均户数 1221.1 户,平均人口 4518.6 人,其中非农业人口 2071.5 人,占 45.84%,总人口 7286.7 万人,只占同年乡村总人口的 7.9%。
② 巧珍:《我国农村劳动力非农化进程加快》,《中国信息报》1997 年 2 月 27 日,第 A2 版。
③ 折晓叶:《村庄的再造:一个"超级村庄"的社会变迁》,北京:中国社会科学出版社,1997年,第 272 页;折晓叶、陈婴婴:《社区的实践:"超级村庄"的发展历程》,杭州:浙江人民出版社,2000 年,第 1 页。

二、乡缘：适配于工业的一组
制度条件和互动关系

工业与乡村结缘，不只是工业落地在乡村，更是与乡土社会资源的紧密结合。如果我们将前述工业化的基本条件加以控制，就会发现在外部条件类似的情况下，以乡缘为基础的社会结构和社会性资源的差异，为工业化提供了不同的微观制度环境，也就是说不同的乡缘与工业具有不同的结合方式。

那些得以"请工业进村"的、倡导变革和承受变革的，都是村里的干部和村民，这表明村庄内生的经过改造的传统关系结构对增长性的工业化具有相当的包容性。工业在乡村的发展，说到底是由乡缘作为包容机制完成的。在这个过程中，乡缘作为一种制度条件亦被再建，不断地与工业制度相互适配、相互融合。

在这里，乡缘并不是"缘分"的简单含义，而是一种可资开发和利用的社会性资源。从静态结构来看它以乡土社会关系为其内涵，从动态所谓结缘来看则是指工业与乡村结成关系的原因、由来和条件：一方面是工业体制对乡土资源进行利用的过程，另一方面也是乡缘关系应对工业体制的过程。所以，乡缘包含着三层相互关联的内容，即社会关系结构、制度机制和行动策略的结合体。

（一）作为静态社会关系结构的乡缘

从社会关系的角度看，传统乡缘关系的静态构成略微复杂，主要由亲缘、地缘和业缘关系组成。传统缘关系具有先赋性，在有些社会关系体系如家族村落中甚至是三而合一的。亲缘关系是由某种血缘关系而结成的，有如个人终生的胎记，不可改变。地缘关系是指以地理位置为联结纽带，在一定地理范围内共同生活、活动交往而产生的人际关系。其中，除去祖居地作为籍贯具有先赋性外，较之于亲缘关系，它通常随着人口在地理位置上的迁移而发生变化。业缘关系是人们由职业或行业的活动需要而结成的人际关系。在传统村落中,因全部从事农业且由户籍制度加以约束,业缘也就被淡化了。除去这几个传统缘关系外,还有一种党政组织造就的"政缘"关系,是指由行政的因缘在一定地域上结成的稳定关系。政缘由于独特且长时段持续,可以说是一种因行政沿革而赋予的关系。

上述这几缘关系并不是乡村社会所独有的,其普遍存在于社会关系之中,问题仅在于,这些缘关系在多大程度上与社会关系体系分离开了,或者在多大程度结合在一起,并且起着主导作用。在乡村社区,这几缘关系的结合程度很高,因之可以将乡缘概括成为一个综合性概念。

当一个正在工业化的村庄,"亲、地、业、政"这几缘分离的程度不高,人们无论在做什么,都要比城里人更多出一层这样的乡缘关系,并且把它作为一种重要的社会性资源,在新兴的工业经济活动中加以开发和利用时,乡缘关系对于理解这个村庄的经济和社会制度的实质部分,就是必不可少的了。

(二) 作为社会互动制度机制的乡缘

1. "组织"的政缘

所谓政缘,是传统村落的自然结构中所没有的,是由外力植入的组织化的人际关系,是出于国家和地方管理需要的自上而下的组织制度。

将村落之间以及村落与上层组织之间以政缘相连,大规模地在村庄中组建行政组织结构,主要是20世纪中期以后伴随农业合作化和集体化而发生的事情。行政性村庄最早出现在50年代,初时以自然村为基础,规模较小,主要是新中国在地方改革中向下延伸的一个行政环节。农业合作化推行和深入后,大规模的并社并村,才从组织上改变了自然村落之间的关系。村庄行政的基本目的之一,就是配合合作化实现进而扩大生产资料公有化的程度和范围;之二是通过规模效益提高农业产量,以便配合国家工业化的发展。

我们现今在村庄中可观察到的政缘关系,已不完全是如上所说由外力加入并具有超稳定性的结构了。有两种力量弱化了村庄原有的政缘关系:一种是家庭联产承包责任制的推行及土地使用权的分散化,另一种是非农化和市场化的力量,两者都使政缘不再是必备的关系。与此同时,却又有三种力量强化了村庄新的政缘关系。

第一种是工业化使村庄外部的政缘互动关系不仅成为必要而且极大地扩展了。工业化要求村庄发展对外的新的不局限于原有行政地域的政缘关系。如我们所观察的这一类工业化村庄那样,依靠兼并其他村庄来实现政缘关系的扩展。工业化还使社区外部的政缘关系不仅成为必要而且极大地扩展了,以村为中心,打破地方既定的行政格局,依靠人际关系的牵扯来建立新的非正式政缘关系。这些关系往往利用原有的行政体系但又不囿于行政层级的制约,多有越级跨地区跨部门的特点,有些村庄甚至直接与省部级机构建立了联系。从实用的角度看,依靠行政因缘来扩展关系,将政缘变成一种能动的力量,其目的仍然是将村庄与大社会联系起来,使村庄从大社会中获取更多的有助于工业化的资源和利益。

第二种是国家改变对乡村的控制方式,对行政村放权,使其成为自治社区。这一方面减弱了国家对村庄的行政控制,另一方面却增强了村庄内部的政缘关系。自治,成为行政村感召内聚力、控制社区资源、动员社区力量的权力资源,从而有可能使行政村作为一个基本社会单位的功能增强,产生适配性的工业集体制。

第三种是地方行政人事政策的力量造就了应对工业化的制度企业家。[1] 制度企业家是指兼有社区政权领导职务和企业经营者双重身份的企业家,他们较之普通企业家一方面可以更便利地获取体制内资源,另一方面也需要为社区直接而负责地承担公共义务和责任。

---

[1] 折晓叶、陈婴婴:《资本怎样运作——对"改制"中资本能动性的社会学分析》,《中国社会科学》2004年第4期。

在苏南等地的村办企业中,制度企业家一般有两种固定搭配:一种是由"老村干"直接创办企业并担任现职的,有"党支部书记—董事长""村长—总经理"的搭配方式;另一种是村政组织吸收有经验的本村企业经营者入主村政,担任村书记职务,或者外聘成功人士经营企业,并委以村书记副职等。一般来说,不再委派其他村干部进入企业,目的是要通过这种制度安排既给企业经营者一定的经营自主权,又将社区利益与企业紧密联系,依靠企业的成功使社区和村政也从中获益。于是,在村庄工业化的过程中,传统组织与现代产业组织有很高的整合性,制度企业家成为联结和协调各系统如社区与市场、非行政组织与政府行政机构等等之间的平衡点。他们是村庄里的精英人物,既是村庄"党政企"权力的执掌者,也是协调各系统的中间人。村政组织者的角色使他们不至于使企业的经济行为只遵循经济的原则而偏离社区利益太远,而企业家的角色又使他们不至于为了政治的或社区的利益而使企业在经济上损失太大。同时,因为他们既是党政组织在村庄的代表,掌握着村庄与外界的各种关系,又是村民降任于斯的村庄带头人,这种双重的角色和性格,使他们实际地维系着村庄各类组织之间,以及村与村民、村民与外来人、村庄与外部市场体系和地方行政体系之间的关系。

制度企业家在制度安排中之所以具有强权,与集体制产权内含的行政等级制度相关联。集体制的权力结构是以"行政职位权力"作为基础的,依此形成等级结构,特别是最高权力是由"行政职位"加"公司职位"共同构成,失去前者就必须放弃后者。这种地缘政治和意识形态的制度环境,对制度企业家具有较强的约束力,即便彻底转私的企业家(如本文案例塘村一样),也不能不将村庄家园建设放在自己中长期规划中加以实施。目前这一批具有此特征的老书记尚在位,但他们任期之后,村庄在组织和制度上会不会因他们退休而发生新的变化,仍与其继任者的制度特征有关。此外,乡镇企业发展中,是否有能力利用本地区甚至国家的社会资源,是一个关键因素,制度企业家在其中发挥了重要作用。从这个角度来说,所谓"企业家能力和精神"内涵中实在应有"利用社会资源的能力"这一特征。

总而言之,政缘背景下村庄的组织资源之所以重要,是因为工业进村绝不只是个产业转换和技术引进问题,更是一个组织化过程,需要村庄组织通过变革来对接和支撑。可观察的经验告诉我们,工业与政缘组织的适配程度如何,直接影响到工业进村的命运。

2. "拟出"的亲缘

"拟亲缘"的概念,用来表明在村落中取得唯一生活经验和习惯的人们,在组建家族和社区以外的团体或组织活动时,自然而然地将其中的结构形态、亲缘关系模式和处事方式推广、概化、带入那些非家族非社区性的团体或组织的现象①,即"自己人"模式。

在这里,我们看到的实际上是对传统信任结构的突破。村庄在先赋的所谓"有根底"关系的基础上,很快就实现了关系和信任结构的转换,将原来乡土基础上的传统关系转换成了"不知根底"的乡土以外的规模更大的新关系。这种新关系往往攀延业缘的渠道,用"哥儿们""自己人"这一类关系模式,拟制出类似乡土的信任结构。新建构的人缘往往不如乡土的稳定、牢靠,但却是广泛的、超越本土的、可以与市场联结的。乡镇企业在微观经济活动中通过人缘在市场上构建业缘,恰恰成为其成功扩展市场的一个基本特点。

从微观的社区层面上看去,"拟亲缘"连带方式的产生受到两种力量的驱使:一方面村庄的内部合作集团强烈地排斥他人进入;而另一方面工业经济所创造的大公司组织模式又要求突破这种封闭性,要求合作具有更大的包容性。可以说,这两种力量之间的博弈造就了"拟亲缘"这一折中的模式。拟制的亲缘关系模式,既维护了家族处事方式,保证了内合作群体的利益不受侵犯,又满足了新的工业组织体制对扩展合作的要求,因而在乡村基层社会变迁的过程中,被有效地加以运用。从宏观社

---

① 杨国枢:《中国人的社会取向——社会互动的观点》,载杨国枢、余安邦主编:《中国人的心理与行为:观念及方法篇》,台北:桂冠图书公司,1993年。

会组织的层面上看去,"拟亲缘"又是大社会的组织体制具有"双重"结构带来的互动产物。村庄所面临的组织体制是二元的,即行政控制的正式组织与非行政控制的非正式组织渠道并存。拟制出的亲密的"缘"关系,是一种重要的组织资源,村庄如果运用得当,就会非常有效。那些工业化村庄正是借助于此,不断地将那些可以利用的正式而等级森严的行政关系,乃至经济契约的关系,转化成了拟似亲缘的亲密的、情感性的和合作的关系,并利用这种关系和方式处理着与外界的各种往来,影响着村庄以外的其他合作对象,从而不断地把这些社会关系资源转化成巨大的经济资本。特别是当企业在产业扩展和管理向现代企业转型后,这种拟制的关系帮助企业在人事制度上比较容易脱离传统关系模式造成的束缚,而不至于对企业人事改革造成太猛烈的冲击。

这种处事方式,正是在经济理性与社会理性之间寻找一种适配平衡,既保证了内合作群体的利益不受侵犯,又满足了新的工业组织体制对扩展合作的要求。无疑,"拟亲缘"关系,是乡村工业化过程中重要的适配性组织资源。

3. "拉出"的业缘

农业劳作条件下,那种在同一个生活范围内,职业相同、因业而缘起的关系,几乎无关紧要,可以隐藏在血缘、地缘和政缘关系的背后。在集体制时代,村民被组织成劳动集体,"生产队"作为业缘组织的功能被加强,但是集体组织一方面在组建时并未打乱原有血缘和地缘关系格局,另一方面它更像一个以行政手段组织生产的行政组织,主要职能是根据国家对农产品的需要,保证粮食和经济作物生产任务的完成,在大队范围内保证国家的征购、派购和收购任务。因此可以说,借此而发展出的关系似乎带有更强的政缘色彩,村里人的主导关系并不完全是因为业缘才发生的。农工相辅,原本是村庄传统的业缘结构空间,只不过在国家城市工业化战略主导下压缩了这个空间,之后通过经济体制改革又重新有限度地打开了这个空间,从而成为工业得以进村的乡缘基础。

村里人因工作和事业而结成的主要新型关系,发生在工业特别是大工业进村过程中,可以分为两部分:一部分是村庄与外界通过市场和人缘而建立的业缘关系;另一部分是村庄内部通过工业而结成的村民之间以及村民与外来人之间的新型业缘关系。村庄与外界的业缘关系,虽因工业而缘起,但并不完全是通过市场自由竞争而建立的,准确地说,是通过老的和新建立的人缘互动关系在市场上"拉"出来的。在不完全市场条件下,乡镇企业活跃在两种体制之间,靠拉关系建立产业,这已经不是什么新鲜话题。不过,依靠人缘的拉动,构造出村庄宏大的产业,通过人缘建构业缘,转而又以业缘再建构规模更大的人缘,并以此为线索来经营市场,其中的社会学意义仍然是值得深入探讨的。工业进村以后,村里人之间的业缘关系也凸显起来。村里人因人而异,在工厂分工化的不同岗位上结成新型的业缘关系,还有一部分进入镇办工厂,在新的生活范围内结成全新的职业关系。同时,村庄以各种方式保留农业,以集体或农户为单位形成新的"农工相辅"的业缘结构空间。业缘关系终于从其他关系中独立出来,受到从未有过的重视,几乎成为村里最为活跃的关系。正是从这个意义上说,业缘关系从其他关系中独立出来,是乡缘适应地方工业化与不完全市场经济的一种适配行为。

4. "经营"的地缘

这里所谓地缘,是一个综合性的社会经济概念。首先,土地及其经济是乡村地缘关系的根基。乡缘产生自土地及其连带关系,失去了它,没有了农工相辅的物质空间,乡缘也就没有了着落,这正是过度工业化的悲剧所在。工业化和非农化,并不能等同于"非农地化"。否则,从大处着眼,工业化和城市化缺少了农业的支持便无以为继;从微处着眼,乡村居民没有了农地的相辅,市场经济并不能够确保工业在乡村的成功。工业一旦失败或撤离,乡村承受的代价将是惨烈的,不仅会发生经济的衰败,还会发生社区的解体。这已经是乡村工业化实践中可见的事实。

地缘的社会性特征及其可经营性是显而易见的。我们在几个工业化的案例村中都注意过这个问题:"怎样才能成为村子里的人?"结果发现,至今仍然存在费孝通先生在20世纪三四十年代即指出的两个条件:

第一是要生根在地里,在村子里有土地;第二是要从婚姻中进入当地的亲属圈子。这两个条件,在现今这些工业化的村子里仍然是不容易获得的,可见地缘的自然结构一直被人为地从经济上、心理上、文化上建构着,并且最不易于受到外来力量的冲击。户籍"在地",曾硬化了原本自然属性的地缘关系。农业户籍不但突出了地缘中"乡"的属性,而且给它加上了制度化标志,从而限制了乡村人口的流动,将他们长期固定在乡。但是在工业化的冲击下,这种地缘关系发生了深刻变化。分田人头、村籍制度、集体制合作体系、地缘行政和政治等等,都使传统地缘概念发生了外延变化,对于乡缘的重塑都具有举足轻重的作用。

总之,从自然的居地"生活地缘"到建立"制度关系",也是乡缘适应地方工业化与不完全市场经济的一种适配行为。所谓"制度关系",是社区内部互动的结果,带有非正式制度的特点,具有"村规民约"的性质。这种约定不同于政策和法规,只要大多数村民同意又不违法就可执行。为了规范村民行为,制定时干部和村民的参与程度很高,村自为政,各不相同。

试举其中几项:

第一,分田人头与在地保障。费孝通先生所说的上述两个条件在现今的村庄里是用土地权和户籍来控制的。土地权在70年代末80年代初家庭联产承包责任制的实行中,由"分田人头"再次加以确定,在土地不可能扩大的条件下,新加入者包括新婚者就要从他人手中调整出土地,因而难度很大,被村里人严格加以控制。从某种程度上说,土地权成为地缘关系的核心,以至于进入婚姻圈成了唯一变为"村里人"的途径,因为只有如此,才有可能在村中获得土地权。在这里,户籍与土地权相互配合,其控制是有效的。同族同村的心理认同也不再成为确定地缘关系的必要条件,没有土地权和村籍,即使生长于斯,也就等于失去了地缘的身份。对于工业进村后社区福利分配来说,"亲、地"双缘关系显得更为重要。合作并不是社区成员的天赋权利,合作组织也是以土地产权为核心的利益共同体。这就使地缘关系具有了新的制度边界。

第二,村籍制度与利益排他性。因居地而产生的缘分,或者说联系的可能性,我们称作"缘"。从本原上说,它是一种区位关系,也带有心理的认同。籍则不同,籍所表明的虽是地缘,但隶属关系是制度化的,是制度安排的结果。在村子里我们常常听到与籍相关的说法有三种:籍贯、户籍和村籍。其中,籍贯与地缘的原本意义最为接近,表明的是祖居地或出生地在村子(或更大地域范围)里,并不计较现在是否居住在此,隶属关系是淡薄的。户籍和村籍则是制度化的地缘关系,隶属关系是强制性的,但强调的不是居住地理接近,而是由制度确定的居住身份相同。特别是村籍,承认地缘的基础和户籍的资格,但二者又都不能自然对等于村籍。村籍制度[1]是经济发达地区村庄工业化过程中出现的一种独特现象,是村庄之间因工业收益形成巨大差别后,进行自我保护和加强利益控制的一种制度,也是巩固地缘关系的制度化形式,这是传统地缘关系所不具备的特性。经过村民代表大会协商确定的村籍制度的核心,是控制外来人口流入和防止村庄利益外流。这已经演变成一种与工资、福利、就业、教育等相关联的制度综合体系,拥有村籍,就具有了优先选择职业,享受村民福利、补贴或集体分配,以及在村内批地建房办厂、入股投资分红等权利。另一方面,村民也必须与村庄共担经济风险,遵守村规民约,承担村民应尽的各种义务,如合作互助、辅助病残、尊老爱幼等。失去村籍,村民就失去了在村中的一切利益,而新加入者则有权分享其中的一部分。因此,村籍制度控制下的村庄利益分配带有强烈的排他性。当然,村籍制度并不是一个单纯的文化现象,它也是村庄产权的社区所有制以及由此产生的分配制度的伴生物。由于村籍涉及村庄利益的分配,因此村籍形成的社会界限,也成为村社区的基本分层结构的基础。

第三,集体制合作体系与在地成员权。集体制的存在使地缘关系复

---

[1] 折晓叶:《村庄边界的多元化——经济边界开放与社会边界封闭的冲突与共生》,《中国社会科学》1996 年第 3 期。

杂起来,地缘与土地权紧密结合下,集体制成为办工业可资利用的一种制度资源。虽然村庄在工业化过程中都发生了土地集中经营,但传统集体制已难以承担新的合作体系之重,需要改造成为新的合作体系。这类合作体系不只发生在集体制传统深厚的苏南模式中,在其他模式中也存在。就苏南村级合作体系来说,在分田人头和村籍制度的共同作用下,合作体系成员的确定不再是天赋的,而是由地方制度和村社区村民代表大会和村议规则所赋予的。村庄普遍采用土地股、人口股和农龄股来作为成员权确定的边界。

第四,地缘行政和意识形态与工业体制选择。我与合作者曾对不同地区工业化程度高的村庄进行过比较研究①,使用表示村社区内部组织水平和合作方式的指标,将合作体系主要分为"集体制"合作、"股份制"合作和"村政"与"民企"合作三种类型。这个指标不仅反映集体化水平的高低,而且主要反映合作水平和合作方式的差异。这个指标与反映地区发展模式的分类指标略有重合,比如"集体制"合作方式多发生在苏南初期模式中,后改为以集体制为核心的股份合作制;"股份制"合作方式多发生在珠江模式中;而"村政"与"民企"的合作则主要发生在晋江模式中。乡镇企业发展过程中,曾流行过的这几种模式,恰恰都是不同地缘关系的某些新的表现,它直接影响到乡村工业体制的选择,比如长三角的工业集体制、珠三角的工业股份合作制、福建晋江的工业私营或民营体制等等。

在苏南地区乡村工业化过程中,地方政府的工业发展政策和地方意识形态,就是工业集体制产生的直接推动力,而这些在其他地方则或强或弱,甚至与其相反。可见,工业集体制的出现和解体,都带有典型的地缘行政和意识形态特征,也就是说与地方行政推行的政策和意识形态具有很高相关性。

---

① 折晓叶、陈婴婴:《社区的实践:"超级村庄"的发展历程》,杭州:浙江人民出版社,2000年,第四章。

(三) 作为社会行动策略的乡缘

从以上乡缘静态结构的延展中,已经可以看到乡缘与工业化之间所发生的相互适配过程,如果再从动态利用的角度看问题,对乡缘只做"社会关系"的理解,就显得狭隘了,即便加入了制度机制的理解,也还是不足的。乡缘还是一种行动策略、一组动态的互动关系。

缘关系将关系人括进圈子,但是有关系并不意味着可以利用,而且圈子是可以突破静态的结构而拟制和扩展的,于是它也就不再是先赋的、静态的,而是动态的、可以再造的,因而才得以与工业活动的发生和发展相互适配。也正是在这个意义上,我们说乡缘是一种与乡村结成关系的缘由和条件。

动态的乡缘(作为制度机制)具有这样一些特点:

首先,把亲族看作一个自然的经济共同体显然是不符合事实的,有亲缘不等于有人脉,工业化要求突破先赋性的亲缘关系,把拟似亲缘的"自己人"扩展成为人脉;业缘关系较之农业社会更加凸显,早已突破农业而向工商业扩展,特别是出现了可以在乡村安身立命的工业制造业态,工业业缘与地缘和人脉也就有了更紧密的关联。

其次,乡缘不是一种静态的先赋性的关系。有"在地"的先赋性关系,不等于能够利用地方资源,后者才是工业落地所需要的条件。这其中的道理很明显,因为"生于斯,长于斯",不见得就拥有地缘资本。如果没有人的不断眷恋、关怀乃至长期经营,没有地缘关系人之间的互动行为,地缘不可能变成可资利用的关系资本。对于乡村工业来说,经营上的"地利"也并不是唾手可得的,它必须深入当地社会的日常生活实践,掌握和组织农民生活中一切与务工有关的活动。所以,地方工业在经营上所依赖的地缘,并不是因地理上的坐落和社区上的生活自然生成的,这个条件固然是基础性的,但若没有人为的建构,地缘不可能变成对于运营有用的关系资本。这一点对于发展中的村庄具有重要意义。

乡缘也不是封闭性的,在地的非先赋性关系也可能再造出新的适配于工业发展的乡缘。地缘的边界亦会随着工业活动的扩展,从村社区到县域或省域去延伸,例如带有区域特征商会的出现。因社会资源的获取方式变化,乡缘也更加具有开放性,从名义上到事实上,都具有了实质性的互动关系。这在我们的案例中都有事实根据。

最后,乡缘还具有被再造的特质,特别是地缘关系,由于人口和产业的流动以及户籍的松动,地方社会资源被深度开发利用,在地关系扩展了,取代了先赋性的户籍地缘关系。伴随着工业资源的流动、大量创业者和劳动人口的进入,原属地的缘关系被打破,在地重建的缘关系实际支持着工业落地和发展。特别是一些地区因产业发展需要,适度放开了农业户籍进入,以支持人才带动的工业流动,正如我们案例所描述的,这为办在村镇的工业企业家提供了再建乡缘的机会。

由此可见工业进村并发展,并不是直接依靠村落传统文化和关系,而是促使这些传统在保持其根基稳定下发生了适配性的变化,或者更加准确地说是"变通",也就是说变化是适应性的,并没有或难以超越传统的框架,比如"自家人"并没有超越"亲"的传统,经营出的地缘并没有超越"在地"的传统,等等。当乡缘的内核由软性的社会关系演变成为硬性的制度和规范机制时,或者说原本特定社会关系独享的资源松动,成为适应市场需要的可转移使用的社会资源时,才得以与工业体制二者相辅相成、互为条件,共同促进乡村工业化的进程。

乡缘的这些结构性变化,产生了一个惊人结果,那就是工业化过程中的村里人,对资源的利用空间大大地扩展了,突破了原本独享或专用于村庄的社会性资源和物质资源的传统,以便能够在更广范围去利用公共性更强的社会资源和社会性资源,不只是地方的甚至是全国的。与之相应的,也就为村庄内部资源与外部市场需求的结合打开了通道。这正是工业化所需要的微观社会基础。

与此相适应的是,工业体制也发生着适配性的变化。决定工业在乡村成败的因素和条件很多,如果把一般适用性的条件,如市场、政策、能力、管理等加以控制(即条件同等),乡缘的作用就会凸显,因此落地工业不能不对此做出适配性的变化。比如：制造业的组织方式更加贴近于农耕组织传统如集体制、股份合作制等；生产制度则出现多种形态，如工厂制、家庭作坊式、工厂制与家庭发包相结合等；而人力资源利用和就业方式，又出现多种不同于大工业的形式；工业组织中包容农业机构（有的建立有农业车间或农业公司）、适配于"农工相辅"的乡缘传统；等等。这些适配性的变化，决定着乡村工业能否持续发展。

三、适配类型及其比较

乡缘与工业之间的适配性互动，具有很大的张力，并不一定越紧密越好，也不一定都产生正向的关系，当二者之间的适配平衡被打破时，乡缘就可能被悬置甚至割裂，由此产生出不同的适配类型。

在案例所在地区，至少出现了具有典型性的四种类型：

表1 工业与乡缘交互分类表

		工业	
		移入	移出
乡缘	紧密	固着	重建
	疏离	悬浮	扯裂

这些适配类型说明，乡缘与工业之间的适配是动态变化的，具有这样一些特点：当工业与乡缘的适配关系紧密时，固着于乡缘关系之内的工业就易于嵌入和扎根；而当二者关系疏离时，乡缘悬浮之下的工业就易于只留根甚至拔根；当二者关系紧密时，迁移中的工业就易于成为与乡缘互赖的适配类型，有可能在移根中重建乡缘关系；而当二者关系疏离时，扯裂于乡缘之外的工业就更易于伤根和退出。

我将以几个案例村不同的工业（或非农产业）实践，来对上述四种类型进行描述和比较分析。这几个案例发生在同一地区同一时期的乡村工业化过程，所处的制度环境和村落文化条件基本相同，具有可比性。

四个案例的工业类型基本都是易于在村庄落地的加工业,但是由于适配互动过程的差异,产生了不同的结果。让我们逐一进入这些适配互动的微观过程。

(一) 扎根:工业落地与乡缘的固着

在苏南地区,有两种客观条件促使了村庄工业的发展:一种普遍认为是依靠了大中城市国有企业获得设备、技术、信息,有一批技术熟练的退休工人从城市回到农村;另一种是许多村庄都有社队工业的基础,在当地政策的鼓励下,这部分集体固定资产大多没有被分散,留在了村组织手里,成为日后村集体企业起步的原始积累。不过,并不是所有村庄都利用了这种条件,农民的主动行为——"请工业进村",才是激活这些条件的机制,而"请"背后的制度安排即对乡缘的利用,才使工业得以落地生根。

星村,就是"请工业进村"的典型村庄。

1. 试错和学习

星村请工业进村时,经过艰难的多次试错和学习过程。原处该县边缘地带的星村,历史上没有办工业的经历。20世纪70年代中期当工业化的浪潮拍打到这个地区时,村干部首先捕捉到了变革的味道,但要不要请工业进村,机会又在哪里,对于这个地处偏远、交通不便、集体积累不多的农业村庄来说,每一项选择都关乎生存。星村有深厚的村议传统,经过大队和小队集体激烈辩论、征求党员意见、说服村民等等一系列的工作,终于决定先按照政策办个社队农机厂试试看。

在村里人的意识中,办厂安排工作比起赚钱更为重要,所以选择一个能安排村民进厂工作的企业,哪怕产品低档、效益不高,也要运转下去。办农机厂虽然既不赚钱又安排不了村民就业,但是开启了"以农转工"、为大城市工业加工配件的工业史。当80年代年加工费达到三万元时,学习了制造加工经验的星村人开始给上海的大厂加工配件。

加工配件收入略有提高,但加工点小,吸收工人不多,产品又不能进入市场,满足不了"农工相辅"的产业需求。这时村里人对"进厂做工"的呼声很高,常常成为村议的核心话题。少数"能干人"离开村庄进入周边村镇企业做工或打零工,留在村里的则指望村办企业扩大生产增收工人。初加工虽然不合心意,但"接单"积累了经验,让村干部有勇气瞄准更好的机会。

接着进入这个村子的主要产业为电梯齿条加工。在城乡工业产业链逐步完善的过程中,细分加工业(独立于专属企业)具有了相对独立的地位:一方面在市场化条件下,大型企业为节约成本和集中核心生产,将一些专业水平较高的配件生产转由厂外生产和采购;另一方面配件生产给那些有条件分散化生产且成本较低的中小企业创造了机会。电梯齿条就是其中发展较快的相对独立的加工业,立足于市场,依靠接单生产。

不过,接单加工业在村子里落地,并不是一个简单的市场问题。"请工业进村",是内外两种力量相互作用而产生的适配性结果。从这个意义上讲,"请"使得星村这个小村庄获得了与大社会互动的一种新方式。

接单生产,是这一类办在村庄里的小企业最为核心的环节。能不能接到订单,既是大企业对村庄条件和组织力量进行的选择,也是村企业领导人有没有"抓单"能力并且将业缘关系加以扩展的作为。星村接单,缘于村书记抓住了城市企业推销闲置设备的机会。村书记借助自己跑业务建立的人脉关系,将设备和师傅请进了村子。之后设备不断更新,合作企业从近邻城市扩展到多个地区甚至合资到国外,齿条加工业务越做越大。

在"市场—行政"双轨制条件下,"村书记兼董事长"这样适配性的政缘制度安排具有合理性,只有他们才能通过集体声誉和人缘扩展业缘,才有能力把村庄资源与外部市场需求联系起来。当这些资源掌握在特定的经营者手中,并且所有的业务资源都通过他们结成的网络进入村庄和企业时,业缘就不只是因市场而发展,而是以人脉互动来营造和经营了。正是因为长期经营的人缘拉住了业缘,使它变得稳定而持久,以至于业缘带有人际的痕迹,不是植根在企业单位,而是随人缘移动的。这正是一些乡镇企业经营者的可替代性降低、更换经营者要冒企业垮掉的风险的原因所在。

加工业在村子落地,还利用了农民易于"转为"兼业工人的条件。进入星村的齿条企业产品单一,加工技术并不十分复杂,车钳铣刨磨等传统加工技术,请城里技术工人带徒弟培训就可以完成。而对于农家来说,做工与务农兼而有之,可以实现"农工相辅"的适配性谋生。齿条厂先后吸收了村里近百名略有文化的青壮年劳力,增加了村民就业。职工接受"月工资,年结算"的办法,使企业降低了经济成本。此外,加工市场灵活,只要提高专业水平,就有可能提高市场占有率,大幅度提高产业收入。由此,星村扩大了"农工相辅"的产业发展格局。

对资金和设备周转打"信任时间差",也是加工业落地村庄的有利条件。生产设备和磨具是通过购买国企闲置设备、请厂家开磨具等方法解决的。资金投入采用先赊账或以产品抵资,上下家通过人缘信任关系实现设备和资金周转,这对于星村这样缺少资金的村庄,不失为一种适配性安排。

经由大城市工厂和退休技工援助,以及内部艰苦的职业技术训练包括多次试错,该企业的主打产品因为优质,最终成为同行业的"标准件",成为全国定点企业,为企业长久占有市场份额奠定了基础。1995年是生产高潮期,一年可赚到纯利润300万,2000年中后期,已占到国内同类产品市场60%的份额。

2. 新产业链条背后的乡缘支撑

从工业进入到产业扩展的路径,大致可以看到,业缘关系在农业向工业转变过程中造就了新的产业链条,而这种转变的背后,有政缘、人脉和地缘的支撑。

首先,工业进村要从根本上动土,即改变土地的形态用途,从农用权改变为非农土地使用权。从土地产权及其使用政策的合法性角度讲,掌握非农土地使用权的行政村集体才具有办工业的可能,这是启动集体制办工业的制度条件。

一项"请"的行动,激活了村里社队工业残留的资金、人脉和集体制度。在星村,这部分原始积累不只包括些许资本金,还包括社队工业时期村组织掌握的外部人际关系资本,也包括社队企业为村庄培养出的工业管理人才和技术工人即人力资本。同时社队工业采用的集体制也成为风险的合理承担机制,苏南地方政缘主导下的乡企早期集体制模式助推了这一进程。

更为重要的是,"请"有乡村社会基础做底子,激活了或重建了社会性合约。① 星村人做出的风险选择,建立在乡缘提供的互惠和信任基础之上。在这个集体制情结极高的村子里,内部达成一致做出的选择,来自村干部和农民之间建立在互惠基础上达成的默契,我们也可称之为以乡缘为合法性基础的社会性合约。工业进村这一事件,重新激活了或重建了这种社会性合约,使它成为适配性的社会资源。

对于村干部这样的企业创办者来说,有一个可以提供信任,可以运用非市场原则处理经济合作和冲突问题,可以承担转嫁的企业风险,又可以容忍他从多次失败和损失中增长才干的社会场域,显得十分重要。达成社会性合约,就可以使他从一开始就进入一个社区合作环境,找到一个可以让他们的人力资本积累和增殖的社会支持系统。在这个系统之中,他为增长才干所付出的经济成本,就会因为社区提供的土地和劳力低廉而降低;他所付出的社会成本,也因为熟人社会的信任和忠诚以及稳定的社会关系而变得很少;甚至他所经营的企业的风险也转由社区来承担了。② 而村民之所以愿意与村组织和集体合作,由他们出面与外部行政机构打交道,则是因为村干部历来代表村庄与"上级"联系,掌握着与外部世界特别是官方的各种关系网,他们"人头熟""关系深""会办事",在地方力主发展集体经济的政策下,不如就选择信得过的村集体领

---

① 折晓叶、陈婴婴:《产权怎样界定——一份集体产权私化的社会文本》,《社会学研究》2005年第4期。
② 折晓叶、陈婴婴:《资本怎样运作——对"改制"中资本能动性的社会学分析》,《中国社会科学》2004年第4期。

导人,将乡缘关系也"合作"起来。事实上,星村组织在批地、购置建材、向银行贷款等等问题上,的确都由村组织出面,利用了干部和村民掌握的所有"能用得上"的关系,形成一种既利用正式的行政关系,又利用非正式私人关系的合力效果,因此成功的可能性更大。

3. 工业组织体制选择的路径依赖

村庄办工业的另一个关键问题,是对工业组织体制的选择。工业之所以扎根于村庄社区,不仅其业态需要适宜于农工相辅的村落农耕文化,其工业体制也将受到地方集体制及其意识形态和村议互动传统制度的深刻影响。其中地方政缘起到了主导作用。

星村之所以称"星",源于土改时期成立当地第一个农民互助组、第一个初级及高级合作社,被视为村庄放出的一颗新星。1953年,国务院奖励各省"先进社"收音机,星社即有一台。农业集体化,不仅使这个粮食富庶之地对国家的贡献被记入地方志加以褒扬,而且集体制这个标签,让它应用自如,难以自弃。1979年全国推广小岗村分田到户经验,实行家庭联产承包责任制之时,星村内部争议很大,难以形成统一意见,直到两年后的1981年下半年才完成改革,成为当地最后一个"分田到户"的村子。可以说,集体制作为一种地缘制度和情结,在这个村子里很是浓厚,直接影响到村社区的体制建设。工业集体制作为一种地缘制度和情结在星村尤为显著,不仅表现在对工业体制的选择上,而且在工业企业"离不离村""改不改私"和股份制改革决策过程中都有所体现。该村曾有过一次关于企业"出不出村"的村议和代表会议大讨论,其中就曾表现出浓烈的乡缘的社会性逻辑。

星村的齿条加工出名之后,带动周边一些人也办起了齿条厂。乡镇继而县域都办起了工业区和开发区,那里基础设施齐备,进入政策优惠,希望这些中小厂家搬入,以便形成聚集经济效应。然而星村和周边其他村曾有一个非正式的联谊会,商讨过出不出村的问题,企业多半拒绝出村,星村只打算利用政策在开发区"造厂房招商"。

能出村而不出村,就值得问一问为什么了。企业不出村,除去前已述及的"经济不经济""划算不划算"的经济的和"农工兼业"习惯的考虑,不出村还有着更为复杂的产权关系原因。企业出不出村不仅是一个拉开地理位置的问题,村庄的社会支持系统为适宜办在村里的落地企业提供了便利,无疑是企业不离村的重要原因。但是"不离村"更为重要的是"改不改私"的问题,涉及产权是否与集体剥离,企业对村庄建设、公益事务和农业的支持是否中断等问题。这个村议传统深厚的村子,为此又"吵翻了天"。

当地乡镇企业改制时,不少企业与村集体进行了产权剥离,转为私营企业,企业出村多有发生。星村企业齿条厂靠接单生产。接单是村书记兼董事长的强项,按说靠接单生产的企业家是可以借助"改制"的机会,带着接单业务和企业离村"走人"或另办个人和家族企业的,但直至企业改制,这个村并没有这样做。有几个因乡缘而产生的约束性条件起到了限制作用。

首先是工业集体制产权性质的约束。星村请工业进村时,企业集体产权的性质是明确的,办工业的启动资金、土地、"征土工"和其他服务由集体投入,"集体办厂"是从厂家买进设备的条件之一,地方政策规定企业主办人必须是村支书,等等。在此基础上建立的产权合约,在这个集体制传统深厚的村庄里,具有高度的认同性。改制转私中,如果不考虑村集体的产权地位,不但会受到村民的反对,企业和村委干部也难以接受。

其次是村民议事传统对工业收益分配的约束。村议传统间接制约了企业出村。像星村这样集体制传统深厚的村庄,村民对民主参与的要求很高,不但要求知情权,而且要求决策权。星村每遇大事都要开展村民代表"大讨论",他们创造出多种民主参与和民主管理的互动方式。比如,重大议题要形成决议,经过村民代表签字画押方可生效,建立民主理财委员会,有定期召开的"民主决策日""民主理财日"。请工业进村之后,村里过去建立的"村规民约"已不能满足村民民主管理的需要了,从1992年开始,村干部和村民们就自己制定"自治章程",出台工作制度,在这些规章制度中,最重要的即是"村务和财务"全部公开,对于如何分配和使用工业收益,需要接受全体村民监督管理。在这个村子里,村民代表大会至少具有以下两种基本权力:一是决定工业收益归村组织即获得村财的额度以及如何加以使用(如每年保证有100万用于村办大事);二是决定享有工业收益的成员的权利(以村籍制度加以限制)。

最后还有制度企业家的双重身份和乡缘情怀产生的约束。村民代表议事和代表大会决议虽然可以左右村事,却不能替代地方有关企业改制的政策规定,关键时刻还需要企业当事人做出抉择。2000年星村所在地的集体制改制是由地方政府直接推动的,按照政策允许的改制方案,集体企业改制成为股份制和私营企业时,有成就的企业家可按企业净资产的20%获得奖励。在政策支持下,大部分村庄企业都采用奖励加买断的方式合法合规地转为私有企业。星村以工业企业为主的集体资产经过评估,净资产有1600万,村书记兼董事长个人可得320万,合乎政策规定,村民并无权干预。但是村书记兼董事长个人并不赞成这个做法,他同村党委班子更多考虑到集体经济怎么办,讨论商定了三条有利于集体经济发展的村行"政策":1.改制中任何人不拿集体一分钱奖励;2.用无形资产作为集体资产股份,以此作价占18%股份,成为大股东;3.改制企业必须按千分之五的销售收入上交给村,作为"为民办实事"的基金,在村里租用土地的其他企业,每年要有不少于5万元上交基金,从而保障和维持改制后的村办企业每年仍能提供100万元作为村级经济可支配收入。他个人认为"这不是做好人好事,而是自己多年当村干部和企业领导人的理想,要让企业成为村里的摇钱树,让村民过上好日子"。这大概也可以看作他作为制度企业家的乡缘情怀吧。

无疑,村书记兼董事长的上述制度安排,带有很强的个人信念和愿景。企业干部之所以也接受他的安排,其实也有前述村民议事的规则和监督在发挥作用。这在接下来的企业股份制改革的不同阶段也多有体现。

4. 产权改制的乡缘基础

星村之所以没有选择"改私",乡缘互动关系起到决定性作用,但从中也发现,乡缘的包容作用,在工业企业发展的不同阶段具有不同作用。

星村工业发生初期,乡缘的守互作用是固着的,中期随着工业的扩展进入平台期,不可避免地给企业带来一些发展困境。首先是企业与政府的关系。村书记兼董事长接受股份制改制的直接原因,是划清与地方政府的"请吃关系",以前仅食堂一年开支就是 30 多万元,改制后几乎没人来白吃了。其次是企业内部治理问题。企业管理人员认为"内部管理确实也比以前好一点,因为以前是集体做惯的,个人的积极性没有那么高。现在比以前管理好一点,自己是工人也是股东,就比较积极了"。经过村企之间、村委会与村民代表之间协商,星村进行了三次企业股份制改革,都体现了对乡缘的观照。

第一次是企业内部股份制改革,其本质类似于集资,没有章程,只留有一份签名盖手印的协议,数年后本金得以还清,但首次在企业与村民员工之间建立了直接利益关系。接着又是在工业企业与村集体全部成员之间进行股份合作制改革。做法中体现的"利、权、情"原则,并不完全遵循地方改制规则,而是处处体现着乡缘观照。比如主业齿条厂改制,董事长及企业骨干出于保留集体经济和维护全体村民利益的考虑,放弃个人享受股,将 270 万元经营性资产和 100 万元集体资产收益进行评估确认,另将集体无形资产作价 50 万,一并作为集体股份,由全体村民共同享受;为全体村民设立享受股、增量股和增量配股,享受股由在本村劳动、工作十年以上满 16 周岁的村民平均分享。

第二次是土地股份合作制改革。更多考虑到农民就业和土地增值等因素,其中对土地、粮食、农作和安全的坚守,都彰显出土地权利和乡缘的作用。星村有相当一部分年老体弱的男劳力和中年妇女,耕种着 1600 多亩土地,他们大多文化低、体力弱,单家独户没有能力进行农业产业结构调整,种地的收入实在太低。如何在这有限的土地上增加收入,不仅是村民茶余饭后议论的事情,反映到村书记兼董事长那里,也成为他必须琢磨并给出答案的问题。从股份合作的思路，他提出将农民的土地承包权也入股，成立一个土地股份合作社，由合作社统一开发经营。当时政策允许农民搞土地使用权流转出租的试点，于是星村成立了土地股份合作社，每亩土地折合为一股，由土地承包经营者作为持股人，合作社向社会招标承租土地，经营土地的收入按股分红。按初期一家花木公司的租金计算，收益从一年每亩400元逐年增加到每亩600元，村民承包户除去得到这笔收入，还可得到一笔打工劳务收入。

村里的土地股份合作社，较比之前的工业企业股份合作，具有更加浓厚的乡土色彩，反映出村民对土地、粮食和农作安全的坚守。比如，社长介绍："土地租金不付小队（组），直接结算到农户。（每亩）给他们300块钱现金，还有300块钱买大米，每亩土地给他200斤大米，200斤大米是固定的，不管粮价怎么变动，每亩都要给他200斤，这也保证了老百姓的口粮。"村民们从土地转让入股中得到的基本回报，正是新形式的转型了的社区保障。

第三次是社区股份合作制改革。这次改革将工业企业股份合作制与土地股份合作社统一起来，统称社区股份合作社，领导权由村书记"一肩挑"。这一制度安排，维持了村企之间的紧密关系。因加入了股份合作的产权安排，村民资金股份的差异虽大，但由于自愿出资，加之土地股份和福利是均等的，因而并没有引起太大震动。村民议论最多的，仍然是如果让企业转私归企业家个人，村集体和老百姓的利益还有没有。"企业股份制＋土地股份制"统合的合作制度，可以为村民所接受，成为经济组织方式与乡缘适配的体制。

5. 从工业优先到以工促农和家园建设

星村的工业经济稳定发展后，村社区合作社经村民代表大会辩论后，做出了有利于以工促农和家园建设的几项决定：

其一，留住土地，以工促农。留住土地，"在自己土地上打工"。由于工业收益支持了村民的保障，星村暂时没有用"土地换社保"，使得村庄的可耕地全部保留了下来，作为发展农业的基础。村里人的愿景是将土地祖祖辈辈传下去,用工业的收益促进农业发展。

其二,以工业收益支持村财和保障。工业企业担负着村企相助、以工促农的社区责任。星村在工业产值和利润积累可以每年支持村政100万元时,开始陆续为村民"办大事实事",先后由企业投资2000万元办成十多项,包括修路、建秸秆气站、建安息堂及安装入户程控电话、接通有线电视、改厕安装抽水马桶、建造村办幼儿园、设立社区卫生站、建立老年和青年活动中心等等。还为全村300余名老人办理了社保、医保和农保。这些都是村干部和村民眼中可企又可求的家园建设。

其三,引入项目,建设家园。制度企业家利用地方社会资源的便利,将项目引进这个村庄。星村工业带有乡村工业的一般特征,规模不大,品种单一,可以精工细作,适宜办在村庄,村民职工可以亦工亦农。但是资本总量有限,支持村政建设的投入并不足以支持大规模的村庄改造和建设,只可作为引进社会项目的预备条件和基础。具有制度企业家精神的村庄领导人,很会利用这种身份将当地的社会资源"用足用好"。在他眼里,不会利用地方资源办好村事的,不是好村官。他盯住不放的当地社会资源,包括政策(特事特办)、指标(土地转换)、项目(进村)、借款贷款等等。于是,这个村在当地最为典型的事例,就是将大批项目引进了村庄。引进项目,较之引进工业,在地缘关系利用方面,远不是一个等量级别,需要更多政府部门支持。新村建设中通过"抓项目",星村获得了较之其他示范村更多的转移支付项目资金,在村际竞争中获得优势,最终成为政府多个部门参与"打造的示范村"。① 这些大多都是村书记兼董事长利用其人大代表等社会身份"跑来的、请来的"。借助于办工业的积累和国家及地方项目的支持,星村完成了农业产业改造、居住小区住房建设、社区园林化。由于投资巨大,对于这种示范性做法,在村内外一直存有争议,但这仍然是目前村干部和村民眼中所可能实现的家园建设

---

① 折晓叶、陈婴婴:《项目制的分级运作机制和治理逻辑——对"项目进村"案例的社会学分析》,《中国社会科学》2011年第4期。

的愿景。

星村案例提供了一种固着于乡缘关系之内的工业"适配"类型,具有这样的特征:工业扎根于村庄社区,其业态适宜于农工相辅的村落农耕文化,工业体制受到地方集体制和村议互动传统的深刻影响,造就出工业集体制,制度企业家成为勾连企业和村庄、村庄与地方社会的制度中介。乡缘在成为工业落地和发展的支持系统时,也决定着工业收益须支付村庄建设和村民福利的社区目标。正是在这种"村企一体,农工相辅"不断适配的过程中,星村完成了工业在乡村的"扎根",而这"根系"能否长存,将持久地受到宏观制度环境和微观乡缘条件变化的双重制约。

如星村一样,在当地乡村工业化初期,工业集体制是村庄的普遍选择,但在企业改制中村庄的选择产生了分化,星村的"不离村"的股份制改革方式成为其中为数不多的一种类型,众多企业类似下一个案例塘村那样,选择了企业与村集体在产权上剥离甚至出村的方式。什么样的乡缘又支持了工业的离村、出村最后又返村呢?下面就以塘村为例来描述和分析缘由。

(二) 留根:工业扩张与乡缘的悬浮

塘村与星村同属一个县级市,在地方政策和村落文化大致相同的制度环境下,工业化的前期过程与星村和当地其他村庄大多相似,都有以集体制方式请工业进村的艰难经历。不过,企业与村社区的关系却选择了不同于星村的另外一种方式。企业私有化后,不但与村集体在产权上剥离,而且撤离村庄迁入市级开发区,扩张成为多种产业集合的集团公司。不过,这种分离却也藕断丝连,数年后经济总量增长到一定程度时,企业资本转而又回归村庄投资生态农业和家园建设。这种工业"进村、出村和返村"的反复过程,展示出适配互动过程的复杂性以及反复利用乡缘所产生的不同结果。从适配的角度看,这个案例特别具有典型性。

两种不同的选择,与两村在社会经济结构和乡缘关系以及参与主体的行动策略等方面的差异有很大关系。

1. 集体"出面"与工业"进村"

塘村的社队工业也曾小打小闹,但没有给村集体留下资金积累,只留下了几间茅草棚和一小片场地。如星村办工业初期一样,集体出面是接单加工业的必备条件,而选择制鞋业,对于"一没技术,二没设备,三没资金,只有劳动力和土地"的村庄来说是一种理性选择。

办在村庄的企业接单生产,有其独特的优势。如星村一样,场地要求不大,流动资金打工资发放时间差,工作容易上手,工人居家住宿,农工两便,而且污染较小,特别是这种产业对工人的需求量大,特别适合在村庄里由亦工亦农的村民来从事。但是业务落地,却不是简单的两相匹配的结果,而是乡缘适配的结果。产业组织依据乡缘条件,采用了"工厂制+发包制"相结合的方式,这在制鞋生产组织方式上并不是必要的,主要是因为老年村民对于不能"沾工厂光"存有意见。为了给老年村民一个赚钱的机会,满足村集体"共同富裕"的社区目标,村里98%的青壮年进入企业工作,而制鞋业的某些初加工工序则分包到农户家庭,由农闲的老人特别是妇女来完成。这种分包加工,将村内的工业生产与农户连接了起来,在一定程度上打开了以乡缘为基础的"农工相辅"的结构空间。经过一段尝试,企业也意识到,这不仅满足了普惠沾光的需要,对工厂来说,分包工序也是划算的。只要接单成功,这种组织方式在村中就很稳定,因此特别受到村民欢迎。制鞋业起始于80年代末,在村内已存在数十年,订单从小到大,从地方到国内再扩展到国外,并以合资企业方式稳定订单。

但是,从技术、劳力和功能等适配好的工业经济,却遇到了出村撤厂的困境,除去地方推动企业改制的外因,内因在于企业与村镇组织和村民之间的关系发生了冲突。

2. 不同的工业集体制组织方式,使适配于村庄的工业遭遇了撤离

塘村企业的接单人是村组织起用的经营能人。办工业初期,村集体组织虽有办厂的念头和动力,却没有资金也找不到好项目,于是"老村

干"们决定请村中个体经营能人——曾经的村会计来主持办厂,商定由村集体提供场地,由他个人投入初始资金,靠他争取订单。前已述及,接单人在这一类制造业中尤关紧要,必然成为企业权力的实际掌握者,而地方政策着力推行的"村书记兼董事长"制度安排,也使办企业能人顺理成章地身兼二任,使其控制企业的权力具有制度合法性。

于是,对于工业的集体产权有了自不待言的安排,村民对工业企业的集体性质也有了别样的理解。如果说按政策话语"集体所有权"所表述的产权是"模糊"的话,那么村企之间对工厂的实际权利归属却一开始就十分清楚,"厂是某某办的""某某的厂",这在村里是一个通行的说法,不仅指规模较大的鞋厂,对其他集体小厂也是这样认定的。这些说法的实际意义是,办厂人对厂具有村里人界定的非正式的控制权,"谁办的厂谁说了算",其他人不可以插手,即便是作为名义所有权代表的村政组织也不可随便干预。因为有这个规则,才会有人在一无所有、前途不清的情况下出面为集体办厂。但是,在村档案中却看到,办鞋厂的成绩作为政绩记在老书记的先进事迹上,作为对集体产权法律合法性的对应。但实际上,村委会领导人对鞋厂不得要求任何实际的权力,村里人也将办厂的功劳和因此致富的感激只记在创办人头上,以至于后来鞋厂在与日商合资时可以从经营者与日商两人的姓名中各取一字来联合命名。①

虽然入主村组织是办厂人不能不为之的唯一选择,但这家企业又不同于所谓的"戴红帽子"企业,按照当地集体企业政策,村集体经营者必须具有双重头衔"村书记兼董事长",一旦失去党组织书记职务,也同时失去经营者身份。所以,一旦成为集体企业主办者,也就同时成为村庄主政者,对村庄发展同样具有责任和义务。因此,无论他个人前期是否具有集体制情结,他因当地政缘而获得的双重身份,使他同样成为"制度

---

① 折晓叶、陈婴婴:《产权怎样界定——一份集体产权私化的社会文本》,《社会学研究》2005年第4期。

企业家",也须为村庄发展谋略长远。这种新的集体制组织方式支持了工业落地和发展,企业创办人与村组织和村民之间特有的互动方式,决定了工业与村庄的适配方式。

但是,与星村领导人不同的是,塘村的村书记兼董事长具有一体两面的体制性格,更像是一个"准制度企业家":一方面村书记兼董事长不是出自"经理人市场"上的外聘经营者,他来自社区内部,作为村书记,他被官方和民间都赋予了集体资产"看管人"的角色,与村民和职工之间不能存在明显的利益冲突;另一方面他又不像老书记那样对已有的组织和制度充满情感,不会虔诚地秉承集体制的制度和意识形态遗产,而是多有创新精神,往往会在制度选择上寻找一种新旧制度相融的结合点,为此他一直与村庄内外政缘关系保持一定距离。

塘村村书记兼董事长始终认为自己最适合"做企业",从企业家的角度考虑,他太想与村政"拎清楚",要带领企业走出村庄干一番大事业,打算"现在主要是资本积累,以后有了2亿流动资金,就搞新的项目"。因之,当地方政策鼓励集体企业私有化时,村企分离,请村政"出局",就水到渠成。

与星村不同,塘村的股份合作制,在组织和制度设计上都有限定村组织产权的特点,最终在改制中实现了企业私有化。但是,企业私有化之初,他对村组织和村民立有承诺,"不会不管村里",并在企业集团发展壮大后实现了"资本回村",以不同于星村的方式投资农业和村庄建设。这也在一定程度上说明,这类准制度企业家身上仍带有地缘政治和乡缘意识的特征。

3. "公司办村"的制度安排

仔细观察了解,塘村企业虽然依靠不是老村干的能人承办,但准制度企业家与村民之间也存在隐性的社会性合约。这是村书记兼董事长在改制前后都须将"村里老老小小"和村内公益事业放在重要位置,不敢随意怠慢的原因所在。这种事前隐性的社会性合约,具有非正式的界定集体产权的作用,但是仅依靠非正式制度的风险在于,忽视了村民参与正式制度的建立,发生重大体制变动时村民也就失去了参与机会。与星村相比,塘村的民主参与制度就名大于实,并未在重大事务决策中发挥作用。这与村庄准集体制下实行的"公司办村"体制不无关系。

塘村的工业公司与村组织之间,一开始就达成默契:企业负责村政建设即办大事的费用和村政日常开支,村委会则不得干预企业工作;企业优先安排村民就业,村民则承认"企业是老板办的",村民应招才能进厂工作;等等。

企业经营者对企业产权事实上的控制和占有,使他们与名义所有者之间的权力天平倒向经营者一方,出现权力地位不平等的情况。经营者借此在自己的企业建立起不可逆转的管理权威后,强化了公司的强势性格,权力的摆针偏向公司这一侧,于是,集体制下"村企合一"的机制也由办厂初期的"村办企业"顺利地过渡到"公司(或企业)办村"。在这里,村办企业不仅是指企业产权的归属关系,也指以村庄的方式办企业;反之,"公司办村"则不仅是指以公司的方式办村,而且也指企业所有权向公司的转移。

"公司办村"在当地如塘村一样的村庄中十分流行,与星村不同的是公司与村政的关系和互动方式。塘村企业集团公司集"党、政、企"权力为一体,村委会实际作为集团公司的一个分支机构,主管农业和村政事务,村财政也是公司财政的二级核算单位,村政事务的所有费用均由企业支出,并且采取"实报实销"的方式。当地有的村庄,农业部分干脆就是企业的一个"车间"或农场,生产、经营和管理也是以企业的方式进行的。从这个意义上来说,村庄就是一个企业,是以企业或公司的方式存在的。

这种现象,其实是"村书记兼董事长"的权力现象在村庄管理体制上的反映。在公司经济成为村庄经济命脉的情况下,村书记兼董事长的设置不仅实现了村企权力一元化,同时也宣布了村政被公司"兼并"的结局,没有独立的财政,村集体也就丧失了集体资产看管人的地位和权力,表现出弱势性格。从中可以发现,公司"买单"对村政产生了两个实质性的影响:首先,村作为下属机构,与分厂有相似的从属地位,接受公司的统一领导,从而失去对公司的控制权,进而也就失去了与公司讨价还价的能力;其次,公司办村是一种福利性经营策略,主要职能是在企业经济增长和增进社区福利之间确定预算,并负责向村提供社会福利,而福利资金的提取也没有合同规定,不是依据产权大小对剩余按比例分享。在这个过程中,公司对村庄事务的权力伴随福利供给的增长而增长,村委会则逐渐演变为公司集体福利的执行机构,公司经济增长越快,村委会可支配的福利资源也就越多。正是在这种格局下,村委会与公司之间产生了新的权益博弈策略,只要公司不反对支付"为村民办大事"的费用,他们就不反对公司兼并村政,反而还可以通过福利策略让公司效益尽可能多地在村庄内部分配和共享,也就是说,可用"村政缺席"这个最小成本来换取"增进福利"这个最大收益。事实上,塘村工业公司亦如星村一样,数年内投入村政建设资金巨大,为村民办成了十余件大事。村社区正是通过对"村书记"角色的社会期待,获得相对最大的收益。不过这样一来,也就顺理成章地把村政组织所代表的集体对企业的所有权虚置起来了,更不存在村民参与决策的可能。特别是在村书记身份依附于经营者身份时,情形会更加如此。

村民对集体企业所有权归属的认知仍然遵循着土地产权的逻辑,他们投入了土地办厂,就把借助土地谋生的权利转换成为在企业就业的权利。乡镇企业创办初中期,镇办、村办企业存在大量的"征土工",就是对土地被征用农民的一种就业安置形式。因而遇到企业改制,村民失去集体产权时,他们很难提出对量化产权的要求,他们所能守住的最后的公正底线,就是要求企业承诺确保他们在企业中的工作。

工业企业与村组织和村民的这种隐而不发的互动关系,最终也带来另外一些问题,成为企业改制和离村的重要原因之一。

4. 公司改制与总部离村

改制的动力来自两个方面,既摆脱地方政府控制,与外部政缘拉开距离,也摆脱村集体组织的束缚和村民就业负担,与内部乡缘保持距离。

于是借助于地方政府自上而下地推动改制,塘村准制度企业家顺势实现了这种企业意图。

塘村领导人在此时已经看到了对集体产权动手术的几种潜在前景。首先他一直认为集体产权是个"拎不清"的东西,与地方政府包括村级行政组织的关系不清不楚,而股份化则有可能摆脱政府控制。其次股份制也可以把企业与职工的关系"搞清白","把集体那一块从中拎出来"。最后是企业面临新的高科技产业选择,村域已经不如市级开发区有利于产业发展。

于是,塘村公司经过三个步骤:第一步股份合作制改造,集体产权由此发生了一些实质性变化,其中一部分由私人资本联合而成,另有一部分则以配股的方式量化到个人,而剩余的"集体大股"(法人产权)这时无论从名义上还是实质上都已经与职工个人(出资者)发生了分离;第二步"公司制"处置,抑制村庄内部行政系统对产权及其收益的索求,塘村在地方政策鼓励下,开始了对集体产权"分家析产"的过程,将"公司"与"村"加以严格区分,将"村集体"排除在"公司集体"之外;第三步私有化改制,变成有限责任公司,由原村书记兼董事长和其子掌管。① 这种产权私化的过程,同时也是工业与乡缘撕裂的过程,无论是企业家还是村组织和村民,都对此感到五味杂陈。

接下来,制鞋企业要不要出村,成为另一个受到村民关注和讨论的问题。塘村在为村集体产权实际定价时,难以完全遵循《公司法》。若按"资本金投入",塘村集体初始投入为"零",零定价是不可能为集体和村民所接受的。定价虽然没有经过标准的谈判过程,但却是在无言较量中进行的。这时候,作为"卖方"的"村集体"由于没有事先确立的可以作为依据的经济合同,其资产经过反复界定之后,"卖价"仍然难以用经济原则来加以确定。在村企博弈中,似乎没有正式的谈判过程,但最终做

---

① 折晓叶、陈婴婴:《产权怎样界定——一份集体产权私化的社会文本》,《社会学研究》2005年第4期。

出了保留规模缩小的制鞋业在村内,以保证安置村民就业的适配性安排。村主任在介绍这一情况时一再重复这句话:"他(村书记兼董事长)会考虑村里的。"村书记兼董事长则承诺新厂办好"不会不管村里老小",由此将企业社区责任转变为个人的家乡责任,这可以看作他对持续利用乡缘留有余地。此时发生的无言较量,是一种非正式的谈判过程,这是乡缘支持下的一种特别互动方式。村组织和村民希冀通过社区情理合法性机制来对此加以约束,不过,它也只能起到"保底线"的作用了。

5. 去职撤厂

改制后的企业,于2000年初成立集团总公司,董事长辞去村书记职务,之后总部义无反顾地撤离村庄,迁址到市级开发区重建产业。离村的最初产业是董事长早已寻求的大产业——科技含量高的化纤拉丝,经过离村十余年的发展,现已经成为集多种产业为一体的综合性集团公司,总资产超70亿元,职工3000多人。围绕化纤主业成立有配合公司业务的报关、船运公司,在金融领域成立了担保和创投公司,开发了房地产业和医药业,其中留在村内外的制鞋业已经成为国内规模最大的工艺鞋生产出口基地,向域外扩展的医药业发展最快,在北京亦庄开发区建厂,已成为上市公司。

意想不到的是,撤厂离村,留下了两个乡缘遗产。其一是政缘的另一种延续。以往当村公司董事长因业绩突出而兼任镇党委副书记职务时,企业需要出资帮助镇政府解决拖欠群众集资款问题,负担很重。不过这也树立了公司在地方的形象,通过与政府协商使公司在交纳地方税费方面得到一些特殊政策,因而进一步加深了村庄与地方政府之间的关系,村公司对地方性社会资源的经营就更加合法合理合情了。这些来自外部的地方行政性资源和支持,不仅对塘村的发展产生了举足轻重的作用,而且不管企业经营者在不在村书记位置上,都没有改变政企之间在资源利用上的依存关系,仍有利于私营后的公司经营"地方性",只不过不必像星村村书记兼董事长那样直接利用其政治身份,而是利用其在位时已建立的地方人脉发挥作用。在开发区批地建厂、申请开办出关和保险等需要政府部门的政策支持业务时,这种作用就显得更为重要。这也是私营后的企业家割不断地方政缘的原因所在。

其二是就此将乡缘暂且悬浮了起来,"根"似乎不再有固定的空间。此后十余年,乡缘恰似企业老总和村里人手中的游丝,剪不断,理还乱,不过最终这股游丝还是将企业集团的目光拉向了村里。

6. 工业资本"返村"与发展生态农业和家园建设

塘村企业改制离村时,村民曾产生过极大的疑虑:企业改制离村,村庄和村民失去工业支持后,农业和村庄如何发展,村民将如何维持生计呢?这也是当地工业企业改制村庄普遍遇到的问题。塘村书记兼董事长离职时对村组织和村民的承诺"不会不管村里的",这只是脱身之计还是另有打算?工业企业曾经支持过的为民办的十件福利大事就此终结了吗,还有什么力量可以让工业资本再度回归村庄家园建设呢?

企业转私后,制度企业家辞去村书记职务,从制度约束上,他不再对村庄负有行政责任,企业对村庄的支持也转变为"企业社会责任"。但是从他的认知上仍保留有"共同富裕"的政治意识,"不会不管村里的老老小小",这不仅是地方的政治意识形态和政策要求,也是村落文化中社区期待产生的结果,因而村主任在企业转制时才会肯定地认为"他不会不管村里的"。

最终,企业与村庄之间采用了一种新的互动方式——协商,促使资本返村,实现村企合作。十余年后,当企业总资产达到数十亿时,企业家与村组织重又进入商议和谈判的过程。不过,这时的村企之间已是一种全新的关系,一种有别于工业集体制下的别样的"利、权、情"牵连下的工业资本回归。投资农业和生态村庄建设无疑有资本获利的打算,与村政组织合作形成新的权利格局,实现企业家个人支持家乡建设"留名留迹"的"社区责任",更有乡缘若干年剪而不断的拉扯。按照集团公司的宏愿,已经开始向国外投资建业发展,但是投资家乡建设一直是董事长难以割舍的夙愿。这时出现了几个关键性条件,如工业资本需要寻找新的出路,乡村的生态资产价值显现,生态农业具有了新的吸引力,村庄建设需要持续投入,等等。天时地利人和,都已具备,企业家的乡缘承诺具备了兑现的条件和可能性,悬浮的乡缘终于落地,塘村工业资本以新的面貌回归村庄,目标集中在生态农业和家园建设上。企业以资本投入和村企合作的方式,投资农业和村庄建设,其中既有资本获利的投入,也有与村委会合作的公益投入,在多种事业上取得新进展。例如,公司投资为主以村集体名义建立了生态农业发展有限公司,与村内农业专业合作社、惠民劳务合作社和强民农机作业合作社联合,共同推进农业与休闲旅游相结合的新产业,并在全村搞人居环境改造,在村内创建了五个三星级康居乡村示范点,获取康居乡村特色村、环境生态村、国家森林乡村、田园乡村等多个荣誉称号。

此时的企业家角色仍然是双重的,乡缘这条线并没有断,仍然牵着企业家个人,只是企业对村庄的支持变成"他个人对村里的支持"。对此村民虽有异议,但在村里人看来,只要就业有保障,公益事业有进展,这种变动在可接受的范围之内,不仅鞋业一直作为保留村民就业的维持产业,而且新的农业收益须按土地租金支付村财。

工业资本回归,对村庄发展和家园建设具有重要意义。较比城市"资本下乡",这种回归更加受到村组织和村民的欢迎。因为有前期的承诺和在村内办厂保障就业的业绩,有生态农业和田园乡村建设的转型,有农工相辅愿景的重启,还有地方政策的支持,以及投资人世代在村庄的声誉保证,其前景还是值得期待的。

塘村这个案例,为我们提供了一种悬浮于乡缘关系之外的工业"适配"类型,其特点是,适配过程表现出复杂性和反复性,表明乡缘在不断适配过程中才得以保持其可持续性。落地工业虽然初始受到乡缘关系的配合,但是受到组织运作和互动关系的影响,这种关系并不稳定。"公司办村"的准集体制方式,因改制而导致村企分离,企业不仅在产权上而且在地理位置上离村。与此相应,工业在向高科技工业转型中也会与乡缘关系发生游离。但是,乡缘虽悬浮其上却并未扯断,村企协商下,企业家最终将工业资本返投村庄,开启了新的生态村庄和家园建设。

（三）伤根：产业失败和乡缘的扯裂

北村，较比星村和塘村，曾是当地最早的"工业先进村"，但经过三次产业转型，一次又一次与乡缘扯裂，最终导致村庄衰败。下面就以"产业转型"为切入口，来进行描述和分析。

1. 第一次产业转型：从农业村到工业村

该村20世纪70年代末期开始兴办轻加工业，尝试办过皮革手套加工厂、洗毛厂等等，虽然易于加工，但都规模小且不稳定，不能满足农民非农工作以及"农工相辅"的产业和生活需求，于是在多次试办后选择了当地人熟识又容易上手的纺织印染业。这种产业的技术、设备和劳动力水平适易于在村庄落地，"集体制"办厂方式不但受到地方政缘支持，也是北村干部和村民选择的结果。实行家庭联产承包责任制初期，北村党支部和大队的16名干部在队部坐下来商讨，"坚持不分田"。当工业落地时决定采用工业集体制的方式办厂，最快地完成了"占地"、集资、招工等项工作。时任村主任回忆起当时的情景，仍然很自豪。

纺织印染业当时有内外贸接单支持，因天时地利人和，初中期获利丰厚，80年代中期该村的工业产值和利润等都已超过乡镇主办工厂①，为村集体积累了创业资本。

然而，这在当时两相适配的落地产业，却因污染逐渐受到政策限制，最终衰落。但是，在办厂的村干部和村民眼里，这第一家也是持续最久的集体企业成就了他们的非农工作，其中有一些还是办厂用地时的"征土工"，因此他们在缩减规模和产量后仍然维持下来。当地推行企业改制时，老厂长与村组织谈判的条件之一，即是将企业一分为二，纺织车间和漂印车间各自独立成为一个企业，尚有生产前景的纺织成品厂被厂长买断，老职工全部保留，转做床上用品，主打外贸和国内床单等床上用品

---

① 北村与所在镇比较：工业产值3.7倍，产品销售收入1.7倍，利润总额23倍，固资原值71%。根据1995年村镇统计数据。

加工,在薄利多销中维持生计。后来在村庄产业转型后成为该村"最后的工业"。按照经济理性,这家企业似乎不应再办下去,但老厂长维持企业的主要目标之一,即是"保住几十名办厂时就在的老职工的饭碗"。这与许多村办企业"只要解决村民就业,不赢利也要办下去"的初衷是相似的。该停能停却不停,其中延展的正是工业化过程中的乡缘观照,因此也可以看作对于保留工业又一次做出了适配性的安排。

与此同时,工业衰落刺激该村发生了第二次产业转型。

2. 第二次产业转型:从工业到服务娱乐业

该村办工业时,为方便各厂客户,村办印染厂投资建了一家招待所。随着村内工业企业迁入和外资开发区建立,条件较差的招待所已不能满足需要,于是在此基础上扩展成了三星级宾馆餐饮业,又与上海投资人合作建立了度假村,90年代初中期,一度成为大城市周边小有名气的度假落脚地。至此,村集体转向赚钱快的服务产业。

然而,此时作为主业的宾馆别墅和游乐项目超出周边普通消费水平,只好依靠歪门邪道招揽大城市所谓"高端顾客",结果受到法律制裁。服务娱乐业的失败加剧了村庄的产业和经济危机,村组织选择新的产业迫在眉睫。

可悲的是,此时过度工业化和非农化已经造成全村无一片可耕土地。北村的工业并不是其非农产业的全部,由于邻近长江,北村还利用建立工业码头之便建立了外资开发区,彻底转型为非农产业经济。没有了耕地和家庭农业经济,"农工相辅"的结构平衡被彻底打破了。之后产业不断发生转型,村庄经济支柱发生动摇,非农产业与村民的日常生活和营生基本脱钩。大部分村民在新发展的非农产业中已经失去就业机会,仅成为一个享有非农产业收益的福利群体。村民对此多有不满,多数各自寻求就业门路,一些有小资本、有能力的转做"三产",即为外资区和打工人提供小商品。村里投资外资区,主要是建厂房,但空置房很多。村民介绍说:"没有老板来投资,只有几个厂还在那儿转。没有什么财产,利息也付不成,没有办成功。"因还有福利享受,村民虽然对于村办非农产业多有非议,但并没有形成统一意见和舆论。

3. 设想中的第三次产业转型:高科技农业园区

(1)并村并土的结构空间安排

之前发生的"并村"事件,这时成为增加"农业"成分、恢复"农工相辅"结构空间的一个特殊机缘。

"富村带贫村",是当地政府提倡"共同富裕"、实现福利共享的一项政策。北村兼并邻村,一开始由镇党委提出,要求富裕村帮助贫困村。当时,北村的工商旅游业发达,总产值是邻近村的近千倍,但人口和土地均不如后者多。一开始两村都不敢做出这种选择,富村的人怕背贫村的包袱,贫村的人也怕被吞并了吃亏。

后来北村领导人对并村可增加的土地产生了兴趣,但是并村是一个重大的选择,不仅仅涉及两村的经济结构和利益,也涉及社会关系和融合。北村的书记考虑再三,认为从长远打算,并村对两村都有好处。北村有工业和服务业基础,但已经没有可供利用的土地,邻村工业落后,但有大量可供利用的土地,两村合并,可以优势互补,同时两村地理位置相邻,又有过行政同村的历史,姻亲关系密切,具有合并的基础。工商业曾成功的经历,使该村领导层充满突破村域发展的宏愿。北村书记的想法成熟后,1995年初先在本村各级干部会上提出,发动干部反复讨论,意见相对统一后,一面召开党员、村民代表会议通报,在村民中征求意见,一面由主要领导出面找邻村的领导班子商量。邻村干部有合并的意向后,也进行了和北村相似的协商过程。几个月后,两村的党员、干部、村民代表坐在了一起,联合召开大会,共同商讨合并事宜,北村书记在会上正式提议并村,他的动员受到欢迎,提议被一致通过。最后,两村的"联合班子"做出并村决议,商定了包括村干部安排、村民福利待遇、土地利用、农工商统一规划等重要制度方面的安排。

经过镇政府同意,并村过程到此结束。邻村的土地、人口和产业全部归入北村,由北村统一规划和管理,村民则享有与北村村民完全一样的村民权利。当时北村是所属镇的首富村,经济实力比镇强大,他们从中思变,发现并村不只让他们背负了较重的福利和就业负担,也让他们较早看到利用土地发展农业的前景,于是开始规划对周边另外一个村庄进行兼并。

(2)高科技农业园区与村庄组织方式的背离

但是,农业用地的增加并不能使没有土地的原北村村民直接享有土地收益。由于所有权在原村,与北村原村民并无关系,只有当土地流转入新的产业组织后,才能对农地进行统一运作。于是,一个新的产业设想产生了——采用股份制方式兴办高科技农业园区,近期实现对农业村土地运作的设想,远期渴望成为新的粮油经销商。这种思路与不少工业发达村庄不谋而合,目标即为通过生态农业和高科技农业获取高收益。

但此时,北村的集体制组织方式与园区筹建方式发生了冲突。北村的集体制一直延续到工业企业,之后逐渐"抓大放小",只将小加工企业承包给个人或转为私营,主体产业和企业仍由集体掌控,村民要求工作的亦可安排其中。然而,以上市为目标筹备高科技园区股份有限公司时,为避免股份公司中"劳动合作"的性质,只由企业参股,普通村民中能认购股份的寥寥无几。村里人对于参股上市产生了分歧,村民只期待分享上市收益。经历了艰难的工业创业后,在办企业人的眼中,创业艰难,虽然也对办高科技农业充满了愿景,但并没有实际行动参与其中,只寄希望于公司上市后帮助他们解决债务问题。

然而新产业设想的首要问题,出现在投资和合资方式上。首先,北村领导层的这种宏愿需要大量投资,尽管村级经济在当地排名靠前,但仅靠村级经济来发展预设中的高科技产业,还是杯水车薪,于是转向资本运作,试图利用政府支持,依赖已有的声望和人脉举债投入,企及于股份公司上市。

其次,这一次的转型已经将所谓集体经济及其管理模式虚置起来。随着集体经济的虚化,该村坚持的集体制名存实亡。虽然工业化初期集体制对于村庄工商业的形成和发展发挥过重要作用,但是这一次转型既放弃了集体制又没有找到适配于村庄新的产业组织模式,最终村庄实体经济被边缘化,产业和村政逐渐与村民日常生产生活割裂。

(3)股份制和资本运作与乡缘的扯裂

村级公司上市的门槛很高,新产业的组织方式又脱离了村庄经济的实际和社区基础,与乡缘发生了扯裂。当"上市"成为村庄经济和社会生活的中心之后,形成公司霸权,"准上市"公司主导了村庄经济和村政。对新产业的上市预期,彻底改变了村企互动方式,使公司成为村内外利益相关者插手以图利用原始股份获利的工具。虚幻的资本运作,更是超出了村庄能力所及,必须依靠外力支持,包括政策支持、资本运作、方案设计、操办主体等等,均由外请人员操控,村集体不仅失去了作为产业支撑的组织能力,也失去了参与权,对准备上市的总公司完全失去掌控。此时的村民代表大会形同虚设,没有任何参与监督权。

庞大的业务和虚幻的预期,导致数亿入股和借贷资金流入,而公司管理则出现巨大漏洞,在不甚规范的操作下,出现财务腐败,村公司欠下大笔债务,终致资本运作失败,公司破产,负责人获刑。

此时,村民与村集体和村公司渐行渐远,甚至搬离村庄,村社区几近解体。原本的村落社区成为杂居区,除去亲缘的牵扯,地缘只具有了户籍的制度特征,业缘关系丧失殆尽,生活已经没有了依靠乡缘固着的基础。对于村庄来说,产业失败和村政腐败的后果是极其惨烈的。虽然我们可以发现导致这样后果的原因是复杂多样的,但是产业选择及其走向脱离村庄的组织能力和社会结构的承载能力,与乡缘关系严重背离,仍然是其中最为重要的原因之一。

这种产业失败与乡缘扯裂的"不适配"类型说明,即使理论上与村庄自然禀赋匹配的产业,如果没有适配的组织运作和互动过程,也是难以落地并持续的。那种原本打算发展农业,恢复"农工相辅"结构空间,并且从产业技术、功能、劳作文化和发展前景上都十分契合于乡村社区的产业,在不适当的组织运作和互动行为下,与乡缘关系严重背离。合而不达,最终只能以失败告终。

（四）移根：工业流动与乡缘的重建

北村产业失败之际，另一个落脚于该村由异地人主办的服装工厂，却在乡缘重建下落地生根，开花结果。两相对比，形成强烈反差。与上述三个在地企业的情形不同，这是发生在同一地域的另一种情形，一个从异地迁移而来的企业落地的故事。它为我们观察故土的乡缘何以被带到他乡并且再建出新的乡缘，以及认识这对于乡村工业化的实践意义，提供了现实场景。

乡村工业化的突飞猛进，使得人口流动突破了户籍的限制。工业进入发达乡村地区，引起其他地区的农村人口向这些地区迁徙，其中有两种方式：一种是分散式迁移，另一种则是群体性迁移。本案例属于后一种方式，因群体迁移而落脚在异地村庄。

沈氏私营企业的老板夫妇擅长裁剪，在家乡开办过裁剪培训学校，为服装加工业培训过技工。他们从早先外出打工的亲友那里得知，长三角比起家乡有更多工业机会，于是从安徽阜南迁徙过来。

1. 从个人到群体的镶嵌式迁移

沈家最早出来打工的，是沈氏的妹妹，80年代中期从上海一路打工来到该县，在一家食品厂务工。大胆、聪颖、实诚又能干的她，被一位老工人看中，认为干女儿，后来做了这家的儿媳妇。妹妹的外出和落脚，深深影响到身处落后家乡的沈氏夫妇。在妹妹的鼓动下，夫妇二人先到上海打零工，后循迹也来到该县寻找机会。经妹夫家介绍，先给当地人家种地，后找机会进入服装厂发挥特长做裁剪工，工作生活都十分艰苦。肯动脑筋的沈氏，在几年的辛苦中坚持了下来，因为他看到了这个地方有办工业的机会。

他们开始打算开个裁缝铺，先试试看能否发挥夫妇二人在这方面的特长。后来看到此地邻近上海，不少服装厂都可以接到外贸订单，生意很好做，于是想去外贸生产企业打工"看看情况"。在一家服装厂的打工经历让他们意识到：个人打工接触不到整个生产流程，何不组织一个生产车间整体参加企业生产呢？可是工人从哪里来呢？当地人和其他地方来的打工人怎么可能跟随一无所有的他们呢？于是想到从家乡带人出来。他们有个有利条件，那就是在家乡有不少经他们培训过的亲戚和学生都有这方面的技能，稍加训练就能使用电机生产，而他们夫妇既有技术又会管理，组织一个加工车间完全不成问题。

家乡的工人是他们和亲戚一家一家动员来的，与每一位的家长都见面协商，保证他们孩子的生活和安全。沈氏夫妇在当地口碑很好，当地人也视沈家为有经验的外出打工人。另外，当地有放女孩子外出打工的习惯，因为"女孩子迟早要离开家"。于是他们组织起了一支主要由亲戚和学生组成的20余人的队伍，来到该县坐落在村庄里的外贸服装加工厂，开始了以包车间为单位的群体打工生活。此后，这种亲朋连带关系在数十年中都是这家发展成为企业的主要员工结构，每到春节返回，都有工人带亲朋过来加入，最多时达到二三百人。这样一种有助于工业制度的群体流动的内部组织，不仅是镶嵌在特定社会关系结构中的，而且是经由不断的互动关系重建的，而乡缘正是这种结构得以稳定的制度机制。

2. 从打工到"抱团"办厂

如何才能将一个内部结构逐渐完整，适合于专业加工的产业落地在异乡呢？沈氏从带队伍打工到自办企业，既是当地人心态上"排外"而理智上又"留才"的结果，也是沈氏经过与当地人从冲突到合作共生的结果，最终将自己的加工产业扎根在了异地社区。

沈氏自带队到该地后，有过两次重要的选择，大都与受到当地人排挤有关，这让他们的乡缘情结更加浓厚，报团生存成为他们的最佳选择。来到北村之前，沈姓夫妇曾带领二十几个老乡在另一个村子的私营制衣厂打工，丈夫在厂里负责裁剪，妻子在车间带领这二十几人组成的老乡工作小组。后来因与"本村职工"不和，老板又偏袒本村人，因而集体"跳槽"来到北村，转入另一家服装厂，仍由沈氏带领，组成一个生产车间。两年后，同样也因为与本地人产生矛盾，又做出一次离厂选择。

这个打工群体在面对当地人的不信任时,采取了内部一致性的选择,除去其中两三个人另寻工资来得更快更高的工作外,大部分人根据对沈氏的信任,跟随他集体转厂。而后在面对新的失业和再创业时,他们也采取了同样的态度和行动,坚持跟随沈氏。这种方式在很大程度上是非市场的,遵循的不是单纯经济利益最大化的原则,而是内部以同乡关系为基础的信任结构。这与我们在许多地区,或城或乡,看到的情形大致相同。外来人作为一个地缘或血缘群体,他们在内部移植或保留着从乡土社区带出的信任结构,做内部抉择时,与在本土社区一样,采取内部信任的选择方式。但是,这种内部信任结构的作用通常只是一种潜在的可能,并不具有必然性,它发不发挥作用,取决于即时即地的现实实践,特别是取决于人们与外部环境之间互动的结果。在直接面对外部世界的压力和风险时,他们便会采取更能保持内部一致的原则。

3. "家厂一体"的适配型加工业类型

沈氏初具规模的小厂分为前道和后道两个车间,对于来料加工服装,已算五脏俱全,有自己的裁剪师傅、管理者和工人,在拥挤的厂区建了简陋的工人宿舍,生产生活都在"自家里"。这种生产和生活方式比较适合接单生产的轻工业,如制衣、织布、制鞋、纺织加弹等劳动密集、技术单一的小企业。他们先后承接过内单和外单,进行过成衣、沙滩裤、方便包等加工生产,特别适合于在异地依靠乡缘抱团生存的企业和个人。因为没有更多的异地社会资源,抱团使得他们免去了诸多不便。这正是我们所说的工业类型适配于乡缘的一个方面。

工业落地的基本条件,对于初具技能的农村迁移者来说,除去投资和接单这些需要拓展外部关系的业务由沈老板一人承担,其他的生产要素,比如劳力、流动资金、技术培训、劳资关系等,都在乡缘结构中顺利解决了,这成为工业化初期异地办厂的一种可行方式。沈氏企业在艰难的创业中,正是倚重这种方式一步步发展壮大,成为当地小有名气的成功小企业。

4. "家庭式"工厂管理

依靠乡缘集结起的工厂，劳资关系由亲朋关系转变成了"自家人"，管理也就不免带有了家庭处事的味道。在乡村大兴工业时期，工作并不难找，工人不会固守一家厂工作，他们会比较工资高低，在各厂间流动。为稳定职工队伍，工资形成了当地市场价格，受访工人说"在哪家干活工资都差不多，主要看有没有朋友在一起，感觉好不好"。沈氏工厂的工人也有"换厂又换回"的，他们还是感觉"在自己老乡厂心情好，感觉安全一些"。这与沈氏厂采用家庭式方式办厂和管理有直接关系。

厂里的裁剪师傅一般不带徒弟，素有"带出徒弟，饿死师傅"的说法，因而一直由老板和家乡聘来的师傅打样裁剪，后来使用电剪后，才招收新手。缝纫电机上的活——"踩机器"，则由老板娘和前后道车间长负责培训，生产和培训中对家族成员要求更加严格，批评更为严厉，目的是"给别人做个好样子"。过后，老板娘私下会对挨批的亲人道歉和规劝，但在奖罚上则与其他职工一视同仁。

职工的食宿实行包伙制，平时不收费用，年终结算时根据企业赢利情况象征性收取一点。老板夫妇以家长的方式帮助员工解决各种问题，包括女工的恋爱婚姻、生活困难，有的老员工婚后打算自己创业的，也会介绍项目、借给资金。最让员工及家人满意的两件事：一是每年春节前返乡过年，沈老板都会包车将拿到年终结算工资的员工送到家门口，再包车集体返回；另一件是企业接单不足时，员工可以继续留在厂里，或参加培训或苦练技术。这种由乡缘演化成的"家庭自己人"关系，多次帮助企业和员工共渡难关、共担风险，得以坚持下来。可以说企业主张的"家企情怀"，在很大程度上帮助沈氏这样办在村庄的小企业处理了许多工业化过程中市场难以处理的问题。

私营企业与职工的产权关系是明晰的，老板只在工资之外补以福利，比如年终奖、包车免费、红包等等。不清不楚的是大家庭之间的分配。沈氏弟兄三人，沈氏为长兄，企业由他创办，其他两个弟弟带在身边参与企业管理。家庭内部不计算劳动时间和报酬，谁需要钱就去沈氏那里"拿",多少由沈氏酌情处理,一般都会予以满足。弟弟结婚、住房、买车的费用也由哥哥包付,甚至单独创业哥哥也会出资帮助。这样处理的家庭内部关系,既避免了产权要求和分家纠纷,又避免了管理上使用外人的不安全。这种家庭内部处置方式,在原始资本积累完成后,才以"三兄弟股份合作"的方式分利了结。

这也就是我们所说的乡缘能动地适配于特定工业生产和治理类型的另一个方面。

5. 落地生根

乡缘因是地方性的,就有其封闭的特点。迁移而来的企业,需要建立新的地缘关系,才能更多更好地利用当地的社会资源。沈氏夫妇深谙此理,决心寻找机会在该县落地生根。该县市对于企业发展的有利条件自不必说,除去邻近大城市、市场机会多、接单方便、民风淳朴、观念新鲜之外,最让外迁企业欣喜的,是地方对于发展工业企业的各种优惠政策,其中对于外来优秀人才安置户口的政策,让办企业成功的沈氏夫妇得到了机会。

该县市历史上民间就有计划生育的传统,部分原因与农业时代土地与人口的比例相关。人口少对于这个土地有限的富庶地区在农业时代是有利因素,但是进入高速工业化时期,人口少则影响到对工业人口的需求。于是地方政策对于有贡献的外来人口"开口子",准许他们将农村户籍迁移到此地农村,可以享有本县市的公共福利,但不能享有落户村镇的自有福利。沈氏一家以成功企业作为申请资本,陆续将兄弟几家的户口迁移到此地落户。这为他们之后购买土地使用权建新厂房、扩大生产规模提供了便利。这种相互帮助的互动关系,无疑为工业和其他非农产业落地提供了便利。

企业部分职工也有落地的意愿,需寻另一条路径。沈妹作为打工妹嫁入本地,起到了示范作用。在江南农村地区的工业以纺织、制鞋、玩具、食品等轻工业占比较大,大量打工妹涌入,使本地男青年选择婚配对象的余地扩大,特别是原来因家境和个人条件不甚好,在当地择偶受到限制的，更愿意选择精明能干、外表尚好的外地打工妹成婚。落后地区来的打工妹想落户此地，但也希望对方"有能力有出息"。于是，为自己的员工选择合适的配偶，也成为沈氏一家担负的责任。他们如同家庭择偶一般，曾为多个能干出色的员工搭桥成婚。这种努力曾帮助企业留住过骨干员工，也曾帮助其中一些开办过自己的小产业。

沈氏家族连带的移居状况，在家乡产生了影响，家乡不断有人跟随沈氏来到此地创业。沈氏先后带过来600多人，当年在他厂里干过活的就有二三百人。其中三分之二留下来了，有嫁人的，有买房迁户口的。值得注意的是，由沈氏家族从家乡带出来的数百人，大多聚集在沈氏买房落脚的同一个村镇里，有似一个"村中村"，大多从事运输，开办小商店，做各种小生意，主要为沈氏这样的周边企业和员工提供服务。其中如有创业打算却又缺乏资金和关系的，沈氏作为有资本有关系的在地人，也常为他们提供帮助。这种由故土乡缘连接而成，流动异地后又建立的新的地缘和业缘关系的社会结构，可被看作由乡村工业化带动进而又有助于它的新的社会基础和动力机制。

6．在地的新乡缘关系

沈氏迁移来后，遇到的第一个在地关系，是助他们买厂房办企业的北村书记。村书记是通过自己父亲了解到沈氏群体的。书记的父亲住在沈氏车间打工厂的对面，与沈氏常有接触，留下过好印象。有一回当地人无理地与沈氏车间工人发生冲突，书记在一边都看在眼里。他感觉沈氏处理事情有理有据，并打听到他们生产和管理有道，"对村里有贡献"，于是决定留住他们另作安排。就这样，沈氏在村书记帮助下，选择留在北村办厂。沈氏夫妇由于"对北村的发展有贡献"，获得北村书记的首肯，可以办理北村户口。这个实质性的帮助，彻底改变了沈氏夫妇的外地人身份，成为该地命名的"新市民"。如果没有当地人识人留用，外迁人没有人脉靠山和安全保障，他们在创业初期的愿景就可能会是南柯一梦。

走完取得户籍的关键一步,在之后的企业扩张、买地建房、开办新厂等过程中,沈氏逐渐在当地拥有了更广的人脉,包括与政府机构和在地村庄、上海外贸公司、同类企业、银行等,都有"可以说上话"的朋友,这些都有助于他对当地特有的社会资源,包括政策项目如工业用地、贷款、内外贸订单等,尽可能地加以利用。沈氏企业以三兄弟命名,已经扩大成为以纺织、制衣、制包等为核心产品的综合性股份有限公司,产业规模不断扩大。对于小型工业来说,虽然大多薄利多销,但另有多处工业厂房出租,可用于补贴制造业。而且这些小厂转产调头很快,即便近年发生疫情,小厂也适时转产,沈氏在近一两年根据防疫的需要已然做起了水纺布生产。

目前生产管理已交由其弟和下一代,沈氏则腾出更多精力在外发展协作关系。其中一件就是参与安徽商会分会在该地的组建,曾担任常务副会长和执行会长。商会联谊,正是另一种在地后建立的新乡缘,是一种扩大了的、重建了的故土乡缘。商会内部不仅在投资、建厂、做买卖、商业信息等事业上开展合作,也在互助、避险、人情往来、社会性支持等方面开展合作。

7. 回乡办厂的愿景

工业化和市场化,似乎缩小了地区间的物理距离,乡缘将拔根的企业家不断拉回家乡故土,沈氏的打算是"将上海联系到的业务放回老家去做"。工业的扩散和流动是否也将会循着他们的足迹,从发达地区走向落后地区呢?这是一个颇为复杂的问题。沈氏一直在尝试,胜败难料,但终不肯放弃。

地区之间加工业水平特别是发展水平的差异,使沈氏将加工业带回家乡的打算几度搁浅,不过他的学生和工人已有不少返回家乡。这批工业化训练出的加工业技能和管理好手,又让他充满期待。沈氏对自己熟识的服装加工业有敏锐的体察,外贸的盛衰对这个产业的影响至深,他仍在等待和观察。一旦条件成熟,他将借助于商会的力量,利用自己在家乡的声望,通过由他牵引的人才、订单、技术、投资、管理等工业要素的流动,最终有可能达成自己推动家乡工业化的愿景。他更加意识到,在先进和落后两地之间建立工业联系、扩展工业化对乡村的影响,不仅需要各种必备的外部条件,更需要来自双方的动力,而这些也仍然需要依靠乡缘的连接来培育。

从沈家案例中,我们可以看到一条由乡缘牵动的工业流动轨迹:打工族群—落后故乡制造业技能培训—发达地区工厂集体打工—异地办厂—返乡制造业。由此可知,工业的扩张,不仅是城市工业向乡村的扩散(分散加工环节,形成专业化加工链条,利用地方便宜劳动力,淘汰技术和设备),也是农民请工业进村进家的主动过程,更有可能是由他们将先进地区的适宜工业或商业投资带回落后家乡的扩散过程。这种动力来自对增长和致富的追求,也来自对乡村建设的愿景。而工业的流动途径之一,无疑有赖于这种乡缘人脉的牵引。

沈家案例说明,这种独特的市场与乡缘互赖的工业"适配"类型,具有这样一些特点:乡缘是工业要素流动的一种社会互动机制。乡缘不是封闭性的,在地的非先赋性关系也可能再造出新的适配于工业发展的乡缘。市场化条件下,当乡缘关系伴随工业要素从落后家乡向工业先进地区流动时,一旦工业与乡缘关系结合而造就出"拟家庭"式的工厂体制,便可重建出新的乡缘连带关系,并且可能借助于体制化的乡缘组织(商会等),在条件成熟时,将工业从先进地区带回落后家乡,实现反向流动。

四、结语:工业、乡缘与家园建设

本文以四个案例村的真实故事作为事实依据,对工业落地与乡缘机制的适配关系进行了探讨,有了一些初步认识。将乡村社区里结合紧密的亲缘、地缘、业缘和政缘关系概括成为"乡缘"这个综合性概念,意在表明,乡缘不仅是一种乡土传统和社会互动关系,也是一种制度体系,一种在乡土传统力量和新的经济力量共同作用下的一系列制度安排。这个分析思路,有可能将一系列乡村日常工业生活中琐碎而独特的、看似互不"搭界"而实则相互关联的现象统一起来,提供一种内在逻辑一致且具有实证意义的分析思路。

本文提供的案例表明,乡缘作为乡土社会关系结构、制度机制和行动策略的结合体,与工业之间存在相互的动态适配性选择和融入。当乡缘发生固着、悬浮、扯裂或重建时,工业也相应地出现扎根、留根、伤根或移根等多种形态。在这些不同适配类型中所发生的双重互动关系,将乡缘与工业进村的适配过程联系起来,使得工业既定类型与村庄既有的资源条件(自然的和社会性的)和生活逻辑的适配分析具有了动态性,凸显出工业进村不仅仅是一种工业经济生活"嵌入"在社会关系结构中的问题,而且是参与主体通过社会互动而影响甚至决定适配形态的问题。从这个角度看,乡村工业化正是将动态变化的乡缘规范纳入工业生产和组织情境中的社会过程。

本文还引出几个值得进一步讨论的理论和实践问题,都关系到工业、乡缘与家园建设之间的相互影响,关系到乡村如何实现适度工业化等问题。

首先涉及乡缘对工业的包容性。工业化过程中,乡缘发生的动态变化,说明它对于工业体制具有相当的包容性,体现出新的经济力量与传统力量之间互动适配的态势。具体说来,表现在如下几个方面。

其一,乡缘中"利、权、情"原则的交织,满足了工业打破社区封闭而稳妥落地的需要。工业进入村庄,凸显出这三种原则,即工业资本升值、集体组织控制和社区情理满足的相互交织。在这个基础上形成的"利、权、情"结构或机制,实际规定和维持着村庄内部的工业与社区的合作秩序。工业能不能稳妥落地并取得效益,利益能不能均沾,公共品能不能积累,社区成员间的人心情感能不能得到关照,以及相互扶助、扶贫济困、共同富裕的道义责任能不能落实,都在不同程度上决定着工业进村的命运。

其二,社区传统对新的工业力量的解读和适应,帮助工业建立适应性的体制。乡缘作为一种社群伦理的传统,相对于大社会主张的具有精英文化或现代产业力量的意识形态,二者之间如何互动、互补从而达成融合,是乡村工业化过程中无法回避的问题。乡缘作为制度机制在其中的作用是值得探讨的。对生长或落脚于村落的工业企业来说,具备基层社会的属性,参照乡土社会的逻辑建立其工业体系,似乎已是不争的事实。问题是:传统村落的乡缘关系究竟留有多大的弹性,允许人们以怎样的方式对它加以改造和利用?这样营造的农村工业组织,又怎样得以与外部市场和社会建立联系?如果对新的经济力量与乡缘之间的关系加以比喻,可以发现新力量进入时,村庄的不同承受方式,是被动接受还是主动请进,对于二者之间的适配关系产生着不同的影响。观察可知,"请进"工业化的行动并没有摧毁和掩埋乡村传统,在诸多工业化程度很高的村庄中,我们都可以从喧闹的工业表层下面,时时感受到保持完好的乡土生活的基本秩序和宁静,从取代了农业的工业文明中,品味出村落文化的韵味。这说明,实际发生着村庄自行解读工业文明的系统和方式。所谓解读,是指通过一系列的认知、界说、转化和运作之后,使工业文明的意义变通为乡缘圈内可以接受,又不至于破坏其象征和仪式作用的过程。在可以观察到的案例村的事实中,都可以发现,只要村庄结构不遭到毁灭性的破坏,这个过程几乎发生在村庄变迁的全部历史中,所不同的,只是在外部力量冲击的不同力度下,或者说在二者之间的不同张力下,村庄回应和解读的方式有所不同,有时隐晦而有时活跃罢了。

其三,乡缘关系的再建,为工业提供了利用社会资源的通道。在这里,社会性资源可分为两种:一种是社会资源,在乡村工业发展中,主要是地方社会资源;另一种是社会性资源,即带有社会属性的资源,它嵌入于社会关系网络中,只有被动员才能够转换成为可以获得利益的资本。在这两种资源中,前一种需要利用乡缘才易于获得,而后一种就潜藏在乡缘之中,只有加以开发利用才能发挥显在的作用。乡村工业化过程中,资源被认识、被挖掘和被利用的程度,是农业时代所不可企及的。资源利用,对于乡缘关系来说,不仅是出于获得利益的需要,更是获得社会性支持的需要。因而,对地方社会资源的利用程度,成为乡村工业化与地缘关系中最为有价值的内容。正如我们在案例中所看到的,制度企业家擅长经营"地方性",他们对社会资源的利用程度,也就在相当程度上决定着乡村工业发展空间的大小。把自村的产业变成地方性经济,又促进了地缘和人缘的增进和加强,这正是大多数工业化程度较高的村庄得以成为既有内聚力又可成为地方中心的基础条件。

其四,乡缘与工业的适配关系,为工农互补、村社区治理和家园建设提供了新的模式。本文所强调的动态的乡缘较静态的表现出更为复杂的秉性:动态变化是主动迎合的,因而工业进入就不只是嵌入于社会关系的,而且是寻求与之相互适配的。只有二者之间达成适配,才能让静态的嵌入的关系变成工业可资利用的关系。同时,农业的发展也需要工业把大量利润转让给农业,二者之间只有达成适配关系,进村的工业才有可能被限制到适度发展,才不至于只求资本增值和利益获取而与村庄的农业产生冲突,才有可能实现农工相辅的产业配合,否则可能水土不服、两相脱离。从案例村来看,社区组织主导的工业和农业之间,由于乡缘的勾连作用,较容易解决这个矛盾。根据案例村的实践,村庄适度工业化之后,家园建设即成为企业家和村政组织合作的下一个目标。这正是乡缘正向机制作用的一个终极目标。

其次,涉及乡缘对工业的限制性。工业与乡缘之所以产生不同的适配类型,实际上反映出乡缘在对工业提供包容性的同时,也产生出诸多限制性条件。伴随乡村工业规模扩展和技术升级,乡缘适配性的作用并不是无限的,其动态变化的特性要求它具有创新性,否则工业的扩展和升级速度一旦有突破缘关系的要求,便会形成"乡缘陷阱",适配出现"平台"或曰"玻璃天花板"而难以突破。

其一,乡缘的作用须与新的宏观力量,比如工业化和城市化甚至全球化等相互作用。它是一种内应性的条件,没有这些条件,工业就难以落地,但如果宏观战略和政策不予支持,导致村庄的自治性下降或丧失,乡缘则难以发生适配性的变化,工业也就难以进入乡村。

其二,乡缘的包容作用表现出阶段性周期。从案例村的情景来看,工业发生初期乡缘的守护作用是固着的,中期随着工业的扩展进入平台期,乡缘发生游离或悬浮,长期则又回归和增进。这不只与工业升级有关,也与产权性质的变化以及村庄合作文化的演进过程相互关联。乡缘支持下的利益最大化原则,主要目标是迅速在村社区集体地实现脱贫致富,但是在相当一段时间内,却难以处理增长与发展之间的矛盾,导致村村点火,农地减少,污染严重,大批企业在竞争和政策变化中倒闭。乡缘维护下的社区责任和建设任务,常常需要对企业利润持续抽取,依靠村籍制度对外用人员进行限制等,都有可能限制企业家的投资意愿。如何摆对经济增长与社区发展之间的关系,又如何对乡缘维系下的村企合一的产权模式进行改制,如何持续增进乡缘与乡村产业调整之间适配性的变革,业已成为企业和社区共同面对的问题。

其三,乡缘在工业实践中虽然具有相当的包容或兼容性,但在传统意义上毕竟是与包括工业化等现代性的某些特征有所相悖,在经济上可能是以牺牲多种效率、限制企业外扩和向技术密集产业发展,特别是以牺牲专业化和比较优势为代价的。[①] 这也成为企业改制的原因之一。如何调整这种关系,既要适度发展工业又不至于破坏农业基础,既要本域工业资本转投农业,又能支持工业向域外和综合产业扩展,既要激活土地等资源的资本价值,又要实现生态家园建设,已成为乡村发展中的重要问题。

如是,可以进一步说,乡缘是一种具有正负一体两面而又极具变革能力的社会关系和制度体系。乡缘与工业之间存在互动张力,如何维持其间的平衡关系,仍然是一个关系到乡村适度工业化的重要问题。

最后,本文还延伸讨论了工业资本返乡与家园建设之间的关系。

工业在乡村的这一段经历,重新提出了那个经典问题:工业在乡村如何适度发展?继而如何激活农村的生态资产价值,怎样的产业结构空间才能既促使村庄经济增长又完成农民的家园建设?

---

① 威廉·伯德、林青松合编:《中国乡镇企业的历史性崛起》,香港:牛津大学出版社,1994年,第599页。

就乡村工业门类来说,可观察的经验表明,经过市场经济大浪淘沙,能够坚持下来的,一是适宜于村民转型为产业工人,能将单一加工或制造产品做到极致,加入专业化产业链,甚至做成"标准件"的工业制造业,如本文案例星村的实践;二是以本土工业资本投入社区建设,并将高科技和机械化农业作为工业延伸产业,如本文案例塘村的实践;三是将传统产业如纺织业等的初级要素(技能和劳力)由落后地区流动到工业发达地区,再由工业发达地区连接到落后地区,最终可能形成产供销一条龙的工业,如本文案例沈氏工厂的实践——虽然上述类型的工业本身与农业无关,但其对农业的反哺或投资却是有利于农业发展的;四是为农业机械化和现代化提供科技支持的产业,在案例地区已经出现。这些工业产业的共同特点,是易于解决农民就业,具有亦工亦农的便利,农业可以作为本土工业资本新的投资对象,易于形成可持续的以工助农的综合产业优势。只不过这种产业在村庄的可持续性,并不是产业自身的功能,而是需要经由乡缘包容、支持和维护的。

乡缘对于适度工业的包容与支持,正是乡村家园建设的基础。案例经验表明,乡缘吸引下发生的本土工业资本回归村庄的投入,正在激活村庄"沉睡的生态资产价值"[1],有可能帮助村庄完成高质量的生态家园建设。

在结束本文之前,还要说明的是,从比较研究角度看,本文仅对村庄工业化的四个不同走向的案例进行了比较,但是对于工业化与非工业化村庄之间,以及不同模式地区村庄之间、村办与镇办企业之间尚缺少比较。本文虽将乡镇企业内部分成几个发展阶段加以比较,纵向延伸了案例,突出其历史具体性,但对于乡村工业化历史的纵向比较尚缺少阐述。本文得出的初步结论,虽然可以形成一些理论命题,却不能代表乡村工业化,更不能进行整体推论。个案研究向比较研究的跨越,尚需更多有比较意义的案例类型进入,这将是进一步努力的方向。

---

[1] 温铁军:《激活数百万亿元生态资源价值——疫后时代乡村振兴战略与生态文明建设的有效衔接》,http://www.ceweekly.cn/2020/1130/322602.shtml。

Xiangyuan for Industry: An Analysis from Adaption Perspective

Zhe Xiaoye

Abstract: The historical practice of rural industrialization shows that the linkage establishment of industry and rural area is the result of mutual interaction between macro institutional conditions and micro kinetics, and between city and countryside. In the development of township enterprises during the process, the perspective of township side and the active response of villages deserve special attention. In the period of this development, rural industrialization is a process of industrial system making use of local resources on one hand, and rural relationship responding to the industrial system on the other. As a social interaction mechanism, Xiangyuan integrates the kinship, geographical, professional and political relationships in rural communities which were closely bound together. It is a combination of social relationship structure, institutional mechanism and interactive strategy. Through the perspective of adaptation and case comparison method, this paper makes a comparative analysis of the adaptation process between rural area and industry, and demonstrates that "industry entering village" is not only an issue that economic life is "embedded" in the structure of social relations, but also an issue that participants influence and even decide the adaptation form through social interaction. From this point of view, rural industrialization is the social interaction process of incorporating rural norms into industrial production and organization. The adaption relationship between Xiangyuan and industry will provide new modes for the opening of structural space of "industrial and agricultural complementation", capital return to rural area, village community governance and homeland construction.

Keywords: rural industrialization, township enterprise, Xiangyuan, adaption, social interaction

规则的博弈和博弈的规则[*]

——1891—1987年斯坦福大学终身教职制的演变

周雪光[**]

摘要: 本文以斯坦福大学为例,考察了百年来美国大学组织中终身教职制的演变过程。以定性方法对规则发起、争论和演变的过程加以"深描",研究发现,终身教职制规则变化在很大程度上为危机或外部压力所诱发。不确定性引发了保护教师的动员力量,危机迫使组织寻找新的解决方案,这些因素推动了组织规则的制定和修订。终身教职制规则制定可被看作一个地方性搜索来寻找总体性答案的过程,体现在注意力分配和针对问题寻求答案的地方性学习,在组织规则体系和外部环境之间起到重要的中介作用。

关键词: 组织学习 制度化过程 终身教职制 深描

本文考察了百年来斯坦福大学终身教职制的演变。终身教职制是美国高等教育的中心制度之一,并与大学治理和制度变迁密切相关。本文将组织规则演变看作组织内部学习与外部环境相互作用的结果,其研究分析也相应地聚焦在规则制定过程中的组织学习和制度化这两种机

---

[*] 原文参见 Zhou Xueguang, "The Evolution of Tenure Rules at Stanford", in *The Dynamics of Organization Rules*, Stanford University, 1891 - 1987, Ph. D Dissertation of Stanford University, 1991, pp. 85 - 107. 中文稿有所补充修订。本文译者为刘雪婷,北京大学教育学院博士研究生;审校沈文钦,北京大学教育学院副教授。

[**] 周雪光,斯坦福大学李国鼎经济发展讲座教授、社会学系教授、国际问题研究院高级研究员。

制作用。本文采用定性方法，以便如格尔茨所说的那样，对规则的制定、争论和演变的过程加以"深描"(thick description)。①

一、理论问题

20世纪80年代初，在斯坦福校园里发生了一场有关终身教职制的争论。在这个争论中，斯坦福大学文理学院院长诺曼·韦塞尔(Norman Wessells)针对争论焦点指出："我们必须明确定义终身教职制的标准，清楚阐述经过时间考验的程序，以最大努力来公平与公正地实施这些程序，并坚守这个原则：应该由大学教授——而不是愤愤不平的助理教授、律师或法院——来决定这个博弈的规则。"(校园报道，1983年5月18日)

这个博弈涉及高等教育领域中的人事录用、晋升和处罚；这个博弈的口号是公平、正当程序、保护个人与大学双方的利益；博弈规则是一组为数不多的成文政策和程序，以及大量的、时有变化的、不成文的地方性惯例。然而，本文的分析路径并非博弈论建模分析。博弈者、抉择选择和收益等因素都很重要，但我的关注点不在于此。本文旨在引入历史背景和微观过程来理解组织规则的演变，将地方性事件与组织学习和制度化过程联系起来，一方面应用组织理论来理解规则变化的动态，另一方面通过这些地方性事件的分析来推进组织变迁的理论学说。

从组织角度来看，有关终身教职制的政策和决策是大学组织制度的核心。大学教师通过他们的研究和教学来实现当代社会中高等教育的使命。毫无疑问，一所大学优秀与否取决于其师资质量。在这种情况下，决定教师入职、晋升和处罚的终身教职制政策在大学制度中占据核心的地位。

---

① Clifford Geertz, *The Interpretation of Cultures*, New York: Basic Books, Inc. Publishers, 1973.

不仅于此,终身教职制政策还与组织研究中的几个核心问题密切相关。首先,终身制规则的演变对组织的适应和变迁至关重要。众所周知,终身教职制为高等教育领域中的组织适应性带来独特的挑战,即这一制度具有结构惰性的潜在威胁。教师一旦获得终身教职,就有资格持续获得大学雇用,直到退休为止。鉴于正式知识通常附着于学者身上这一特点,终身教职制度在很大程度上决定了大学是否能够适应不断变化的环境并实现通常所说的"追求卓越"的成功。

其次,终身制政策往往是个人、专业权力和组织制度间冲突的中心。在正式制度上,终身制决策涉及同行评议、专业评估和行政层级的审批。成功地通过终身制审核程序对于教师个人来说意味着工作保障、地位和收益,因此这个过程给当事人带来喜悦或悲哀。而且,并不仅仅是助理教授受到这一制度的影响。终身教职制度也包括了有关教师处罚甚至解雇的规章制度,获得终身资格的教师同样需要遵守各种规定。因此,终身教职制一直是利益相关各方高度关注和争夺的领域,不时会出现剧烈争论和震荡的经历。

还有另一个维度来认识终身教职制。正如大家所熟知的那样,终身教职制的实施服务于一个更高的目的,即保护学术自由和彰显合法性。美国大学中的终身教职制政策是高等教育界中最为制度化的一个领域。从一开始起,它就为外部环境所推动和密切关注,特别是来自美国大学教授协会(American Association of University Professors,AAUP)的持续压力。校园里有关终身教职决策的冲突经常成为全国性新闻,并获得校园之外公共舆论界的广泛回应。20世纪80年代以来,终身教职被拒者经常诉诸法律武器,出现了法律越来越多介入高等教育领域的趋势,平权法案(Affirmative Action)也在大学聘任和晋升过程中产生了突出影响。

依上所述,本文讨论的终身教职制与组织学中的重要理论问题密切相关,如组织冲突、组织适应以及对来自环境管制的回应。关于终身教职制的研究工作有助于我们考察制度环境的历史趋势怎样影响了组织制度的演变。针对这些研究问题,下面首先讨论两个相关的理论思路——组织学习理论和制度理论,用以指导下面的案例分析。

组织学习视角来自一组相互关联、呼应的理论观点,其前提假定是,组织不是一个理性战略支配下的行动者,而是一个处于不断学习、不断调整中的有机体。这个观点来自这样一个观察,即组织从经验积累中学习,通过观察他人举动来学习,并根据反馈而不断做出调整。[1] 阿盖里斯和肖恩区分了两种组织学习:单环学习和双环学习。前者指简单的错误—检测—纠正的过程,而后者指更为复杂的调整过程,即错误检测和纠正的过程涉及组织修改基本规范、政策和目标的情形。[2] 组织规则的变化显然属于双环学习。从这个角度来看,组织规则的意义是它储藏了组织学习的成果。也就是说,规则中携带了组织从既往经验中提炼的信息。更重要的是,组织规则不是组织所经历的各种事件的历时记录,而且有选择性保留了对该组织具有"意义"的那些历史片段。也就是说,它们是"习得的"历史。[3] 在这个意义上,"组织如何学习、如何通过规则保存经验"就成为一个重要的课题。

另一方面,组织学的制度理论认为合法性是组织生存的重要资源之一。[4] 制度理论家强调社会中的"文化规则",因为它赋予"具体实体和活动共享的意义和价值,并将其整合到更大的体制中"[5]。组织对合法

---

[1] Barbara Levitt, James March, "Organizational Learning", *Annual Review of Sociology*, Vol. 14, No. 1, 1988, pp. 319–340.
[2] Chris Argyris, Donald Schön, *Organizational Learning: A Theory of Action Research*, Reading, Mass.: Addison-Wesley, 1978.
[3] March, Olsen, *Ambiguity and Choice in Organizations*, Bergen: Universitetsforlaget, 1979; Richard Nelson, Sidney Winter, *An Evolutionary Theory of Economic Change*, Cambridge: Harvard University Press, 1982; Powell, "How the Past Informs the Present: The Uses and Liability of Organizational Memory", Paper read at the Conference on Communication and Collective Memory, Annenberg School, University of Southern California, 1986.
[4] John Meyer, Scott Richard, *Organizational Environment: Ritual and Rationality*, Beverly Hill: Sage, 1983.
[5] John Meyer, John Boli, George Thomas, "Ontology and Rationalization in the Western Cultural Account", in George Thomas et al., *Institutional Analysis*, Beverly Hills: Sage, 1987.

性的追求推动了制度化过程,即将外部构建的制度要素接受并纳入组织内部结构的过程。① 从这个意义上说,正式的组织结构及其规则体系可能来自为组织带来合法性的某些外界权力渊源。正式组织通过采用这些被制度环境认可的形式、价值观和做法来获得合法地位,以利于它与其他组织间的资源交换。因此,组织边界外构造的标准和政策越来越多地推动组织的制度化过程。

显然,制度化的过程与组织规则直接相关。制度要素在组织内部的采用往往体现在建立相应组织规则的形式上。在这个意义上,组织规章制度反映了制度环境影响组织内部结构的历史烙印。例如,美国联邦政府于20世纪60年代出台了平权法案,大学随后采纳了这种制度要素,并体现在相关议题上所制定的一系列规章制度上。1973年,斯坦福大学教师议会通过了一系列决议,要求学校有关部门定期报告有关议题的情况并制定需要完成的目标。

以上讨论的组织学习和制度化过程提出了两种不同的组织机制,前者强调局部经验的积累,后者强调通过复制和借用外来要素,以便与制度环境保持一致,即整体性同构(global isomorphism)。如下面的讨论所展示,这两种路径并不相互排斥,而是同时发生作用和相互作用的。

二、关于终身教职制规则演变的几个观察

如果只是按照时间顺序记录斯坦福大学终身教职制百年来的演变轨迹,那会既乏味又未及详情。在这一节,我把一些相关的历史事件分门别类地放进几个观察概括中,并通过记述其历史背景和具体过程来帮助读者解读这些事件背后的意义。

---

① Richard Scott, "The Adolescence of Institutional Theory", *Administrative Science Quarterly*, Vol. 32, No. 4, 1987, pp. 493–511.

(一) 背景

1915年,一批知名教授为新成立的美国大学教授协会撰写了《关于学术自由和教职终身制的总报告》(*The General Report on Academic Freedom and Academic Tenure*)。尽管终身教职的思想和实践最早可以追溯到中世纪,但这个报告可以看作当代美国高等教育终身教职制的组织起源。早期的终身教职概念涉及两个方面:试用期后的工作保障和解雇终身教职的正当程序。保护学术自由是终身教职制政策的核心理念,正如1940年AAUP《学术自由和终身教职原则声明》(*Statement of Principles on Academic Freedom and Tenure*)中所述:

> 终身教职制是实现特定目标的手段——具体来说,这些特定目标包括:(1)教学、研究和校外活动的自由,以及(2)足够的经济保障使该职业吸引到有能力的男性和女性。自由和经济保障即终身教职制,对于学术机构成功地履行对学生和社会的职责是必不可少的。[1]

尽管今天的美国各类大学广泛接受和实施了终身教职制,但在不远的过去,教职人员还是完全听命于大学行政权力(包括董事会)的。1915年,宾夕法尼亚大学的一位教授因观点激进被开除,校方拒绝透露其决定的理由。在解释为什么校方无须提供解释理由时,该校的著名董事乔治·沃顿·佩珀(George Wharton Pepper)说:"如果我对自己的秘书不满意,我想我有权解雇他。"[2]

---

[1] George Joughin, *Academic Freedom and Tenure: A Handbook of the American Association of University Professors*, Madison: University of Wisconsin Press, 1969, pp. 34–35.
[2] Walter Metzger, "Academic Freedom in Delocalized Academic Institutions", in Metzger et al., *Dimensions of Academic Freedom*, Urbana: University of Illinois Press, 1969, p. 13.

在斯坦福的早期阶段,校长在教师任命方面的权力极大。直到1907年,教师们的共识还是"人事任命的主动权完全在于校长"(教师议事会会议记录①,1907年1月20日)。根据历史记录,校长"认为教师绝对不应该参与教员任命,即使是名义上的确认,而且他反对任何授予终身教职的想法"②。这种情况今天看来不能容忍,但在20世纪初,这是整个美国的通行做法。大学里的教职制度和其他政策,甚至一所大学的特点在很大程度上体现了校长的个性和管理风格。在这方面,斯坦福并不是一个例外。

在20世纪的百年历程中,终身教职制政策发生了根本性变化。自第二次世界大战以来,终身教职制一直是学术界不可或缺的一部分。今天,大约85%的美国大学都存在某种形式的终身教职制。与此同时,教师的组织和权威也发生了巨大变化。③ 时至今天,斯坦福大学也像许多其他大学一样,有一套详细且复杂的终身教职制政策和程序,其中包括任命和晋升程序、不续聘的事先通知、终身教职保障以及关于处罚和解雇终身教职人员的程序等规章制度。④ 终身教职的授予决定有着详细严格的程序(见图1)。我们需要回答的问题是:什么条件促成终身教职制规则的建立和变更?什么机制推动了它的演变?下面围绕这些问题引入这一制度变迁的历史背景和过程。

---

① Academic Council Minutes,教师议事会会议记录,简称 ACM。Academic Council 是已有终身制或正在终身制使用阶段(tenure - track)的所有教师为成员的"教师议事会"机构。因为教师规模扩大和议题增加,斯坦福大学于 1968 年成立了教师议会(the faculty senate),其成员为各个系科教师投票选出的代表,作为教师议事会的日常机构。
② Laurence Veyscy, *The Emergence of the American University*, Chicago: The University of Chicago Press, 1965, p. 398.
③ Burton Clark, "Faculty Organization and Authority", in Terry Lunsford eds., *The Study of Academic Administration*, Boulder: Western Interstate Commission Higher Education, 1963, pp. 37 - 51.
④ 有兴趣的读者可以在斯坦福大学的官方网站上搜索其具体内容。

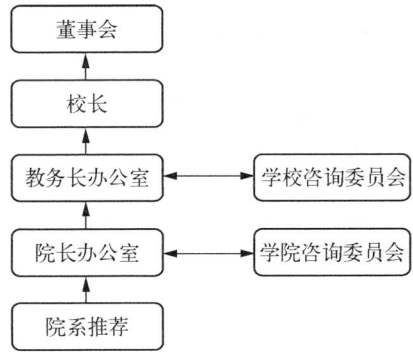

图 1 斯坦福终身教职评审程序

(二) 危机与规则演变

观察 1：规章制度或规则的建立与演变经常伴随着突发事件、危机或争议。规则制定可以被看作应对危机的组织反应。因此，终身教职制的演化具有非连续性和不规则的特点。

表 1 1891—1987 年斯坦福大学终身教职规则的制定和修订频率

学年①	频次	
	规则制定（rule making）	规则修订（rule agenda）
1900	1	1
1904	1	0
1906	0	1
1907	1	0
1908	0	3
1909	1	2
1945	0	1
1948	0	1
1957	0	1
1960	0	1
1964	0	1
1966	4	4
1970	1	1

① 表格仅纳入有规则变化发生的年份。

续表

学年	频次	
	规则制定（rule making）	规则修订（rule agenda）
1972	1	0
1973	7	5
1974	0	3
1975	1	0
1977	1	0
1978	0	1
1980	1	6
1981	1	6
1982	1	0
1985	0	2
1986	1	5
1987	0	2

表1显示了1891—1987年斯坦福大学终身教职制中各项规则的制定和修订的状况。很明显，规则制定并不频繁，只集中在几个时期，尤其是1900年、1909年、1966年和1973年。这些年份的规则制定和修订与一些特定的事件、危机或争议密切相关。简单来说，在这些时点，已有的制度模式在运行中的连续性和常规性被打断，诱发了危机和组织应对举措，而规章制度则是这些应对举措的结果。下面让我们仔细观察一下这些事件。

1900年的斯坦福大学只是一所位于遥远西海岸、毫不起眼的地方大学。但这一年，斯坦福大学突然吸引了全国的关注。起因是，这一年的11月12日，斯坦福大学教授爱德华·罗斯（Edward Ross）突然被解雇。罗斯是一位颇有名气的经济学家和社会学家，也是一名政治活动家。他曾在公共论坛上为争取自由铸银、禁止东方移民、公共设施的市政所有权和南太平洋铁路的公众监督等方面奔走呼吁。他的这些行为激怒了斯坦福大学创始人之一的斯坦福夫人，当时她是学校董事会主席。据说她在深夜来到校长乔丹住宅，要求立即解雇罗斯。①尽管这一

---

① O. Elliott, *Stanford University: The First Twenty-Five Years*, Stanford, Ca.: Stanford University Press, 1937.

时期还不存在保护教师的终身教职制,解雇教师的事件并不少见,但罗斯案在教师中引起了强烈反响。七名斯坦福大学教授辞职以抗议这一决定。① 在维西(Veysey)所说的"开创先例的举措"中,美国经济学学会(American Economic Association)会员在学会年度会议上投票决定对这一解雇事件进行调查,调查结论是,解雇毫无根据。②

1900年11月27日,在解雇罗斯两周后,校长发表了一份关于终身教职制的声明,声明宣称:"自现在起,教授、副教授和助理教授的任命是终身的,除非因辞职、退休或免职而与大学终止关系。"(教师议事会会议记录,1907年1月20日)1905年,斯坦福大学董事会再次确认了这一政策,并覆盖到1905年之前所有的任命。这是斯坦福大学第一个明确的终身教职制政策。这一终身教职制是非同寻常的,因为"在此期间,终身教职的概念虽然并非完全陌生,但即使是在顶尖学府也很少被大学校长直截了当地接受。与半个世纪后的那些好的大学相比,教授们为上级所左右的程度要大得多"③。

显然,校长关于终身教职制政策的声明与罗斯事件中行政部门和教师之间的紧张关系是关联在一起的。④ 罗斯案对斯坦福产生了深远的影响。正如维西所说,"在这个事件打乱原有秩序后,斯坦福校园再也不同以往了"⑤。此外,罗斯案的影响范围远远超出了斯坦福大学。罗斯案是美国大学教授协会成立的主要推动力,这个协会在推动学术自由和

---

① Laurence Veysy, *The Emergence of the American University*, Chicago: The University of Chicago Press, 1965, p. 406.
② Walter Metzger, "Academic Tenure in America: A Historical Essay", in The Commission on Academic Tenure in Higher Education, *Faculty Tenure*, San Francisco: Jossey-Bass Publishers, 1973, p. 141.
③ Laurence Veysy, *The Emergence of the American University*, Chicago: The University of Chicago Press, 1965, p. 398.
④ O. Elliott, *Stanford University: The First Twenty-Five Years*, Stanford, Ca.: Stanford University Press, 1937.
⑤ Laurence Veysy, *The Emergence of the American University*, Chicago: The University of Chicago Press, 1965, p. 406.

终身教职制方面发挥了重要作用。① 美国大学教授协会的最初提议者亚瑟·昂亨·洛夫乔伊（Arthur Onchen Lovejoy）在罗斯案发生时就职于斯坦福大学，他辞职以抗议学校董事会的决定。1913年，由他和18名约翰·霍普金斯大学全职教授联合署名的提案传送给其他九所同等水平大学的教师手中，敦促他们参与组建全国教授联合会，即后来的美国大学教授协会。1974年，《斯坦福大学教授委员会报告》再次援引罗斯案为终身教职制辩护。

1900年斯坦福大学终身教职制声明只是保证了1905年之前聘任的教师的终身教职。1905年的校董事会采纳的终身教职制政策为此后任命的助理教授和副教授设定了"有限任期"。该政策规定，助理教授和副教授的任期分别为3年和5年，均可续聘。然而，他们被排除在终身教职之外。

几年后他们的机会来了。1909—1910年，另一事件在校园里掀起轩然大波。这次被解雇的是希腊史教授罗尔夫（H. Rolfe）。据校长乔丹所述，罗尔夫教授于1901年被任命为希腊语副教授，根据当时的任命，他的职责包括教授希腊语言和文学以及希腊艺术和考古学。1905年左右，罗尔夫的拉丁语和希腊语教学工作受到了严厉批评。与此同时，在历史系的安排下，罗尔夫未经校长批准就先后进行了罗马史和希腊史的相关工作。1909年，校董事会决定解除他的希腊语副教授职位（教师议事会会议记录，1910年2月10日）。

根据1900年确立的终身教职制政策，罗尔夫教授在斯坦福大学拥有终身教职。这个解雇事件是对终身教职制政策的第一个考验。学校一级的咨询委员会在与校长沟通的过程中一直试图阻止这一解雇决定。在学校做出最终决定后，校行政委员会和教师议事会都提出异议，通过决议并援引终身教职制规则，呼吁校董事会撤销其决定。决议指出："副

---

① Walter Metzger, "Academic Tenure in America: A Historical Essay", in The Commission on Academic Tenure in Higher Education, *Faculty Tenure*, San Francisco: Jossey-Bass Publishers, 1973.

教授和助理教授终身教职的稳定性是维持年轻教师合理经济保障和应有自尊氛围所不可缺少的基础,也同样对整个大学的福祉至关重要。"

与此相关的是,学校的教授议事会于1910年2月23日通过了关于"任期期限基础上的终身制"的决议,向校董事会提出如下建议:"所有任职6年以上的助理教授和所有任职5年以上的副教授(包括担任助理教授和副教授的时间)均应授予终身教职,但可以辞职、因故免职或退休(根据1906年11月2日决议,退休年龄为65岁)。"(教师议事会会议记录,1910年2月23日)经董事会批准,斯坦福大学确立了按任职年限计算的终身教职制。在高等教育领域普遍缺乏终身教职制的时期,这一决定是一个开创性的举动。教授议事会的讨论记录中完全没有提及其他大学的类似做法。直到1940年,类似的政策才被正式纳入美国大学教授协会新版的《关于学术自由和终身教职制的原则声明》。

自1910年以来,斯坦福大学终身教职制基本保持不变,在后来的50年里只进行了少量的增补和修改。1962年《关于终身教职制政策的校长声明》与1910年学术委员会决议的内容几乎完全相同(校长备忘录,1962年)。

60年代中期,高等教育领域遭遇到金融危机的严重冲击。这一危机极大减少了大学教师的空缺职位,从而影响到终身教职制。从1963—1964学年开始,斯坦福大学的试用期终身教职的拒升率急剧上升,打乱了原有的终身教职制模式的运行常态。应美国教授协会斯坦福分会主席提出的重新审查大学终身教职制政策和程序的要求,1965年斯坦福成立了终身教职制政策委员会。经过两年研究,出台了《1967年斯坦福大学聘任和终身教职政策声明》,重申按服务年限获得终身教职的规定,其中包括任期保障以及不续聘和解雇的事先通知等程序规定。这一声明提供了当前斯坦福终身教职规则体系的基本结构。

1971年,经过20年的快速增长和扩展后,金融危机和师资饱和冲击了斯坦福大学。70年代初,院系和学校管理层都出现了一个新的浪潮,收紧终身教职标准、否决晋升终身教授的决定大大增加。这些危机引发了另一项有关终身教职制政策的研究,导致了 1974 年的一系列变化。其中值得注意的一些规则变化是,在规章制度中增加了若干关于终身制审定的程序规则,包括在全国范围发布教职招聘广告和各系为终身教职试用期的教师提供年度咨询等等。这些新规则的意图是,在学校"收紧"终身制审核政策时期,确保各个环节的决策"更加谨慎用心"(校园报道,1974 年 6 月 12 日)。

从以上的讨论可见,终身教职制政策的制定和修订与其运行中遭遇的危机高度相关。当然,这两者间的相关不一定是因果关系,其方向如何需要仔细审查:危机可能引发规则变化,而改变规则的努力也有可能会导致危机。我们下面进一步讨论这方面问题。

(三) 冲突、妥协与规则制定

观察 2:组织规则的演变,体现在进一步澄清、重新解释或修改文本等形式上。这些规则演变经常来源于冲突、争论和妥协,而不是共识、规划或对未来的预期。

以上的讨论主要涉及那些与保护教师终身教职相关的规则。这些规则通常是程序性规则,可以按照具体步骤逐一实行。现在我们转向关于终身教职制标准的规则,讨论这一类规则演变的一些有趣特征。与保护性程序不同,终身教职制的录用或晋升"标准"旨在为区分和选拔新入教师提供指导方针。终身制评审规则通常由教师议事会自下而上发起,而终身教职制标准的制定和修订则更多地由行政部门加以推动。这里所说的行政部门是指校长办公室、教务长办公室或学院办公室等行政管理部门。标准规则的这些特征为终身教职规则的演变过程引入了另一种动态——行政部门和相关教师在阐述、解释这些标准,特别是在具体的审议决策后的合理化解释和事后自圆其说等方面的冲突。

我们把观察重点放在斯坦福大学文理学院(School of Humanities and Sciences)。20 世纪 70 年代初,终身教职制危机对文理学院的冲击尤其猛烈。1971年11月17日,校长莱曼在《校园报道》中指出,"文理学院中72%的教师拥有终身教职,年龄中位数是47岁","在全国类似的大学中是最高的之一"。管理部门基于这一判断,试图收紧终身教职标准,拒升率急剧增加,特别发生在管理层的审批环节。在这段时间,几乎所有终身制否决的决定都发生在文理学院,由此拉开了持续十多年的有关终身教职制标准论战的序幕。

70年代关于终身教职制的争论主要集中在终身教职标准上,即评估终身教职决策时教学、科研和专业服务所占的比重。正如下面看到的,标准的中心是一个具有神秘色彩的词汇——"最佳人选"(the best available)。修饰这个词的条件会根据不同情况添加或修改。然而,这不仅仅是一个文字游戏:这个博弈过程的结果是,终身教职标准变得更严格、更清晰、更有约束力。

70年代前,校级层面的终身教职标准是抽象模糊的,学院层面也没有专门的规定。例如1954年,校长办公室在答复全国教育协会(National Education Association)的一项调查时,将终身教职标准规定为:"各系科的全职教师是经慎重搜寻而来的最佳人选,经院系负责人推荐而受聘和晋升,并经校务咨询委员会和校长认可后,由董事会正式任命。"(校长办公室备忘录,1954年5月31日)

在接下来的30年里,校级层面的终身教职标准基本稳定未变。二战之后,斯坦福大学经历了20年的快速扩张,现有规则和实施做法没有碰到很大的问题和压力。在这个时期教职的聘用和晋升比较容易,在评审过程的各个层级都很少出现否决意见。有关终身教职标准的政策收录在教务长办公室发布的《聘用、续聘和晋升程序》中。以下是文件的两段摘录:

> 斯坦福教师中的每一位新成员都应是他所在年龄组中或所担任职位上的最佳人选,并应该是他所在领域中最有成就者……斯坦福教师终身教职续聘或晋升的每一个决定前,都必

须进行认真的审核,以验证其已有经历和成就与提议的续聘或晋升标准吻合。(《教师手册》1972—1973年,第27页)

每一位教师在斯坦福大学的聘用都应该是恰当合理的,在所任命的职位和级别上是同等专业发展阶段上的最佳人选……斯坦福教师的续聘和晋升的每一个提议,都必须将该候选人与他或她所在领域中最优秀者在相应专业发展阶段上加以仔细比较评估,然后做出决定。(《教师手册》1975年,第20页)

在70年代初的危机期间,终身教职标准方面的紧张大大加剧,成为行政部门和文理学院的关注点。行政部门提出,金融危机和终身教职职位的日益饱和迫使学校对终身教职制进行重大变革,收紧标准。对于教师来说,尤其是新入职的教师来说,终身教职晋升案例的否决比例急剧增加,给他们带来了巨大的不确定性。一篇有关终身教职情况的文章写道:"在年初,助理教授们还认为,如果他们的学术得到学院认可就能获得终身教职。但到了年底,即使是最优秀的非终身教职教师也认为他们在这里前途未卜。"(斯坦福日报,1975年6月4日)因此,他们要求明确终身教职标准,以减少终身教职审核过程的不确定性和随意性。

显然,这场争论起源于行政部门试图收紧终身教职标准。1972年10月19日,时任文理学院院长阿尔伯特·哈斯托夫(Albert Hastorf)声明,文理学院终身教职标准如下:"本院的立场是,任何被推荐聘用或晋升终身教职的教授必须是在教学或学术研究的两个领域之一真正优秀的(truly superior),而且在另一领域做得很好(very good)。他或她应该是在该领域中的最佳人选。"(院长办公室备忘录,1972年)

行政权力和专业权威之间突然出现的不平衡引起了广泛的注意和争论。在这一时期,行政部门在终身教职决策中的作用越来越大,引发了教师们的极大担忧,他们强烈要求校方制定跨学院统一的终身制规则(校园报道,1973年3月13日),以及澄清终身教职标准规则(校园报道,1974 年 3 月 13 日)。1975 年 2 月 24 日,为了回应这些要求,文理学院院长罗登向《斯坦福日报》和《校园报道》发出了一份备忘录:"虽然'真正优秀'的标准存在多种解释,但多年来,本学院聘用和晋升委员会(Appointments and Promotions Committee)倾向于将其解释为有确凿证据表明该候选人是在全美该领域中最为领先的学者或教师之一。"(院长办公室备忘录,1975 年)

更加明确的标准引来了更为集中的攻击。在 1975—1976 学年,争论的中心在终身教职评审中教学与科研的相对比重。几位获得教学奖项的助理教授在终身教职晋升过程中被否决,引起学生和一些教师质疑行政部门没有诚意凸显教学在终身制审核中的作用。行政部门不得不做出回应,进一步澄清其立场,即在终身制的评审中,学术研究的地位比教学评价更为重要(斯坦福日报,1976 年 2 月 4 日)。这一立场引发学生团体的强烈抗议,学生会主办的《斯坦福日报》发表系列文章质疑终身教职制,指责其忽视了本科教育的重要性。学生事务主任也认为,与教学相比,发表成果被高估(斯坦福日报,1976 年 2 月 6 日)。此外,行政部门在终身教职决策中越来越大的影响进一步激化了争议。在 AAUP 斯坦福分会的一项调查中,许多教师表达了对行政权力过度增长的担忧,并要求评估行政官员的表现。接下来的几年里,随着行政部门否决终身教职审核案例的减少,争议逐渐平息下来。不过,更有可能是,尽管教师间存在各种分歧,但大家都逐渐接受了更为严格的终身教职门槛,特别是以学术研究贡献为主的标准。

1981 年,争论再次爆发,这一次与学校服务(university service)在终身教职决策中的权重有关。历史系助理教授弗里曼收到了院长办公室拒绝终身教职的决定。弗里曼教授曾两次获得杰出教学奖,是斯坦福大学女性主义研究项目的联合创始人。诺曼·韦塞尔院长力图解释拒绝决定,用极大篇幅说明学校服务在终身教职决策中的比重。他提出,"如果一个候选人在学术或教学方面确实被判断为处于'可上可下的边缘',以至于赞成和否定都是合理的,那么学校服务的质量和性质可以视为一个考虑因素"(校园报道,1983年1月12日)。行政部门的这个否决决定遭到了广泛而强烈的反对。人们组织抗议集会,从研究生、教师到管理人员都发表支持弗里曼的文章。这一案件也得到了全国关注和外界支持。当院长办公室再次拒绝终身教职的推荐后,弗里曼向学校申诉机构递交了申诉要求。经过两年多的抗争,校方层次推翻了原有决定,弗里曼获得终身职位。

虽然争论中涉及的许多问题,如教学、研究和学校服务的比重,以及行政部门在终身教职决策过程中的作用远未见分晓,更不用说得到解决,但论辩和争论的过程确实产生了显著的结果,即在没有达成一致的情况下,各自明确了不同立场,也在争论中产生了一些共享的标准。这反映在1985年院长办公室发布的关于终身教职标准的声明中。这一次的声明措辞详尽、具体、权威,清楚地反映了前几年的争论:

> 终身教职的第一个标准是,候选人在学术领域已经取得或显示出有无可否认的希望取得真正杰出的成就(true distinction in scholarship)。其发表成果必须清楚地表明,被提名终身教职的候选人是该领域最为优秀的学者之一。因此,仅仅在某一学科的某一特定同期群体中名列前茅是不够的……终身教职候选人的"领域"或"学科"不能用过于狭窄的边界来定义。因此,一个特定的研究主题不应该用来确定评定候选人的比较人选;相反,在候选人与其他学者相比较时,其范围越宽泛越符合这一比较目标。

对于科研和教学的比重,该声明明确指出:

> 斯坦福大学致力于在学术和教学两方面均取得杰出成就(outstanding achievement),所以两方面都是终身教职的重要前

提……学术成就对终身教职来说尤其重要,因为它支撑大学的研究使命和大学独特的教学风格,即其教学优势得益于教师持续参与本学科的前沿研究。

至于学校服务问题,该政策规定:"这里的基本政策是,无论学校服务如何出色,都不能替代学术或教学上的不足。"

上述过程中有几个事件值得注意:首先,与"观察1"中讨论的事件不同,在这里,教师与行政部门之间的紧张和冲突来自行政部门努力收紧终身教职规则所致,而不是来自教师的主动行为。其次,这一时段的经历清楚地表明,规则和相应解释的变化往往起源于冲突和争论;也就是说,它们并不总是像制度化过程那样被广泛接受。

事实上,斯坦福大学校方为了收紧终身制评议标准,推动这一过程中的松散关联结构的转变,在70年代有意"制造"预算赤字危机,以便影响各个层级在终身制评议中持以更具严格标准的期待与行为。①

(四)规则制定中符号与话语的使用

观察3:争论双方都会运用外部建构的正义、公平和学术自由等象征符号。争论的结果很大程度上取决于当时的社会情境。

传统的美国意识形态强烈倾向于保护个人利益免受组织干预。这一文化反映在终身教职制政策上,其核心思想是保护学术自由(教学、科研和校外活动的自由)免受制度权力的干涉。

如果这种意识形态的力量始终如一,那么终身教职制演变将是一条极为简化的个人战胜制度的线性路径。然而事实并非如此。在终身教职制的历史发展过程中,个人与组织之间权益的进退交替呈现。有趣的是,在曲折的历史演变过程中,双方采用的象征符号和辩论依据几乎是

---

① Zhou Xueguang, *The Dynamics of Organizational Rules: Stanford University, 1891 - 1987*. Ph. D Dissertation of Stanford University, 1991, pp. 116 - 118.

相同的。例如,终身教职制演变过程中,作为象征符号的学术自由成为制约行政部门和规范教师的一把双刃剑。《教师纪律规定》(后来被纳入终身教职制政策的一部分)就是一个很好的例子。

直到 60 年代后期,除了《聘用和终身教职规定》中含糊的一句话外,没有关于教师纪律的正式规定。这个规定中写道,教师因"严重和突出的不称职、严重和突出的渎职或不当行为"会受到纪律处罚。但"不当行为"的内容和处罚细则并不清晰。看来在那个时期也还没有关于处罚措施明晰化的需求。

社会抗议频发的 60 年代提出了许多前所未有的问题。校园扰乱时常发生,一些教师也牵涉其中。60 年代末期,斯坦福大学努力恢复校园秩序。1968 年 10 月 7 日,行政部门实施了针对学生行为的《校园扰乱应对政策》(Policy on Campus Disruption)。同年,教师议会通过一项决议,将这一政策延伸到教师群体。

在这一背景下,学校于 1970 年倡议制定《教师纪律规定》,这一规定最终于 1973 年正式通过施行。这一规则的制定过程引发了斯坦福大学历史上最激烈的争论和全国关注。经过长时间的激烈讨论,教师议事会以 442 票对 349 票通过了这一规定。60 年代末 70 年代初,校方为了应对校园混乱,首次提出制定教师纪律,遭到部分教师的强烈抵制。一开始教师议会"学术社区自律"专题小组在向教师议会提出报告时,否定了废除现行立法和审议制度、以新制度替而代之的呼吁,并警告说,"如果我们不能改进目前的制度使其正常运行,自治的机制就可能会被废止替代"(附录 C,第 13 页)。"学术自由"是反抗中使用的最突出的象征符号。教师政治行动小组指责说:"如果我们采纳这一规定,就会摈弃传统上一贯与学术自由和教师法定自由相关的保障措施"(校园报道,1972 年 9 月 27 日);其他人则认为这一规定"削弱了它本应捍卫的自由"(校园报道,1972 年 10 月 18 日)。

另一方面,同样的象征符号也被用于推动《教师纪律规定》的制定。这个规定的支持者认为,"很明显,新提议的规定比目前的政策更好地保护了教师"(校园报道,1972年10月18日)。莱曼校长是新规定的坚定支持者,他在拥有斯坦福终身教授职位的富兰克林[1]被解职后提出:"这一决定将成为高等教育领域艰难但必不可少的那些决定的一个里程碑,它做了一个重要的区分:一面是受到保护的言论自由,不论这些言论遭到多少人的厌恶;另一面是那些利用一切武器和一切机会进行肆无忌惮攻击的行为,他们试图将当今世界上最大的言论自由据点之一的美国大学陷于瘫痪。"(校园报道,1972年1月12日)

在争论冲突中,人们有选择地借用和树立外部建构的象征符号来进攻或辩护,这并不是一个孤立的现象。在其他规则制定中(本科教育、学术自由、科研重要性等)也可以看到类似的说辞。这些象征符号往往是相似的,或者可以追溯到同一来源——尊严、自然权利和公共产品。这些做法对社会规则体系的演化具有重要的意义,这一方面超出了本文的研究范围。在这里需要指出的是,通过引用同样的象征性来源,微观层次上的事件和地方性冲突反而维持和强化了外部建构的象征神话,从而推动了制度环境的动态演变。也就是说,无论在地方性层面孰进孰退,宏观层面的制度规范都在不断得以强化和合理化。

修辞和话语创造了社会现实。它们界定是非,改变同盟形成中的微妙平衡,从而影响决策过程的结果。外部象征符号的功能在于为地方性竞争中的联盟提供了广泛的基础。在分析爪哇宗教符号的使用时,格尔茨指出,"这些象征符号……具有宗教和政治意义,被赋予神圣和世俗的双重含义"[2]。争议或冲突的结果很大程度上取决于在这一过程中获得的合法性和调动起来的资源。实现这一目的的最有效方式就是诉诸更高的目标和制度化的象征符号。事实上,这一方面与法律规则的演变很

---

[1] 1972年富兰克林教授因支持校园骚乱而遭到解雇,这是自罗尔夫解雇以后的第一起终身教职解除事件。学校在解雇富兰克林的同时发布了《教师纪律规定》。事实上,这一事件中使用的诸多解雇理由后来都出现在新的纪律政策中。某种意义上说,此次解雇事件是出台新政策的初步尝试。
[2] Clifford Geertz, *The Interpretation of Cultures*, New York: Basic Books, Inc. Publishers, 1973, p. 165.

是类似,正如一个多世纪前小奥利弗·温德尔·霍姆斯(Oliver Wendell Homes, Jr.)在其经典著作《普通法》(*The Common Law*)中所写的那样:

> 法律的生命不在于逻辑,而在于经验。对时代需求的感知,盛行的道德和政治理论,关于公共政策的直觉,无论是宣扬的还是下意识的,甚至包括法官和他的同事们共享的偏见,社会中这些方面对制定那些管制规则所起的作用要远远大于逻辑三段论。①

三、危机,组织搜寻和整体答案

虽然前面的描述性分析并不完整,但可以为我们思考规则演变的条件提供一些线索。在这一节,我尝试讨论终身教职制规则变化背后的因果关系。

(一) 危机管理和规则动态演变

组织理论描述了规则变化的两种来源:第一种是自上而下管制个人行为的过程。韦伯首先将其视为现代科层制社会的合理化进程的一部分。② 第二种是自下而上为保障个人利益和既得利益需要而来的规则。③ 在前述事件中,我们可以发现两种来源均出现在斯坦福大学终身教职制度的演变中。当行政部门的行为偏离常规时,例如终止终身教授

---

① Oliver Holmes Jr., *The Common Law*, Boston: Little, Brown, 1881.
② Max Weber, *From Max Weber: Essays in Sociology*, H. Gerth, C. Mills eds., New York: Oxford University, 1946.
③ Richard Cyert, G. James, *A Behavioral Theory of the Firm*, Englewood Cliffs: Prentice Hall, 1963; Michel Crozier, *The Bureaucratic Phenomenon*, Chicago: University of Chicago Press, 1964; James March, Johan Olsen, *Ambiguity and Choice in Organizations*, Bergen: Universitetsforlaget, 1979.

的职位或提高终身教职评定的拒绝率,教师就不得不应对新增的不确定性。因此,自下而上的关于规则明晰化、重新解释或修改的要求也相应增强。在这里,关于规则的关注被用于保护个人成员的利益。另一方面,当教师的行为偏离常规时(参与抗议、学术欺诈等),行政部门同样需要正式规则去规范这些行为。莱曼校长在70年代初的校园骚乱中称:"当人们在价值观和行为方面有高度共识,程序可以粗糙一些;但如果没有共识,程序保障就变得非常重要。"显然,他在寻求某种被校园内外广泛接受和合理化的参考框架。

需要指出的是,这里的因果关系是复杂的,且往往是相互作用的。首先,规则改变通常是组织应对危机的意外产物。例如,早期终止终身教职的决定旨在解决行政部门面临的具体问题;然而,关于规则的争议又反过来引发了规则的制定。在应对70年代的金融危机时,行政部门再次试图收紧终身教职决策程序,却意外地促成了新的压力,推动了现有规则的修订。其次,改变规则的努力也可能引发争议和冲突。例如,校方试图制定教师纪律规则,引起了教师和行政部门之间激烈的争论和紧张局势。

从前面的讨论可以发现,危机管理是组织规则演变的主要推动力。在突发和意外情况下,个人和机构面临巨大的不确定性。为了减少不确定性,他们倾向于坚守在正式规则的稳定框架内,以寻求保护或行动依据。这里显示的逻辑是,在面对不确定性时,人们的注意力导向特定的规则之上,这些规则从而受到严密审视和诘难,由此引起规则的修订演变。其他领域中的规则制定过程也有类似的现象。① 在这里我们看到了危机与规则变化之间的密切关系:一方面,规则用于处理危机和引导转向,正如终身教职标准演变过程所示;另一方面,规则也有助于减少不确定性并确保稳定,如早期有关终身教职制的制定。简言之,组织规则

---

① Stanley Bach, Steven Smith, *Managing Uncertainty in the House of Representatives*, Washington, D. C. : The Brookings Institution, 1988.

在组织应对危机时发挥关键作用,尽管在不同阶段和不同情境下其具体作用可能不同。

上述观察的一个重要意义是,规则改变大多不是谨慎规划的结果,也不是根据理性计划来制定的。相反,规则的演变常常是不连续的、反应性的,而且通常是姗姗来迟的。很显然,组织规则的演变通常与地方性政治过程和随机性事件交织在一起。

(二) 地方性问题与整体性答案

制定组织规则是一个地方性学习(local learning)的过程,通常由组织中的特定问题或特定背景所触发启动。上述终身教职制的规则制定经历也表明,规则制定过程与其说是试错渐进的学习过程,不如说是非连续性的问题解决过程:只要基于规则的制度运行如常、没有发生问题,规则就会稳定持续,不会受到关注或质疑。一旦制度运行在行政层面或教师层面发生变化,现有规则和运行过程之间的张力增加,因此产生了寻求解决方案的急迫感。

注意力是这一学习过程的关键。终身教职制规则变化涉及漫长的过程和多层级决策。处理偶发问题往往通过允许规则的例外(如招聘中的"定向搜寻"[targeted search])或规则解释的临时性变通,而不是修改正式规则。正式规则的修订则需要规模足够大的事件,足以将人们的注意力提高到阈值之上,从而将修改规则列入组织议程并激活寻找解决方案的行动。这意味着多个组织层级均将该事件视为问题。① 组织危机和非正常的组织活动常常提供了这种场合。由于这些危机具有非连续性和破坏性的性质,它们对已有的组织常规提出了无法解决的问题。当已有常规不能成功解决新问题时,组织就会启动搜寻活动,以寻求新的解决方案;这些新的方案可能会以新规则的形式保存下来。这是马奇和

---

① Stephen Hilgartner, Charles Bosk, "The Rise and Fall of Social Problems: A Public Areas Model", *American Journal of Sociology*, Vol. 94, No. 1, 1988, pp. 53–78.

赛尔特①提出的通常的组织学习过程之一。例如,在 70 年代金融危机时期,在各种讨论中曾出现过终身教职晋升的定额制、学术研究的量化制(发表成果数量)、废除终身教职制等各种方案和呼声。这些搜寻解决方案的努力为组织通过制定规则来保存组织学习的成果提供了各种可供选择的原材料。

然而,解决方案并不一定局限于地方性范围。事实上,组织经常在广阔的空间搜寻整体性答案,即那些在制度环境中存在的广为接受的各种方案。通常,在专设委员会的研究或争论过程中,在寻找适当方案时,人们不可避免地转向外在的制度环境中已被建构的模式和标准,借用和复制那些广为接受的象征符号和规则,以填补现有规则和新发问题之间的空白地带。在这里,组织的地方性学习与制度环境中的整体性答案建立了关联。

大学组织有极强的动力去模仿和借用来自制度环境的形式:外部建构的各种规范和规则(例如 AAUP 提出的各项保护学术自由和终身教职的制度要素)已经存在可用,并且被广为认可、接受。从学校的地方性角度来看,这种借用既高效又安全。这种模仿和借用情形在二战后很是盛行,这里的部分原因是,外在的法律制度对学校内部终身教职制的干预作用日益突出。过去几十年来,终身制有关规则有了极大的细化和正式化。这是因为,"成功捍卫学术自由的案件一直依赖于发现程序的违规行为,而不是建立在关于学术自由的一个共享的、具体的定义之上……"②

可用性(availability)是借用和模仿过程中的重要变量。当组织启动

---

① Richard Cyert, G. James, *A Behavioral Theory of the Firm*, Englewood Cliffs: Prentice Hall, 1963.
② Sheila Slaughter. "Academic Freedom in the Modern American University", in Philip Altbach, Robert Berdahl eds., *Higher Education in American Society*, Buffalo: Prometheus Books, 1981, p. 84; Jane McCarthy, Irving Ladimer, Josef Sirefman, *Managing Faculty Disputes: A Guide to Issues, Procedures and Practice*, San Francisco: Jossey-Bass, 1984.

搜寻活动,而且没有可用的外部建构形式时,就可能发生创新,例如早期创设终身教职制和后来的教师纪律规定。

即使存在外部构造的整体答案,我们仍需要仔细考察其选择性效应。值得注意的是,尽管 AAUP 在四五十年代制定了一系列关于解雇程序和不续任事先通知的指导意见,但直到 1967 年斯坦福大学在经历重大危机时才正式将其纳入终身教职制政策中。在这里,微观层面的两个因素在发生作用:第一,外部选择力量与组织内部过程之间的耦合。如果没有危机,大学可以继续在风险极小的情况下"照常运行"。在危机期间,组织内的机动空间缩小,犯错的风险增加。制度化规则所带来的奖惩压力对组织生存变得至关重要。① 第二个因素与注意力有关。注意力是组织动员和政治压力的先决条件。当激活了组织各个层级的注意力时,原先被忽视的问题就会变得突出并成为需要解决的问题。因此,注意力的启动引发了问题识别和搜寻答案的双重过程。

在这里,组织学习过程和制度化过程融合在一起。在终身教职制的背景下,我们看到了危机、问题、搜寻和解决方案之间的相互作用,这是一个典型的组织学习过程。然而,地方性学习通常会引发对制度环境中建构的形式和象征符号的搜寻和采纳;这种行为具有正当性并因此获得回报,如减少不确定性、找到答案。由此可见,在组织运行中,组织学习和制度化这两个过程是密切相关的。以上观察从一个角度揭示了宏观制度过程的微观动机:个体通过地方性学习而走向整体性同构,这个过程可能是在组织层面上规避不确定性、解决地方性问题的种种努力的非预期性后果。

---

① 在 20 世纪 70 年代关于终身制评议程序的冲突时,一些晋升被拒的教师诉诸法律。法庭要求学校出示该教授被否定晋升的理由的书面记录。一些教授表示,他们在是否给某教师终身制晋升时的投票考虑带有个人化和主观性,难以明确地表达出来。这个事件引起了关于教师晋升讨论的"书面记录"规则的讨论。当教师议会就这一规则辩论时,校长法律顾问詹姆斯·锡耶纳(James Siena)告诉议会:"法庭不再接受那种关于评定中带有个人化和主观性、无法明确地表达出决定理由的说法。"(校园报道,1974 年 6 月 19 日)

四、结论

在我的访谈中,斯坦福教务长办公室的一位官员这样说道:"通用电气有一句口号,'在通用电气,质量是我们的目标'。在斯坦福,程序是我们的目标。"的确,在终身教职制规则演变中,我们看到了程序的日益完善和决策过程的正式化。地方性组织学习和整体制度环境变化都凸显了这个大趋势。

斯坦福大学终身教职制的演变清楚地反映了不断变化的制度环境。在早期,政府在高等教育中的作用微不足道。1910年学术委员会在为终身教职决议辩护时,其理由并不是学术自由,而是利益计算:"把表现好的教师从他们教职稳定性的焦虑中解放出来,大学将获得巨大的收益。"(教师议事会会议记录,1910年2月23日)但70年代以来的规则制定受到越来越多的制度环境的制约,尤其是法律干预的压力。①

然而,上述过程也表明,在终身教职制中借用制度环境建构的形式和象征符号的主要动力是奖惩机制,也就是说:"组织接受这些外来规则并不一定是因为这些规则已经广为接受,成为理所当然的社会现实,而可能是因为这样做可以得到相应的利益回报,如增加合法性、资源交换和生存能力。"②也就是说,组织学习参与这个制度化过程,推动了组织行为的改进。在微观层面,我们观察到地方性学习和整体性制度化这两种机制在同时运作,而规则变化的方向和节奏是这两种机制相互作用的结果。

---

① Joseph Beckham, *Faculty/Staff Nonrenewal and Dismissal for Cause in Institutions of Higher Education*,[S. l.]: College Administration Publications, Inc., 1986; Philip Altbach, Robert Berdahl eds., *Higher Education in American Society*, Buffalo: Prometheus Books, 1981.
② W. Scott, "The Adolescence of Institutional Theory", *Administrative Science Quarterly*, Vol. 32, No. 4, 1987, p. 498.

五、后记

这篇文章是我博士论文的一个部分。我的博士论文的实证研究部分包括规章制度演变的定量研究和终身教职规则演变的个案研究。这篇文章是在个案研究基础上改写的。虽然博士论文在定量资料的收集和分析上花费时间最多,但个案研究给了我更大收获,因为访谈当事人和阅读历史资料,让我感受到了不同的历史背景、各个群体和过程的互动与组织制度演变的实际过程。

这篇文章虽然以斯坦福大学教授终身教职制为主线,但其主题是以终身教职制作为一个案例,从组织学习和制度化这两种机制角度来分析和讨论组织规章制度是如何建立和演变发展的。所以,分析讨论着眼点更多地放在组织学理论层面而不是终身教职制度本身。

在我随后的学术生涯中,亲身经历了美国大学中无数次的终身教职制的实践,包括自己的录用、续聘和晋升(appointment, reappointment and promotion)的过程,自己所在系中同事的录用、续聘和晋升的过程,并通过写推荐信或评审信参与了其他院校的这个过程。另外,我在香港科技大学商学院组织管理系任系主任两年(2004年1月—2005年12月),在斯坦福大学社会学系任系主任三年(2015—2018)。在此期间参与了学院层级审议教师录用和晋升的人事咨询委员会,与不同学科的同事一起讨论和评议这些系科教授的录用和晋升,从一个不同的层次观察和感受到这个过程。在美国大学教师终身制程序中,学院的人事咨询委员会是最为重要的一个环节,其职责是在每个案例的实质性内容上进行评议,其评议意见举足轻重。而学校一级的咨询委员会(the advisory board)的职责是在程序上把关,多不涉及实质性评估问题。

我想借这个"后记"的机会,简要谈一下自己在参与这个过程中的一些观察和感受。首先要说明的是,在任何组织中,人事问题都是重中之重,而且每个案例都有其独特性,特别需要保护当事人的隐私权和考核制度的严肃性。所以，我下面的讨论多是笼统而言，不涉及具体案例。若举例说明时，我也会从一般性方面着眼，不涉及具体的人或事。

美国大学的"教授治校"原则体现在一系列的规章制度上。1904年的斯坦福大学组织法将有关教学和学术（academic）的决定权从校长手中转到教师议事会以及教师大会的代表机构——教师议会。也就是说，所有与专业设置、课程要求、学术研究包括教师录用和晋升标准等有关的决定和规则都需要由教师决定，经过教师议事会或教师议会的发起或审议。当然，行政部门包括学校的法律顾问部门对教师议会的议题和讨论过程有很大影响，如这篇文章中的情节所显示的那样。

在教授终身制这个领域中，"教授治校"的原则体现在，所有有关教授录用、续聘和终身制晋升都是在系一级启动，所有教师（tenure-track）以平等身份参加评议和投票。据我所知，具体规则在不同系和不同学校有所不同。我90年代初博士毕业后在UCLA社会学系求职面试时，当时的系主任告诉我，在他们那里，助理教授参加所有录用、续聘和晋升（包括内部晋升）决定的讨论和投票。在斯坦福大学社会学系，助理教授参加所有外来录用和晋升的讨论和投票，不分职称。但在内部晋升中，只有高于评定级别的教师参加评议和投票，即副教授和教授评议和投票助理教授晋升副教授；正教授参加副教授到教授晋升的评议和投票。

如同这篇文章所述，在终身制度的制定、修订和具体案例决策中，行政部门和教师权利间一直是互动、争论和妥协的，并且是一个不断变化的过程。所有录用、续聘、晋升都必须由所在系的教师集体参与以下评审决定，行政部门（学院、校方）是这个过程的不同环节；而这些环节中的主要角色（如人事咨询委员会）也是来自各个系科或学院的教授；他们的评议和建议几乎总是为行政领导（院长、教务长和校长）所采纳。

虽然这篇文章着眼于正式规章制度的建立和演变，但我在参与经历中深深感到，学者同事间的互动、共享的期待和隐性知识在这个过程中起到了至关重要的作用。举例来说，在一个系里，同事们大多在相近的领域中工作，对彼此的研究成果比较熟悉，也容易评议决策。但一旦到了学院或学校层面,来自不同系科、不同背景的教授通过"人事咨询委员会"参与评议工作,就会产生一系列新的问题。例如,在香港科技大学商学院,学院的人事咨询委员会由学院各系主任加上学院正副院长组成。斯坦福文理学院的咨询委员会分为三个片:人文、社会科学、自然科学。在社会科学片系科中,除社会学之外,还有政治学、经济学、心理学、人类学、传播学,即六个系主任组成人事咨询委员会的成员,加上负责社会科学片的学院副院长作为召集人(不参加投票),审核这六个系上报的所有录用和终身制晋升案例。按照制度,委员会只有咨询建议权,没有决策权。但如果这个委员会对某一案例提出否定意见,或意见有严重分歧,就会左右学院行政领导(院长)的决定。只有在极为罕见的情况下,学院院长才会做出与咨询委员会不同的决定。

这里有一个有趣的问题。这些不同学科、不同领域的参与者有各自的知识结构和学术体系,评价标准也每每不同。那么,他们参与咨询委员会,带来各自系科的利益和期待,怎样才能保证这个评议过程的客观中立性呢?根据我的观察和亲身经历,这种学科间的差异从未造成过问题。首先,这些参与的学者都经过了专业化训练过程,长期在学术界工作,对相关学科的基本特点都多有了解。其次,参与咨询委员会的过程也是一个正在进行时的学习过程。各个系主任在提交自己系的案例时,也会对该候选人所在领域的特点及其贡献加以解释,帮助委员会成员了解不同学科的特点。最后,在每个案例所提供的资料中,外来的评审意见起到了举足轻重的作用。这些外来评审人通常是该候选人领域中的领军人物,对这个领域以及该候选人在这个领域中的贡献有一个整体性的评价。即使在系一级的评议中,外来评审也居重要位置,因为学科内的不同领域有时差别很大,同系的同事在不同领域中从事研究工作,对其他领域的研究成果评价也不是专家。

我注意到,在系科或学院各层级的讨论中,参与同事间的学术偏好和品位很是类似,在什么是好的学术作品这个问题上,有很高的共享标准和期待。另外,他们在不同学科之间的学术成果(质与量)的评议上也有高度的共享观念。因此,在大多数案例评议上参与者都会有高度一致的看法;有时有不同的看法,经过讨论也很容易达成共识;即使在有不同看法和投票的情况下,大家也相互理解对方的立场。有这样一个案例:某候选人在公共领域很有知名度,学校多方包括行政领导都有愿望,希望该学者到斯坦福来推动某一领域的活动。但在咨询委员会的审议中,大家就其学术成就展开了热烈讨论,最后达成的一致意见是:斯坦福聘任教授应该看重的是学术影响力,而不是公共影响力,其学术贡献不足以满足斯坦福的期待,因此提出了否定意见,为行政部门所接受。

当然,在终身教职制度建立和评议过程中,各个学科、每个参与者各有利益,来自不同学术派别,各有不同的专业背景和知识结构,因此这也是一个政治过程,包括争议、策略和谈判。但这些方面都不足以对案例评议产生根本性影响。这里的约束因素一方面来自学术界的共享期待和专业化理念,另一方面来自制度环境和学术市场竞争的压力。

以上的经历让我深感学术共同体的重要性,这个学术共同体是好几个维度的:首先是所在学科中的共同体,同事之间对好的研究的共享标准,相互尊重,互相给予最大空间;其次是校园里的不同学科、不同学者间有共享的学术标准和期待,在录用和晋升的评议中保持相对稳定持续的标准和期待,保证了教师团队的整体质量。当然,这些内部因素都依赖于整个学术界存在共享标准和各方学者以专业化的态度参与这个终身教职的评议过程。是的,整个学术界是一个相互关联的整体。

要建立和维护这样的学术共同体,就需要吸引那些真正热爱学术研究的人们,那些听从内心召唤(calling)而从事学术事业的人们。我引用斯坦福大学教授詹姆斯·马奇下面的话结束这个"后记":

> 大学只是偶然的市场,本质上更应该是神殿——供奉知识和人类求知精神的神殿。在大学里,知识和学问之所以受到尊重,主要不是因为它们能够造福个人和社会,而是因为它们象征、承载并传递着有关人性的见解。索伦·克尔凯郭尔(Søren

Kierkegaard)说过,任何可以通过结果加以评判的宗教都简直不是宗教。对于大学教育和学问,我们也可以这么说,只有在它们信奉随心所欲而非冀图效用的时候,它们才名副其实。高等教育是远见卓识,不是精打细算,是承诺,不是选择;学生不是顾客,是侍僧;教学不是工作,是圣事;研究不是投资,是见证。

为了供奉教育的神殿,我们也许需要把它从那些对激励、对预期结果负责的资助者、院长、教员和学生的手中营救出来,然后把它交给那些对自我感、对内心呼唤负责的人,那些因为知识和学问代表正当人生而支持并追求知识和学问的人,那些不是因为书与工作有关,而是因为书与工作无关而读书的人,那些不是为了提高声望或者造福世界而是为了向学问致敬而做研究的人,那些把学习机构作为美的载体、人性的证明而忠心供奉学习机构的人。[1]

---

[1] 詹姆斯·马奇:《马奇论管理:真理、美、正义和学问》北京:东方出版社,2010年,第5—6页。

The Game of Rules and the Rules of the Game: The Evolution of Tenure Rules at Stanford, 1891 – 1987

Zhou Xueguang

Abstract: Situating in the context of Stanford University, this article examines the evolution of organizational rules in the faculty tenure area in its near 100 – year period. The focus on a specific area is intended as a "thick description" of the processes through which rules are initiated, debated and transformed. The findings show that the evolution of tenure rules was often triggered by crises or external pressures. Uncertainty induced the faculty to mobilize for self-protection, and the crises forced the organization to seek new solutions, which led to the making and revision of the organizational rules. The making of tenure rules can be seen as seeking global solutions to local problems, leading to the institutionalization of legal rules and cultural norms. Local learning mechanisms such as attention allocation and problem solving play an important role in mediating between organizational rules and external environment.

Keywords: organizational learning, institutional process, tenure rules, thick description

评 论

现代进步信仰与历史神学

崇 明[*]

摘要：2020年新冠肺炎疫情造成的巨大灾难再次揭示了现代进步信仰的神话色彩。不同于古典的有限的进步论，形成于启蒙时期的历史进步论受到基督教线性时间观的影响，宣称人类在科学、政治和道德上不断走向完善。奥古斯丁基于《圣经》历史观对罗马时期的基督教进步论提出了批评，二战后尼布尔、玛鲁等神学家立足于奥古斯丁主义的历史神学对现代进步论展开批判。尼布尔以十字架事件阐释了历史的神秘和意义，默茨以十字架事件为出发点通过受难记忆来破除现代进步论的偶像崇拜，纪念被历史忽视的受难者，而莫尔特曼则在十字架的破碎中、在对基督受难的参与中寻求充满苦难的历史中救赎之可能。

关键词：进步　奥古斯丁　尼布尔　默茨　莫尔特曼

　　2020—2021年席卷世界的新冠肺炎疫情给人类带来了巨大的健康、经济和民生灾难，首先重创了代表人类经济和科技发展较高水平的地区。面对被视为蒙昧落后之产物的瘟疫的肆虐，享受了近80年和平与繁荣、拥有最先进的医疗设施的欧美进退失据、捉襟见肘，全球化和2008年经济危机造成的社会分化和对立进一步加剧。无论对于西方还是中国，正如现代历史上的种种危机一样，新冠肺炎疫情再次揭示了现代人的历史进步观念的神话色彩。虽然西方人和中国人在诸多问题上

---

[*] 崇明，北京大学历史学系长聘副教授。

存在分歧,但均相信科技和经济发展能够带来生活改善、社会进步和国家富强。然而,新冠肺炎疫情造成的全球性危机对这一历史进步信仰构成了巨大的挑战。可见,在 21 世纪的今天再度反思现代进步信仰仍然是必要甚至迫切的。本文从基督教历史神学的角度开展这一反思,试图说明,现代人依然需要严肃面对《圣经》和奥古斯丁对人以及地上之城的罪性和有限性的诊断,并深切思考现代物质科技进步和经济发展背后无节制的资本主义、国家主义和技术主义的扩张对于人类的尊严、自由和道德构成的巨大威胁。

在新冠肺炎疫情暴发后,基督教神学家和知识分子从不同角度对这一世界性的灾难予以回应。两位著名的圣经学者 Walter Brueggemann 和 N. Wright 从《圣经》中关于瘟疫和灾难的理解入手探究今天的基督徒如何回应疫病,均指出在苦难当中应当诚实地在上帝面前呻吟(groan)哀告(lament),并因此使苦难得到转化,让生命得到更新。① 德国神学学者 Günter Thomas 指出新冠肺炎疫情对一系列神学问题如创造、护佑、罪、基督论等带来的挑战,强调教会应该在对自身有限的承认中以实际的行动来展现盼望和承担责任。② 南非学者 N. Barney Pityana 亦强调基督教会在这一全球灾难面前应该呈现出有信仰的责任来面对人类普遍面临的社会和生态处境的不正义。③ 美国学者 Lyman Stone 和澳大利亚学者 Clive Pearson 则诉诸基督教历史应对种种瘟疫的经验和神学思考为目前的教会处境提供思想资源。④ 笔者目前读到的这些文

---

① Walter Brueggemann, *Virus as a Summons to Faith: Biblical Reflections in a Time of Loss, Grief, and Uncertainty*, Kindle Version, Eugene: Cascade, 2020; N. Wright, *God and the Pandemic: A Christian Reflection on the Coronavirus and its Aftermath*, Kindle Version, London: SPCK, 2020.
② Günter Thomas, "Theology in the Shadow of the Corona Crisis", https://cursor.pubpub.org/pub/thomas-theologycorona/release/1, March.
③ N. Pityana, "A Theological Statement on the Coronavirus Pandemic Living the Faith Responsibly", *Religion & Theology*, Vol. 27, 2020, pp. 329 – 358.
④ Lyman Stone, "Christianity Has Been Handling Epidemics for 2000 Years", https://foreignpolicy.com/2020/03/13/christianity-epidemics-2000-years-should-i-still-go-to-church-coronavirus/; Clive Pearson, "Framing a Theological Response to COVID-19 in the Presence of the Religious Other", *Ecumenical Review*, Vol. 72, No. 5, 2020, pp. 849 – 860.

本展示了基督教思想和实践对新冠疫情所能提供的种种丰富的思考。笔者认为,鉴于新冠肺炎疫情是人类现代历史在 21 世纪爆发的又一次巨大全球性灾难,有必要回到这一事件所暴露的现代性的反复性危机来思考人类的处境并予以回应。本文结合西方进步观念的思想史,依据奥古斯丁特别是二战以后尼布尔、默茨和莫尔特曼等人对历史进步论的批判和对历史之意义的探讨,论述新冠疫情再度暴露出的现代进步信仰背后的神话或迷思色彩,特别是其对苦难的忽视与遮蔽,并进而对历史中的苦难及盼望展开思考。

一、进步观的古今之变与现代进步神话

进步是现代历史观的基调,立足于现代理性主义及其伴随的乌托邦信念。根据现代进步观,科学和理性的发展将在历史进程中逐步克服人类社会的种种问题如蒙昧、暴力、疾病、痛苦乃至死亡,从而解决困扰和打击人类的物质、道德和精神缺陷,使人类的生活达到某种完善状态。因此,历史的发展被认为是阶段式地持续前进和改善的历程,而这一历程最终将带来理性、道德、自由的完满实现。这一观念在法国大革命前后的 18—19 世纪思想中得到了最为清晰的表达。法国哲学家孔多塞在《人类精神进步史表纲要》一书中将人类历史划分为十个时代,宣称"自然界对于人类能力的完善化并没有标志出任何限度,人类的完美性实际上乃是无限的;而且这种完美性的进步,今后是不以任何想要遏阻它的力量为转移的"[1]。完美性的进步首先是理性和知识的发展,而"德行的进步总是伴随着知识的进步",也就是说理性和知识的发展最终也将实现道德的完善。[2]

---

[1] 孔多塞:《人类精神进步史表纲要》,何兆武、何冰译,南京:江苏教育出版社,2006 年,第 3 页。
[2] 孔多塞:《人类精神进步史表纲要》,何兆武、何冰译,南京:江苏教育出版社,2006 年,第 39 页。

孔多塞和其他许多现代进步论者并不否认历史和未来中存在倒退和灾难,但他们坚信倒退和灾难并不能阻碍进步,或者说,相比于进步而言,这些倒退和灾难并不重要。不仅如此,灾难甚至可以成为理性和道德进步的催化剂,对于人的理性和道德能力之培育是必要的。在康德看来,人类历史"由愚蠢、幼稚的虚荣甚至往往由幼稚的恶意和毁灭欲交织而成",但是在人类事物的荒谬过程中依然可以发现一向指向道德进步的自然目的。① 这些恶与毁灭甚至是历史的必要动力,用康德的话来说,就是"自然不做不必要的事情"②。在康德看来,正是在人与人之间的纷争冲突当中形成了非社会的社会性,推动人克服自然欲望和冲动而发现了道德自主。没有冲突的田园牧歌式的生活只会让人像牲畜一样永远无法实现自身的道德潜质。因此康德要求人们"为了龃龉,为了因嫉妒而竞争的虚荣,为了无法满足的占有欲甚或支配欲"而感谢自然,因为人的非社会性虽然造成许多灾祸,但"也促使人重新鼓起力量,并且进一步发展自然禀赋"。康德在这一非社会性的社会性所促成的道德和政治进步中看到了"智慧的创造者的安排",他的伦理学因此成为一种辩护神意的神义论。③ 黑格尔同样以一种神义论式的努力展开了对历史的哲学思考。他像康德一样,面对"各民族福利、各国家智慧和各个人德行横遭宰割"的历史屠场,通过追问"这些巨大的牺牲究竟为的是什么原则,究竟要达到什么最后的目的"来展开他对历史的哲学探究。黑格尔指出,并不能通过宿命论来对待历史中这些令人愤懑悲哀的不幸,而是要看到它们呈现了实现世界历史的真正结果的手段。④ 固然个体的道德、伦常、宗教虔敬具有永久性和神圣性而不能被牺牲,但个体作为一种特殊的存在,他们的目的和满足是可以被牺牲的:"特殊的事物比起普通

---

① 康德:《康德历史哲学论文集》,李明辉译,桂林:广西师范大学出版社,2019年,第3—4页。
② 康德:《康德历史哲学论文集》,李明辉译,桂林:广西师范大学出版社,2019年,第6页。
③ 康德:《康德历史哲学论文集》,李明辉译,桂林:广西师范大学出版社,2019年,第8、18页。
④ 黑格尔:《历史哲学》,王造时译,上海:上海书店出版社,2001年,第35页。

的事物来，大多显得微乎其微，没有多大价值：各个人是供牺牲的、被抛弃的。"①精神在历史中需要借助恺撒、拿破仑这样的世界历史个人来前进，他们往往专注于一个目的而轻视其他伟大的、神圣的利益并因此遭到道德上的非难。但是对于黑格尔而言，巨人步伐雄壮，践踏无辜的花草是难免的。理性的狡计在特殊的、限定的事物及其否定中产生普遍的原则，精神的自我意识因此得以在历史上不断深化而最终完全确立。世界历史的斗争和因此产生的灾难是促成理性发展和成熟的必要动力。

在孔多塞、康德和黑格尔的思想里，进步被视为人类历史最为根本的哲学内涵，它具有一种不可阻挡的必然性，不会为历史上的灾难和黑暗所抑制，甚至以它们为养料。他们的进步观虽然立足于哲学和历史分析，但表达了一种对历史的最终目的和终结的期待，事实上是一种信仰，是一种世俗化的基督教千禧年主义。② 由于这种进步信仰往往无视现代社会种种毁灭性的巨大灾难而不断自我复制，这一信仰因此成为脱离和遮蔽现实的神话。为了更好地理解现代进步观的信仰和神话色彩，我们需要在西方进步观的古今演变中对其进行比较考察。进步可以说是所有启蒙理念中最为显著和最为影响深远的观念，以至于人们甚至以进步来等同启蒙。结果，人们误以为进步观念仅仅是现代性的产物。③ 但事实上，在古代西方就已经出现了进步观念。人们通常认为古代希腊罗马的历史观是一种循环论，但赫西俄德、柏拉图、亚里士多德、伊壁鸠

---

① 黑格尔：《历史哲学》，王造时译，上海：上海书店出版社，2001年，第33页。
② 关于这一主题，参见德国学者卡尔·洛维特的相关著名研究。卡尔·洛维特：《世界历史与救赎历史》，李秋零、田薇译，北京：商务印书馆，2016年。
③ 伯瑞的《进步的观念》代表了这一看法，美国学者Robert Nisbet对其进行了批评。参见约翰·伯瑞：《进步的观念》，范祥涛译，上海：上海三联书店，2005年；Robert Nisbet, *History of the Idea of Progress*, New York: Basic Books, 1980, p. x; Robert Nisbet, "Idea of Progress: A Bibliographical Essay", https://oll.libertyfund.org/pages/idea-of-progress-a-bibliographical-essay-by-robert-nisbet#lf-essay004lev1introduction. 另参Mommsen对伯瑞认为中世纪不存在进步观的批评，Theodor Mommsen, "St. Augustine and the Christian Idea of Progress: The Background of the City of God", *Journal of the History of Ideas*, Vol. 12, No. 3, 1951, p. 356。

鲁、卢克莱修等古典作家和思想家已经表达了进步的观念。① 不过，古典与现代的进步观念存在重大差别，对两者加以辨析有助于我们更好地理解现代进步观的宗教和神话色彩。

古典的进步观念建基于思想家对人类知识、技艺和社会政治的发展的观察和认知之上。亚里士多德在《政治学》开篇中指出人类的共同生活从家庭、村庄发展为部族和城邦这一最终实现人的理性和道德潜质的政治形式，大致展现出政治上的演进。但在亚里士多德那里并不存在认为历史将不断发展并走向终极的完善的看法，相反他在《政治学》中强调人的道德完善取决于礼法和教育，在《伦理学》中则指出道德德性的养成取决于日常的、习惯性的道德实践。② 在《政治学》对城邦的政体类型学的分析中，并无政体演进的进步理论，相反常态政体时时有可能堕落为变态或者说坏的政体。柏拉图也认为人可以通过理性的探究不断推进知识的进步，但他同样目睹了雅典政治的败坏及其造成的苏格拉底之死，在书信中宣告当时的政体无一不是治理得很糟糕的。在柏拉图看来，克服政治治理危机的唯一途径在于哲学和政治权力的结合，具体而言就是或者是哲学家掌握政治权力，或者是统治者学习哲学，然而这一结合完全取决于偶然，往往只能在语词——譬如《理想国》的对话中发生。③

可以说，古典哲学家固然相信理性能够帮助人在知识、技艺和公共生活的组织和治理上取得进展，但同时他们也对人类当中的黑暗力量具有清醒的认识。所以，他们对进步的认知并不意味着他们放弃了循环论的历史观，也不意味着他们不再相信命运对人类事务的支配和人类历史所表现出来的堕落趋向。罗马哲学家塞尼卡固然相信人类进步的可能，

---

① Ludwig Edelstein, *The Idea of Progress in Classical Antiquity*, Baltimore: Press of Johns Hopkins University, 1964.
② 亚里士多德：《政治学》，吴寿彭译，北京：商务印书馆，1965年，第5—7页；亚里士多德：《尼各马可伦理学》，廖申白译，北京：商务印书馆，2003年，第36页。
③ 柏拉图：《第七封信》，载《柏拉图全集》，王晓朝译，北京：人民出版社，2003年，第80页；Plato, *Republic*, Allan Bloom trans., New York: Basic Books, 1968, p. 45.

但他也认为宇宙的毁灭近在咫尺,并且在这一大毁灭之后将会再次展开宇宙和人类的兴衰循环。① 因此,古典哲学家并不在历史中寻求拯救之道,而是在神话、个体性的哲学沉思和伦理实践中来对抗身体和世界的朽败。② 古典与现代的进步论的根本区别就在于,前者与对人类的堕落乃至毁灭的认知和预期并行不悖,因此在哲学、伦理和神话中寻求超越,而后者则相信历史最终将带来人类的终极解放,实现物质、道德和精神上的完善。古典思想认为在个体伦理生活中和共同体的政治生活中存在一种善的目的,但这一目的是个体与共同体的伦理和政治努力的方向,往往难以达致,更不会在历史中必然实现。与古典进步论不同,现代进步观则设定了人类必将阶段式地达到最终解放的目的,因此它首先是一种信仰。③

古希腊的进步论并非历史进步论,因为这种进步固然是在历史中发生的,但鉴于古希腊人对时间和历史的循环论理解,他们并不认为这一进步能实质性地改变历史。西方历史观的第一次重大革命是基督教带来的,而现代进步观念所依托的线性历史观和历史目的论均和基督教所带来的历史观的变革有密切的关系。正是基督教的兴起打破了古典的历史循环论④,使信徒把历史理解为从创世到终末的线性历程。在这个历程中,基督的降生、受难和复活是最为核心的事件。以基督的生死为界,历史被分为两个部分:创世以来对耶稣的救恩行动的准备,在耶稣之后对耶稣再来和世界末日的盼望。对于基督教而言,基督的诞生、受难

---

① Ludwig Edelstein, *The Idea of Progress in Classical Antiquity*, Baltimore: Press of Johns Hopkins University, 1964, pp. 172 – 173.
② Oscar Cullmann, *Christ and Time: The Primitive Christian Conception of Time and History*, Floyd Filson trans., [S. l.]: SCM Press, 1962, p. 54. 另外参见卡尔·洛维特:《世界历史与救赎历史》,李秋零、田薇译,北京:商务印书馆,2016年,第11页。
③ Nisbet 和 Edelstein 虽然纠正了孔德、伯瑞等认为古典思想不存在进步论的错误但流行的观点,但很遗憾的是并没有重视古典进步论与现代进步论的重大区别。
④ 参见奥古斯丁对希腊循环论的批评,奥古斯丁:《上帝之城》第12卷中册,吴飞译,上海:上海三联书店,2008年,第132—133页;Theodor Mommsen, "St. Augustine and the Christian Idea of Progress: The Background of the City of God", *Journal of the History of Ideas*, Vol. 12, No. 3, 1951, p. 354.

和复活作为真实的历史事件最充分地启示了上帝在历史中的行动,基督的生死复活和《旧约》中叙述的上帝在历史中特别是在以色列民族历史中的行动展现了上帝是主宰并引领历史的上帝。① 历史并非希腊式的无目的的自然循环,而是有始有终并彰显上帝的创造和拯救的进程。上帝在历史中的介入使信徒和神学家试图在历史中发现上帝的行动和启示,历史因此成为神学思考的对象,而历史神学的世俗化则为历史哲学的形成奠定了基础。②

受到《旧约》历史观的影响,罗马的基督教历史神学的一个显著特征是在帝国的兴衰更替,特别是在罗马帝国的兴起中揣摩上帝的旨意和救赎计划。在关于罗马帝国的神学争论中,出现了某种基督教进步论,它把罗马帝国的兴起视为上帝的救赎计划的一部分,并宣称基督教的兴起为罗马带来了和平。梅利托主教(Melito of Sardis,死于180年)和德尔图良(150—230)便认为,基督教为罗马帝国减少了战乱和灾难,带来了更多的和平和安宁。③ 奥立金(185—254)则相信,上帝安排基督在帝国初期诞生,是为了使福音可以在一个统一的帝国中得到更迅速的传播。④ 4世纪的基督教诗人普鲁登修斯(Prudentius)持同样的看法:上帝让罗马人通过征服建立了帝国,从而为福音的传播做准备,罗马帝国的使命是成为基督教帝国,而古老的帝国也从福音获得了新生,维吉尔所

---

① 莫尔特曼指出:"以色列的上帝不是借着自然的秩序、韵律和可怕的力量,而是借着以色列人所经历的历史来启示。出埃及事件的上帝启示使以色列人的信仰成为历史性宗教。"莫尔特曼:《来临中的上帝:基督教的终末论》,曾念粤译,上海:上海三联书店,2006年,第127页。另外参见莫尔特曼:《盼望神学:基督教终末论的基础与意涵》,曾念粤译,香港:道风书社,2007年,第268页。
② 参见卡尔·洛维特:《世界历史与救赎历史》,李秋零、田薇译,北京:商务印书馆,2016年。
③ Mommsen, "St. Augustine and the Christian Idea of Progress: The Background of the City of God", Journal of the History of Ideas, Vol. 12, No. 3, 1951, pp. 357-358. 针对罗马人对基督教的指控,德尔图良强调基督教给罗马带来了更多的和平与繁荣,参见Robert Nisbet, History of the Idea of Progress, New York: Basic Books, 1980, pp. 50-51.
④ R. Markus, Saeculum: History and Society in the Theology of St Augustine, Cambridge: Cambridge University Press, 1970, p. 48.

预言的罗马的永恒、罗马人自认为他们带来的永久和平通过基督教得到了实现。① 基督教在帝国中的发展，特别是君士坦丁对基督教的合法化以及基督教在狄奥多西一世（Theodoisus I, 347—395）时期成为国教，这些均被视为罗马帝国被上帝赋予特殊使命的体现。4 世纪最有影响的教会人物之一米兰主教安布罗斯鼓吹罗马的神圣使命，而教会史写作的开创者、为君士坦丁立传歌功颂德的优希比乌的历史观是罗马的基督教进步观的最充分的代表。

在优希比乌看来，上帝通过罗马帝国的征服和福音的传播将逐步实现人类的统一，并且带来持久的和平与安全，实现罗马人的罗马和平的理想，而包括野蛮人在内的各民族的民情风俗也不断得到改善。更重要的是这一进步将在未来日臻完善："尽管罗马帝国把所有民族统一在一个和谐整体中的目标在很大程度上得到了实现，如果借助有益的教义，通过为帝国之道提供便利顺遂的神圣天意的帮助，这一目标注定在未来将会得到更加完美的实现，直至征服所有宜居之地的地极。"② 正是由于基督教对掌握历史主权的上帝的信仰，历史才被认为可以摆脱自然循环并朝向上帝指引的方向迈进。只要对优希比乌的基督教进步论加以世俗化就能得出现代的历史进步论，只不过在后者当中，推动进步的不再是上帝，而是人类自己。如果把帝国换成人类，把神圣天意、教义换成人类理性和科学，这一段话的作者可以是孔多塞、孔德、杜威或者当代美国学者平克（Steven Pinker）。现代进步观的历史阶段论和目的论是 18、19 世纪西方思想的主旋律之一，在斯密、杜尔阁、孔多塞、孔德、黑格尔、马克思等人那里得到了充分的阐述。20 世纪特别是上半期的战争与灾难

---

① Mommsen, "St. Augustine and the Christian Idea of Progress: The Background of the City of God", *Journal of the History of Ideas*, Vol. 12, No. 3, 1951, p. 367. 罗马的永恒、罗马带来永久和平这样的信念是罗马的公民宗教的基调。关于这一信念，参见 Mommsen, "St. Augustine and the Christian Idea of Progress: The Background of the City of God", *Journal of the History of Ideas*, Vol. 12, No. 3, 1951, p. 347。

② Mommsen, "St. Augustine and the Christian Idea of Progress: The Background of the City of God", *Journal of the History of Ideas*, Vol. 12, No. 3, 1951, p. 363.

虽然在很大程度上冲击了现代进步思想,但它在今天依然是某种宗教般的信念,不仅仅支配了人们在现代经济和全球化的发展中不断取得物质和道德进步的观念,而且成为引导社会和政治科学的重要思想。值得注意的是,这一思想在当今最强大的国家美国盛行,这一点尤其耐人寻味。《历史的终结》和《人类的善良天使》这两部进步观念的当代代表作均出自美国学者之手,并非偶然。① 而这两本书的历史进步叙事均没有认真对待西方现代文明在 20 世纪造成的毁灭性灾难。正是由于现代进步观像罗马帝国的基督教进步论一样是一种对未来的信念,它根本上是一种信仰。并且由于它淡化甚至无视人类在现代社会造成的巨大灾难,它事实上成为一种神话。

二、基督教对历史进步论的批判

　　罗马时期的基督教进步论很快遭到了奥古斯丁的历史神学的批判,这一批判后来也被现代神学家运用到对现代历史进步论的批判上。进步论并非罗马帝国时期的基督教历史神学的唯一形态,在它之外还有两种常见的对罗马帝国的历史意义的理解。首先,对罗马帝国的敌意和批判在罗马帝国时期并不鲜见。《圣经·新约·启示录》把罗马比拟为统治世界的兽以及喝圣徒和殉道者鲜血的淫妇(《启示录》14:8)。奥立金的同代人希坡律陀(Hippolytus of Rome,170—235)认为罗马就是《但以理书》中的第四兽,视之为模仿统一人类的基督的撒旦②,而四代帝国或四头兽的覆灭将迎来末世。另一种理解同样把罗马视为《但以理书》中的第四个王国,但对其功能的评价却截然相反:罗马的存在意味着可怕的末日还不会到来。德尔图良将罗马解释为《新约·帖撒罗尼加后书》

---

① 福山:《历史的终结及最后之人》,黄胜强、许铭原译,北京:中国社会科学出版社,2003年;斯蒂芬·平克:《人性中的善良天使:暴力为什么会减少》,安雯译,北京:中信出版社,2015 年。
② R. Markus, *Saeculum: History and Society in the Theology of St Augustine*, Cambridge: Cambridge University Press, 1970, p. 49.

中延缓敌基督到来的抵挡者。拉克唐修(Lactantius,250—325)也持这样的观点,声称罗马的存在推迟了世界毁灭的到来,而一旦这个"世界之都"陷落,末日就迫在眉睫了。① 因此,罗马即使不是进步的载体,但也因为阻挡了末世的毁灭而扮演了某种积极的历史意义。

不难理解,410年罗马遭到西哥特人的侵略和洗劫,这一事件震撼了罗马。对很多基督徒而言,这是帝国覆灭、末世来临的预兆,正如杰罗姆所说的那样:"全世界都在一城中毁灭了。"②更重要的是,罗马是永恒之城的神话破灭,罗马的永久和平被证明不过是一种幻想。持守罗马传统宗教的人将这一灾难归咎于基督教,认为罗马人信仰基督教的上帝而抛弃祖辈的神,结果也被祖辈的神抛弃了。同样重要的是,罗马的陷落质疑了基督教的进步观,在根本上挑战了把罗马视为基督教帝国、认为罗马帝国承担上帝拯救计划,并且将逐步实现尘世的安宁与文明的基督教历史神学。正是为了应对罗马劫难造成的信仰和精神的困惑和危机,奥古斯丁撰写了《上帝之城》,发展了一套彻底抛弃了进步观和尘世乐观主义的历史神学。

《上帝之城》在一定程度上首先是奥古斯丁的自我批判。390年左右,奥古斯丁也一度被基督教进步观吸引而对基督教的前景表现出乐观,因为基督的力量在他看来"在如此短的时间里使拜偶像的教会迫害者接受了福音的信仰"③。他在讲道中也把罗马帝国视为福音的工具:"通过基督王,他(以色列的上帝)使罗马帝国屈服于对他的名的崇拜;他将其转化,使之捍卫和服务基督信仰。"④基督教在罗马时期的迅速传播被他视为上帝在《圣经》中的预言的实现,世上的各族正通过罗马归附

---

① Mommsen, "St. Augustine and the Christian Idea of Progress: The Background of the City of God", *Journal of the History of Ideas*, Vol. 12, No. 3, 1951, p. 349.
② Mommsen, "St. Augustine and the Christian Idea of Progress: The Background of the City of God", *Journal of the History of Ideas*, Vol. 12, No. 3, 1951, p. 349.
③ R. Markus, *Saeculum: History and Society in the Theology of St Augustine*, Cambridge: Cambridge University Press, 1970, p. 30.
④ R. Markus, *Saeculum: History and Society in the Theology of St Augustine*, Cambridge: Cambridge University Press, 1970, pp. 32 - 33.

基督。根据英国历史学者马库斯的研究，在390年左右，奥古斯丁把《圣经》特别是先知预言与尘世历史密切结合，致力于在历史中寻求上帝意志的干预和实现，罗马帝国的历史或者说尘世的历史几乎成为神圣史的一部分，甚至成为神圣史的某种展现。

然而，这一进步论只是奥古斯丁思想历程中的一个插曲。他一直重视历史对于基督教信仰的意义。在早期的《论真正的宗教》中，他强调基督教的实质内涵就是"神圣护理对于人类拯救的尘世安排的历史和预言"①。神圣历史的重要性在于它不是人类和哲学家能够通过理性和沉思发现的哲学真理，而完全是上帝的自我揭示。他在早年认为历史中的决定性事件是耶稣的道成肉身、受难及复活，也就是说在道成肉身和基督再临之间不会再发生任何在神圣史意义上具有突破性或转折性意义的事件。罗马的劫难促使他回归并深化了早年的历史神学，放弃了基督教帝国的观念，拒绝在罗马和尘世历史那里寻求上帝的救赎安排。对于期待末日迅速来临的基督徒，他提醒他们不要去计算连基督都不知道、只有上帝知道的日子②，因此把罗马陷落作为末世来临的预兆并试图计算基督再来的准确日期的做法是完全不合适的。无论把罗马视为敌基督并预示末世到来的恶兽或巴比伦，还是相信罗马承担了延缓末世毁灭的使命，或者认为罗马是上帝用来传播福音的工具并因此将得到上帝祝福的永久和平，这些观点在他看来都是对上帝意志的不敬虔的猜测。

奥古斯丁也批判了进步论背后的成功神学，指出崇拜上帝是为了永生，而非尘世的辉煌与荣耀，这一点对帝王而言也同样如此。③ 他在讲道中警醒世人："这些渎神者追逐和渴望尘世的事物，把他们的希望放在尘世的事物上。但当他们失去这些时，不论他们是否愿意，他们将在哪

---

① R. Markus, *Saeculum: History and Society in the Theology of St Augustine*, Cambridge: Cambridge University Press, 1970, p. 8.
② 奥古斯丁：《上帝之城》第18卷下册，吴飞译，上海：上海三联书店，2008年，第117—118页。
③ 奥古斯丁：《上帝之城》第5卷上册，吴飞译，上海：上海三联书店，2008年，第210—214页。

里持守和驻足呢？既无内在的，也无外在的事物，空空的钱库，更加空虚的良心。"①罗马时期的进步神学或成功神学通常把《圣经·旧约·诗篇》中"他止息刀兵，直到地极"解释为对罗马实现和平的预言。奥古斯丁坚决拒绝这一解释，不承认《圣经》中预言的这一和平的统治正在或曾经在历史中实现过，指出未来"仍然会有战争，民族争夺霸权的战争，犹太人、外邦人、基督徒、异端之间的战争，这些战争将更加频繁"②。在《上帝之城》中，他指出："人事变化无常，没有哪个民族能有绝对的安全保证，从而不怕敌人来威胁其生命。"上帝所允许的永久和平是指向永恒的，而非对尘世上的任何民族、帝国和君王的允许。③ 马库斯指出，到5世纪20年代，奥古斯丁日益明确地把神圣史限定为《圣经》记载的历史。除此之外，历史都是世俗的，无法从神圣史的视角予以处理。④ 总之，在奥古斯丁看来，在人类的尘世历史中并不存在进步。⑤ 在《上帝之城》的末尾处，他罗列了人世的种种罪恶与灾难，指出只有依靠基督和上帝的恩典，人才能"从此生的深渊中、从这些悲惨中"解放。他承认人类具有创造的天才，能够带来技术上和物质上的改善，但是人类同样会运用这一天才发明种种毒药、武器和机器来摧毁同类。堕落后人的恶是持续而顽固的，并且将一直支配人的历史。⑥ 在奥古斯丁那里，人的罪无法在尘世和历史中得到救赎，罪人的行为所塑造的历史也必然充斥了罪恶与不幸。人的创造力并不能消除罪，相反会为人的罪提供更可怕、更具有毁灭性的武器。奥古斯丁在罪论基础上阐发的历史神学根本上否定了

---

① Mommsen, "St. Augustine and the Christian Idea of Progress: The Background of the City of God", *Journal of the History of Ideas*, Vol. 12, No. 3, 1951, p. 367.
② Mommsen, "St. Augustine and the Christian Idea of Progress: The Background of the City of God", *Journal of the History of Ideas*, Vol. 12, No. 3, 1951, p. 364.
③ 奥古斯丁:《上帝之城》第17卷下册,吴飞译,上海:上海三联书店,2008年,第31页。
④ R. Markus, *Saeculum: History and Society in the Theology of St Augustine*, Cambridge: Cambridge University Press, 1970, p. 43.
⑤ Nisbet认为奥古斯丁是进步主义者,是对奥古斯丁的思想的误读。Robert Nisbet, *History of the Idea of Progress*, New York: Basic Books, 1980, pp. 44-76; Robert Nisbet, "Idea of Progress: A Bibliographical Essay", https://oll.libertyfund.org/pages/idea-of-progress-a-bibliographical-essay-by-robert-nisbet#lf-essay004lev1introduction.
⑥ 奥古斯丁:《上帝之城》第22卷,吴飞译,上海:上海三联书店,2008年。

认为历史将不断走向道德进步和完善的历史进步论。

虽然奥古斯丁对历史进步论进行了严厉批评,但后者以及在人类历史中寻求上帝旨意的历史思想在奥古斯丁之后一直存在。12 世纪修士和神学家约阿希姆(Joachim of Fiore)对人类历史的三阶段划分以及对所谓圣灵时代的预言是基督教历史进步论在中世纪的代表思想①,而博绪埃的普遍历史则是这一进步论在近代早期的典型表达。基督教的历史进步论和普遍历史思想在 18 世纪的宗教批判中遭到了攻击和排斥,但经过转换之后在孔多塞、孔德、黑格尔等人的哲学以及 19 世纪德国新教神学中又改头换面地延续下来,在 18、19 世纪产生了重大影响。20 世纪两次大战重创了这一进步论历史哲学。然而,二战后美国的崛起和欧洲统一进程再度激活了西方人的世界大同和普遍史想象,美国被视为奠定自由主义国际秩序的新罗马,而欧洲前所未有的持续和平以及欧洲一体化的迅速推进也让欧洲人认为他们终于在人权宗教中找到了永久和平之道。苏联的瓦解和冷战的结束让这种乐观的进步主义达到了顶峰,以至于有人欢呼"历史的终结"。然而,柏林墙倒塌后的 30 年,2008 年的金融危机和 2020 年的大瘟疫这些全球性的大灾难再度挑战了进步叙事,质疑了它带来的对自由、健康、富足的现代承诺,大国争霸引发的世界战争的风险则让永久和平的期望可能再度成为幻想。面对现代性无法避免间歇性的重大危机这一事实,二战以后,具有奥古斯丁主义色彩的历史神学对于重新思考历史的意义仍然是有启发意义的。

1968 年,法国历史学家、神学家、著名奥古斯丁研究学者玛鲁(Henri-Irénée Marrou)出版了《历史神学》一书,以 20 世纪特别是两次大战的灾难为出发点重申了奥古斯丁的历史思想。正如在奥古斯丁看来,人无法揣度只有上帝才知晓的历史兴衰的意义,更无法在历史中看到进

---

① 约阿希姆的历史预言对后世思想和现代灵知主义及其种种世俗版本产生了巨大影响,参见 Marjorie Reeves, *Joachim of Fiore and the Prophetic Future*, New York: Harper & Row, 1977; Eric Voegelin, *The New Science of Politics*, Chicago: University of Chicago Press, 1952, pp. 111 - 113.

步,玛鲁指出,历史的意义对于人而言始终是神秘的,而历史的神秘和人的自由的神秘是结合在一起的。自由的神秘也就是奥古斯丁所言及的人类在发明和毁灭上所表现出来的双重的"创造性",因此玛鲁指出,文明始终是耶路撒冷和巴比伦的混合,"文明始终是被打断的事业,它在完成之前就已经开始解体了"①。在玛鲁看来,两次大战的爆发再度验证了奥古斯丁历史观的洞察力。

尼布尔在战后1949年出版的《信仰与历史》同样基于对两次大战的思考对现代历史观特别是进步论展开了批判,也具有显著的奥古斯丁主义的色彩。尼布尔从基督教视角一针见血地指出了现代性危机的本质所在:"现代世俗文化构想的基督教信仰的真正替代品就是,历史本身就是基督这一思想,也就是说历史发展是救赎性的。"②历史取代了基督,历史将最终克服人的物质和道德缺陷而使人走向完善。这一历史信仰也因此完全拒绝了基督教所要求的人在救赎主面前的谦卑,而宣告了人的自我崇拜,因为根据这一信仰,人是历史的创造者,人才是上帝。现代进步论要远比古典的和基督教的进步论更为狂妄。古典的进步论源于对人的理性的某种朴素的信念,基督教进步论仍然立足于人对于上帝的信赖,而现代进步论则表现为人不断征服自然、世界、宇宙乃至死亡的唯意志主义。然而,正如尼布尔指出的那样,现代性自身的历程又在不断驳斥现代人的历史和自我崇拜。这种驳斥持续地暴露了现代进步信仰的神话色彩,但现代人却未能因此警醒并在自身中反思现代灾难的根源。现代人几乎是在重复古希腊的悲剧命运,不断遭遇自我的骄傲所带来的报应甚至是诅咒。在尼布尔看来,这种现代傲慢背后是对人的罪的否认,也就是说现代人拒绝认为人的恶和潜在的野蛮是人性的根深蒂固的问题,而只是将其视为蒙昧的过去的残余。这一认为作为历史残余的

---

① Henri-Irénée Marrou, *Theologie de l'histoire*, Paris: Les Editions du Cerf, 2006, pp. 174, 177.
② Reinhold Niebuhr, *Faith and History: A Comparison of Christian and Modern Views of History*, New York: C. Scribner's Sons, 1949, p. viii.

人的野蛮将在历史中消失的看法在尼布尔看来是现代人最大的幻想,因为虽然历史反复驳斥了这一看法,但现代人仍然顽固坚持这一点。①

三、 历史的神秘与意义

在奥古斯丁看来,在地上之城的兴衰起伏中并不能找到历史的明确的意义,而只有在上帝之城的历史中,上帝逐渐彰显了他的救赎真理,这一真理在耶稣的生死和复活中最为完全地被启示出来;在耶稣之后,并无关于救赎的新的真理的出现,但上帝之城则在救赎真理的基础上继续其在尘世中的成长。在玛鲁那里,历史的意义在于普遍教会的发展。普遍教会并非可见的教会,而是真正见证福音并按照福音来生活的基督门徒的无形的、不可见的共同体。上帝之城或普遍教会在历史中的存在带来了个体的和集体的生命不断更新的可能。尼布尔指出,一旦人真正放弃了认为可以驾驭自我和历史的幻想,并且在基督启示的上帝之道中寻求克服罪的救赎之道,"历史就成为更新和再生的无止境的可能的领域。罪恶之链并非绝对的历史命运"②。但是这种更新和再生并非持续性的道德和精神进步。尼布尔借助 Robert Pfeiffer 的研究指出,《圣经·旧约·创世纪》叙述了人类在物质、技术和社会组织上的进步:从使用树叶兽皮到农耕、发展手工技艺、织造帐篷、制作乐器、种植葡萄和酿酒,直到建造城市、形成各种民族和语言。然而,文明的进步却同时伴随着邪恶和不幸的不断扩展。《圣经》同时揭示了人的自由和创造力及其破坏性,这一历史理解在尼布尔看来要比现代历史观深刻得多。③

在基督教那里,历史的主要意义在于它呈现了上帝的救赎工作,但

---

① Reinhold Niebuhr, *Faith and History: A Comparison of Christian and Modern Views of History*, New York: C. Scribner's Sons, 1949, pp. 8–10.
② Reinhold Niebuhr, *Faith and History: A Comparison of Christian and Modern Views of History*, New York: C. Scribner's Sons, 1949, p. 35.
③ Reinhold Niebuhr, *Faith and History: A Comparison of Christian and Modern Views of History*, New York: C. Scribner's Sons, 1949, p. 123.

是除了《圣经》中记载的救赎史或神圣史,上帝在世界历史中的作为所传递出来的拯救内涵并不是人能够明确掌握和理解的,因此上帝对于历史的主宰根本上是人无法揣度的神秘。尼布尔指出,承认历史的神秘性对于恰当地面对历史以及把握人在历史中的合适的位置至关重要:"神秘并没有取消意义,而是使之变得丰富。它防止意义的领域被过于简化地削减为理性的可知性,并因此被给予错误的中心,也就是某种相对或偶然的历史力量和目的。"① 只有这一神秘以及面对它的必要的谦卑才能让人避免在历史中建立偶像崇拜或者把历史作为偶像本身。尼布尔尤其强调从《圣经》的普遍史来防止虚假的普遍主义的重要性。依据《圣经》,人类的普遍史的基础是上帝对于人类历史的主权,但是对于这一主权的作为,对于它和人类历史中的各个政治共同体——无论是城邦、民族还是帝国——的关系,人们并无明确的把握,因此不能够把某个特定的民族和文化视为整个人类历史的意义中心。② 在《圣经》中,即便是在上帝的救恩史中具有特殊位置的以色列,它也并无"特别的安全"。正如奥古斯丁批判对罗马的偶像崇拜,尼布尔尤其批判了基督教民族特别是美国的自我偶像化:"基督教民族的历史上充满了民族主义的弥赛亚主义的可笑观念,在这种弥赛亚主义中,一个民族被视为历史高潮的工具或媒介。"美国梦也是这样一种民族主义弥赛亚主义的类型。③ 玛鲁则提醒西方人要认识到基督教文明的限度:即使在基督教文明中,福音也从来没有能够完全地克服罪与恶对地上之城的统治,譬如直至19世纪

---

① Reinhold Niebuhr, *Faith and History: A Comparison of Christian and Modern Views of History*, New York: C. Scribner's Sons, 1949, p. 103.
② Reinhold Niebuhr, *Faith and History: A Comparison of Christian and Modern Views of History*, New York: C. Scribner's Sons, 1949, p. 123.
③ Reinhold Niebuhr, *Faith and History: A Comparison of Christian and Modern Views of History*, New York: C. Scribner's Sons, 1949, p. 115. 另外参见尼布尔对美国历史的分析, Reinhold Niebuhr, *The Irony of American History*, New York: C. Scribner's Sons, 1952.

奴隶制从没有在基督教文明中彻底消失。①

历史的神秘性最为显著的方面也往往是最为令人困惑的地方就是历史的道德内涵的含混,历史与神圣正义的关联并非一目了然。② 这里涉及通常而言的神义论问题。依据人类的经验和历史研究,人们知道历史并不会自动地惩恶扬善。《旧约》中记载了神的正义的运作,以色列人和外邦人的偶像崇拜和犯罪确实招致了神的惩罚,然而以色列有时候遭受的惩罚与他们的罪并不成比例,并且在以色列人经历的灾难中也有很多无辜者的受难。对此《旧约》作者特别是先知也进行了思考,并最终承认天意之神秘或者说人对神意和神的正义的理解的有限。尼布尔这里尤其提醒基督徒要去把握十字架事件的历史含义:"新约信仰是对一位基督的崇敬,他的完美的善被在历史中的显著的失败验证。"十字架事件首先彰显的是完美的善在历史中的失败,它带来的启示是我们无法相信善可以在历史中取得胜利。受难的弥赛亚并没有像很多以色列人期待的那样"纠正历史的失衡",重建历史的正义,"他没有建立义对不义的胜利。他的生与死所展现的完美的爱在历史的实际进程中被打败了,而不是取得了凯旋。因此,依据基督信仰,历史直到末了依然是道德含混的"③。

二战以后基督教神学的历史和政治思考很大程度上正是从十字架展开的。作为战后新政治神学的代表人物,默茨和莫尔特曼均把十字架上耶稣的被弃作为他们思考的核心。默茨注重犹太教的记忆文化对于克服进步论的历史盲目所具有的重要意义。在他看来,现代进步论的时

---

① Henri-Irénée Marrou, *Theologie de l'histoire*, Paris: Les Editions du Cerf, 2006, pp. 168-169. 玛鲁指出,基督教首先是为了上帝及其荣耀而建立的宗教,其目的并非解决人在尘世秩序中遇到的问题,尽管基督教的发展可能有助于解决这些问题(同上书,p.155)。因此,一方面要认识到基督教带来的文明意义,一方面要承认这一文明的限度,这样也就不会在基督教文明而非福音及教会中寻求救赎之道。
② Reinhold Niebuhr, *Faith and History: A Comparison of Christian and Modern Views of History*, New York: C. Scribner's Sons, 1949, p.132.
③ Reinhold Niebuhr, *Faith and History: A Comparison of Christian and Modern Views of History*, New York: C. Scribner's Sons, 1949, p.135.

间观忽视了历史现实中的断裂,而这种对断裂的忽视是对受难者的痛苦的遗忘。因此,对耶稣受难的记忆要求人们在记忆中保存历史中的断裂和痛苦。所以他认为基督教信仰必须立足于"被上帝抛弃的圣子的呼喊"①。莫尔特曼同样指出:"耶稣临死时向上帝呼喊:'我的上帝,你为何离弃我?'一切基督神学和一切基督本质的生活方式根本上是对耶稣临死所问的回答……被上帝离弃的耶稣要么是所有神学的终结,要么是一种特殊的基督神学和生活方式的开端。"②

在默茨看来,立足于犹太记忆文化和十字架的受难记忆拒绝让人在神话、幻想和意识形态中得到虚假的安慰和自欺欺人。受难记忆要求人们不是只从成功者的角度来审视历史,而是要从失败者和牺牲者的视角来观察世界。受难者要求的是以终结和审判历史的末世论取代忽视受难和痛苦的历史进步论。与基督受难记忆关联的复活记忆预示着历史不义和灾难的牺牲者和受害者尚未和将要得到超越历史的正义的对待。以受难记忆为基础的历史神学将首先打破优希比乌式的成功神学和任何在帝国兴衰中寻求救赎计划的政治宗教和政治神学:"毋宁说,救恩史是给予受忽略、受贬抑的希望和受难以意义的世俗史,在这种世俗史中,人的此在之被战胜和被遗忘的可能性(我们称之为'死亡'),渴望得到一种不至于因未来历史进程而被否定和取消的意义。"③受难记忆使得世俗史在其被忽视的角落、被湮没的声音中得到光照。由此,受难记忆视角下的历史破除了现代历史观特别是进步论对历史主体的偶像建构和崇拜。极权主义和民族主义的历史主体神话在 20 世纪酿成了极权主义灾难。而默茨指出,在对基督的受难记忆中,只有上帝在其末世论的

---

① Johannes Metz, *A Passion for God: The Mystical-Political Dimension of Christianity*, Matthew Ashley trans., New York: Paulist Press, 1998. p. 62,转引自 Deborah Ruddy, *A Christological Approach to Virtue: Augustine and Humility*, Boston: Boston College, 2001, p. 204。
② 莫尔特曼:《被钉十字架的上帝》,阮炜译,香港:道风山基督教丛林,1994 年,第 17 页。
③ J. 默茨:《历史与社会中的信仰:对一种实践的基本神学之研究》,朱雁冰译,北京:生活·读书·新知三联书店,1996 年,第 120 页。

自由中才最终呈现为历史的主体,因此不存在任何一个政党、种族、国家和陀思妥耶夫斯基笔下的宗教大法官意义上的教会或宗教机构可以成为总体性的、在政治上拥有主宰地位的历史主体。①

莫尔特曼高度肯定了默茨"把他那批判的政治末世论同对基督受难和死的危险追忆越来越紧密地联系起来"②的神学努力。他本人也试图在终末论的视野中在当代重建十字架神学,在与基督十字架受难关联的复活盼望中重新挖掘对于历史中的善与恶、对于历史的方向和意义的理解。③为此,他对西方历史观念特别是近代历史哲学的终末论和千禧年主义的本质进行了鞭辟入里的分析。他深刻地认识到种种基督教千禧年主义塑造了现代人的历史观,无论是指向历史终结的革命性末世论、致力于不断改善社会的历史进步论,还是恐怖末世论所带来的对世界毁灭的终极性绝望,西方基督教历史中教会的千禧年主义一定程度上成为种种政治弥赛亚主义和千禧年主义的某种模板。莫尔特曼指出,优希比乌把君士坦丁转变(即君士坦丁使基督教合法化)视为基督做王和千年国度的开始,结果教会的神学成为帝国的神学,由此产生了某种基督教帝国主义。罗马帝国崩溃之后,这一以帝国为载体的千禧年主义一方面在拜占庭帝国延续,另一方面被天主教会继承,于是"教会不再把自己视为抗争的、反抗的、受苦的教会,而是得胜的、统治的教会……它不再参与抗争和基督受苦,而是在基督的国度与他一同治理、掌权"④。近代以来,帝国和教会的千禧年主义转化为以民族为载体的政治千禧年主义,最为集中地体现为美国的千禧年神话及其塑造的美国人的公民宗教特

---

① J. 默茨:《历史与社会中的信仰:对一种实践的基本神学之研究》,朱雁冰译,北京:生活·读书·新知三联书店,1996年,第122页。
② 莫尔特曼:《被钉十字架的上帝》,阮炜译,香港:道风山基督教丛林,1994年,第18页。另外参见在《来临中的上帝》一书中莫尔特曼对默茨对现代进化的逻辑中同质的线性时间观的批判的肯定。莫尔特曼:《来临中的上帝:基督教的终末论》,曾念粤译,上海:上海三联书店,2006年,第20页。
③ 莫尔特曼:《盼望神学》,曾念粤译,香港:道风书社,2007年,第270页;莫尔特曼:《被钉十字架的上帝》,阮炜译,香港:道风山基督教丛林,1994年,第244页。
④ 莫尔特曼:《来临中的上帝:基督教的终末论》,曾念粤译,上海:上海三联书店,第145、170页。

别是天定命运信念。同时，千禧年主义则在启蒙运动的转化下成为历史进步神话。在莫尔特曼看来，这些以帝国、教会、民族和进步为载体或化身的历史千禧年主义都是"针对政治或教会权力的宗教合理化理论"①，它们成为种种帝国统治、诉诸弥赛亚暴力的乌托邦革命或现代理性和进步霸权的养料，而对于往往由它们造成的历史灾难或历史绝望熟视无睹。

对此，莫尔特曼强调："我们需要的不是历史的千禧年主义，而是终末的千禧年主义。"前者以种种历史目的和终结的愿景来构建试图掌控历史、现实和未来的统治权力并遮蔽历史中的罪恶、苦难和不幸，后者则恰恰在对这些罪恶、苦难和不幸的审判与救赎中更新生命和创造，因此"终末的千禧年主义是在反抗、受苦和这世界的流离当中的必要的盼望图像"②。莫尔特曼在《来临中的上帝》(1994年)所聚焦的终末的千禧年主义是对他30年前提出的盼望神学(《盼望神学》，1964年)的终末论的充分阐释。没有终末的千禧年主义则没有盼望，而没有终末和盼望，则历史中被践踏的正义无法得到伸张，其中的苦难和不幸无法得到救赎，而对于生活于这样一个没有盼望的世界中的人而言，生命已经进入了死亡和绝望的阴影。在莫尔特曼看来，这一终末和盼望之所以可能，正是因为被钉十字架的基督和他的复活。在被钉十字架的基督身上，在基督的呼喊"我的神，我的神，为什么离弃我"(《马太福音》27:46)当中，上帝在他的反面也就是被上帝抛弃和没有上帝的绝望中启示了自我。③ 莫尔特曼以上帝在十字架上启示于他的反面的辩证神学表明被钉十字架的上帝承担了罪恶、苦难与死亡，上帝通过被弃的基督拥抱了被弃的人。

---

① 莫尔特曼:《来临中的上帝:基督教的终末论》，曾念粤译，上海:上海三联书店，第183页。
② 莫尔特曼:《来临中的上帝:基督教的终末论》，曾念粤译，上海:上海三联书店，第183页。另外参见莫尔特曼:《盼望伦理》，王玉静译，香港:道风社，2015年，第51—53页。
③ 莫尔特曼:《被钉十字架的上帝》，阮炜译，香港:道风山基督教丛林，1994年，第49、253页。

复活则是基督在十字架上为人而死的意义和内涵,也就是让人能够参与他的复活的新生命。① 在十字架和复活中所彰显的能够与人共情的三一上帝绝非高居世界之上的君主式上帝,而是在时间中与人同在的上帝,并且是以盼望和终末在历史中不断开启新的可能的上帝。②

因此,在莫尔特曼看来,在十字架的破碎和复活所预示的末世和历史的终结中,人们认识到充满苦难的历史自身不能孕育弥赛亚未来。然而,更重要的是只有上帝在十字架受难中的自我显现和在复活所带来的终末盼望中,这个充满苦难的历史才将得到救赎。③ 莫尔特曼特别强调基督的十字架受难是一种积极的、主动的、充满爱的受难。在福音书中找不到"他(耶稣)遭受自然和命运之苦的例子"。耶稣的苦难并不是穷人、病人、受压迫者从贫穷、疾病和社会所遭受的痛苦,"耶稣并不是在他生活于其中的世界里被动地受难,而是用自己的启示和生活方式把苦难主动地招惹到自己身上的"④。耶稣与罪人的团契、他对律法的自由态度、他宣讲的审判和拯救的信息对当时巴勒斯坦的宗教与政治权力及其维护的秩序构成了挑战,耶稣因此受难。所以,对于追随十字架的人来说,十字架上的耶稣绝不是"忍耐与屈从命运的榜样",而要看到"他

---

① 莫尔特曼:《被钉十字架的上帝》,阮炜译,香港:道风山基督教丛林,1994年,第245页。
② 限于篇幅,本文无法充分展开讨论莫尔特曼的终末论对历史所赋予的开放性的可能性的精彩分析,特别是莫尔特曼对史怀哲和库尔曼时间化的终末论(将终末置于时间的终结而使其屈服于时间性)以及对巴特和布尔特曼的永恒化的终末论(把终末论置于时间之上的永恒而终末论转换为存在论)的批判性论述。在莫尔特曼看来,这两种终末论均取消了作为人类生活基本载体的历史的意义,有可能导致基督教面对历史乃至政治的失语。对此,莫尔特曼在拒斥种种历史终末论的同时,从三一论上帝和盼望神学所建构的终末论的观照中审视历史的不幸与可能,并进而以此将人的自由带入历史,并提出具有解放意味的政治神学。参见莫尔特曼:《来临中的上帝:基督教的终末论》,曾念粤译,上海:上海三联书店,第1—44页;莫尔特曼:《被钉十字架的上帝》,阮炜译,香港:道风山基督教丛林,1994年,第401—431页。关于莫尔特曼的历史思想,参见 A. Conyers, *God, Hope and History: Jurgen Moltemann and the Christian Concept of History*, Macon, Georgia: Mercer University Press, 1988。
③ 莫尔特曼:《被钉十字架的上帝》,阮炜译,香港:道风山基督教丛林,1994年,第219页。
④ 莫尔特曼:《被钉十字架的上帝》,阮炜译,香港:道风山基督教丛林,1994年,第80—81、86页。

的受难与死是对被弃者的爱的痛苦"。① 因此,如果真正领受了耶稣受难的含义,那么受苦者从耶稣这里得到的,就不仅仅是因为有人愿意与他共同承担苦难而产生的某种共情,更不是逆来顺受地对苦难的被动接受,而是要参与到这一受难所承载的爱与救赎的渴望。

随着疫苗的发明和治疗手段的改善,新冠肺炎疫情很可能会像历史上肆虐人类的所有瘟疫一样逐步消退,历史进步论者会再度在对科技进步的欢呼中把新冠肺炎疫情及其带来的灾难扫入历史的尘埃,甚至视之为促成人类科技创造的动力。现代进步神话不会因为新冠肺炎疫情而退场,正如它从来没有因为现代历史上的种种灾难而终结一样。然而如果我们正视新冠肺炎疫情已经给人类造成的巨大打击,我们不得不承认,病痛、死亡和灾难依然是科技发达的现代文明所无法避开的基本生存事实。病毒对全球经济和社会造成的巨大干扰和破坏则表明,人类建立的相互依存的文明系统事实上存在高度风险,全球化造成了一个全球风险社会,其脆弱性在新冠病毒的侵袭面前暴露无遗。人类文明的风险和脆弱要求人们严肃对待基督教历史神学对历史进步论的批判,并以谦卑的态度审慎面对文明的成长同时造成恶的扩张的可能。在反思新冠肺炎疫情的历史进步神话的同时,新冠肺炎的受害者和死难者也应该得到哀悼和纪念。这样做是像默茨要求的那样,让历史中的受难者、不幸者、牺牲者的面容得到浮现,让他们的声音得到聆听。

---

① 默茨同样指出,十字架绝不意味着对不义的屈服,必须把出于爱而对上帝意志的顺从与逆来顺受的、牺牲品式的自怜加以区分。Deborah Ruddy, *A Christological Approach to Virtue: Augustine and Humility*, Boston: Boston College, 2001, p.199.

A Christian Critique of the Modern Myth of Progress: Reflections on the Coronavirus Pandemic from the Perspective of Theology of History

Chong Ming

Abstract: The catastrophe produced by the 2020 Coronavirus pandemic has once again revealed the myth of modern faith in progress. Unlike the idea of limited progress in antiquity, the modern view of historical progress, which declared that human beings are constantly moving towards the perfection in science, politics and morality, took shape during the Enlightenment under the influence of Christian linear perception of time. Augustine criticized the Christian progressivism which emerged in Roman empire on the basis of biblical historical view. After World War II, theologians such as Henri-Irénée Marrou and Reinhold Niebuhr criticized modern faith in progress by developing Augustinian theology of history. Niebuhr explores the mystery and meaning of history from the perspective of the event of Jesus's Crucifixion, and Johannes Baptist Metz relied on it as a starting point to break the idolatry of modern progressivism through the memory of suffering, commemorating the victims neglected by history. Jürgen Moltmann sought redemption in history overwhelmed by suffering through the participation in the suffering of Christ on Cross.

Keywords: progress, Augustine, Reinhold Niebuhr, Johannes Baptist Metz, Jürgen Moltmann

史学如何可能？
——关于后现代的反思

林 鹄[*]

摘要：后现代理论认为，我们永远无法掌握历史真相，历史研究注定只能是研究者从自身立场出发的一种主观创造。这意味着，在日常生活中，我们同样无法触及真相，所谓人与人之间的理解只是幻觉。事实上，后现代的真正基石恰恰是现代精神——对科学的迷信。我们无法凭借科学般的透明而精密的语言探索历史和现实的真相，不意味着我们无法把握真相，不意味着我们无法相互理解。在后现代影响下盛行的历史书写研究，没有办法为自己正名——如果历史真相不可触及，我们所能触及的永远是假象，揭示某一假象无非意味着投入另一种假象的怀抱，所谓批判，所谓自由，又有何意义？如果任何历史叙述都是书写者的主观建构，那研究者首先应当反省的是我们自己研究的合法性。这意味着，我们根本无从判断历史是否被扭曲了。后现代史学的另一隐秘信仰——也是最诡异之处，是假定人性中除了对权力的永恒渴求之外，一无所有。

关键词：后现代 语言 科学 历史书写 权力

近年来，历史书写研究的盛行，给中国古代史研究注入了难得的活力，在很多方面取得了重要进展，影响极大。但另一方面，笔者多少有点杞人忧天般地担心，无节制地从历史书写角度诠释所有文献，恐怕难免有过犹不及之嫌。

---

[*] 林鹄，中国社会科学院古代史研究所副研究员。

史料真伪及执笔者的倾向,从古至今一直是学者们关心的话题。不过,当前历史书写研究的盛行,则与后现代史学的兴起密不可分,两者是流和源的关系。只有把握了后者的基本特点,才能对前者有准确的认识。

我先来概括一下后现代史学的基本主张:我们永远无法掌握历史真相,历史研究注定只能是研究者从自身立场出发的一种主观创造;一切历史都是人的主观建构,都是权力和意识形态构建的产物。这一主张成立与否是本文首先要探讨的。

一、生活如何可能?

我们可以先从日常生活开始。举一个例子,大家一般都会有知心好友。两个好朋友,其中一个在别人面前称赞另一个,说我这好朋友能力特别强,为人还特别好。当然,我们都知道,很多时候从朋友口中说出来的话不一定可信,可能会有水分。我们一定要保持警惕,不能被忽悠了。但另一方面,难道一个人根本不可能实事求是地夸奖自己的好朋友吗?大家有没有遇到过这样的情况:虽然是好朋友,但在评价对方的时候依然能做到客观公正?

那么,就此而言,历史上的人跟今天的大家会有本质的区别吗?也就是说,历史上的人,当他描述和自己有关的人或事时,是不是一定会带有偏见,是不是根本不可能实事求是,是不是一定会出于个人利益故意扭曲事实?

我不是否认,历史上和现实中,骗子比比皆是。不管是做研究,还是日常生活,我们都需要保持警惕,不能被忽悠了。骗子太多了!但我很难接受所有人从根本上说都是骗子这样的观念。我总觉得,我的身边或多或少总有些诚实的人。我相信,我身边总有些人,他们不会为了个人利益故意歪曲事实。当然,我完全承认,即便诚实的人,也可能在某些情况下禁不住诱惑。也许并不存在一辈子只说实话、从来没说过一句谎话的人。但反过来说,我们总不能认为:哪怕一个平时不太诚实的人,一辈子从不说实话吧?

既然我相信现实生活中,有诚实的人,有能抵抗诱惑的人,有靠得住的人,有可以相信的人,即便不太诚实的人,有时候说的话也可能是诚实的;那么,我就很难接受,历史上所有人在所有情况下,都必然会出于自身立场歪曲历史事实这样的观念。既然人是有可能说实话的,那么我们在历史研究中,是否也应当对此有一定的反思,不能假定所有历史书写者都会篡改历史事实?

当然,后现代主义之所以提出绝对性的主张,是因为背后有坚强的理论支撑。那就是后现代对文本或者语言的理解。

在后现代主义看来,语言或者文本必定意味着失真,意味着对事实的扭曲。当人们用语言来描述发生的某一事实时,语言和事实不可能完全匹配,语言一定会改造事实。这是第一层失真。还有第二层。任何人听到用语言描述的所谓事实,或者看到用语言记录下来的关于事实的文本时,一定是站在自身的立场来理解听到的语言或者看到的文本,一定会扭曲语言或文本的原意。这也是我们经常会听到的说法:所有文本解读都是误读。

也就是说,存在两个层面的扭曲:一是文本对事实的扭曲,二是文本解读对文本的扭曲。这是任何人在任何情况下都无法摆脱的宿命。按照后现代的理解,这样的宿命不是只有历史学家才需要面对的尴尬处境,而是人类生活的本质。因为日常生活依赖语言、依赖文本。好比历史学家永远无法触及历史真相,在日常生活中,我们同样永远无法触及生活中的真相,无法真正理解他人。

但问题是,如果语言必定意味着对事实的扭曲,那所有用语言表述的命题都不可能是绝对真理。那为什么这一主张本身,能够成为唯一的绝对真理?这是第一点。

第二,在日常生活中,理解他人的确是件非常困难的事。经常我们自以为理解别人了,后来发现是误解。但是,我相信,任何一个人多多少少都会有这样的体验,至少在某一个特定的时刻,确信自己和另一个独立个体心心相通。这个个体可能是家人,也可能是朋友,甚至可能是萍水相逢、一见如故的人。按照后现代理论,这种认为自己理解了别人的确信,这种心心相通的生活体验,事实上只是自欺欺人的美丽幻觉。钟子期死,伯牙终身不再鼓琴,不过是愚不可及的极端自恋。我只想问大家一个问题:你们相信,自己就生活在这样一个世界中吗?①

第三,如果语言永远在制造误解,那语言到底是怎么产生的呢?

我想,任何不认为我们永远只能生活在幻觉中的人都必须承认,认识历史真相是可能的。因为现实和历史之间并没有一道截然分开的鸿沟。昨天发生的事,是历史还是现实?

二、当科学变成了迷信

后现代理论背后,隐藏着后现代主义者们没有告诉我们的——甚至他们自己恐怕也未必意识到的——一个根本性假定,一个后现代主义的真正基石。

后现代之所以被称为后现代,是因为它攻击的根本目标是现代性的支柱——科学主义。后现代揭示出科学主义只是一种信仰,或者说是一种意识形态,其并非建立在牢固的、科学的基础之上。这的确是后现代非常成功、非常值得赞赏的地方。吊诡的是,后现代主义对以科学主义为核心精神的现代性的激烈批判,掩盖了自身的悖论——后现代的批判,同样建立在对科学的迷信之上。

后现代之所以自认为能摧毁一切真理,其秘密武器是这样一种未经理性反思的观念:只有彻底透明的、精确的科学语言才是可信的。后现代的真正基石,恰恰在于承认科学方法构成了客观知识的唯一来源这一

---

① 笔者有幸在芝加哥大学人类学系拿到了博士学位。留学时,有次系里一个讲座,内容已经全忘了,但一个白人女学生提的问题始终记得。这个女孩子问:我们总说所有解读都是误读,那为什么还一直在交流、在讨论?

信仰：如果不遵循一种放之四海而皆准的科学的客观的方法，那么研究就一定是主观的；凡是不能以严格的科学方式加以证明的知识，都不能成立，都是主观的建构。

不过，这一观念恰恰是非理性的，不能以严格的科学方式加以证明。关于人类社会的研究的确不存在放之四海而皆准的科学的客观方法，但并不能由此推出所有认识都必然是研究者的主观建构。

我们经常会看到这样一种论证方式：对于同一段史料，两个学者有两种不同的解读，这说明两种解读都只是两个不同个体的主观建构。为什么呢？如果解读是客观的，两个学者读出来的东西应该是一样的；既然读出来的不一样，说明不一样的内容不是史料中客观存在的；既然不是史料中客观存在的，也就是说，不是来自史料本身，那么就只能来自解读者，来自解读者的主观建构。

但这一论证方式真能成立吗？举个例子，现实生活中，一个人在评论某件事时，话说得很隐晦，但另一个人明白他说的意思，而在场的其他人都误解了。当明白人捅破了窗户纸，大家才恍然大悟。但如果要求这个明白人用科学方式向其他人证明，说话的人表达的就是他理解的意思，他能做到吗？①

没有采用严格的科学方法得到的知识，并不一定都是伪知识。甚至可以说，绝大多数时候，在生活中，我们获得的真知识并不来自科学方法。也就是说，后现代的论证存在巨大的逻辑跳跃：把不采用科学方法，直接等同于和事实不符的主观建构。而后现代之所以能实现这样的逻辑跳跃，根本原因就在于后现代主义者自己都没有意识到的根深蒂固的对科学的崇拜。后现代和它激烈批判的现代性，实际上是同源异流。

我们对世界的认识方式，真的只有现代科学方法这么一种有效方式吗？

---

① 即便对同一段史料，全世界 70 多亿人有 70 多亿种不同读法，即便上帝告诉我们，这 70 多亿种理解全是错误的，也不能证明人类永远无法把握历史真相。存在这样一种可能——未来会有人对这段史料做出正确的解读。

如果严格遵照科学方法，我们所有的知识几乎都是可以怀疑的。但"可以怀疑"不代表这些知识必然是与事实不符的主观建构。例如正在写作的我，或正在阅读的你，有没有办法纯粹靠科学方法、靠逻辑来证明，此刻自己不是在做梦，而是生活在现实中？我们永远没有办法用科学方法证明当下自己不是在做梦，但这不等于我们认为自己不是在做梦的认识，一定是与事实不符的主观建构。

何兆武先生早就指出过："可以庄周梦为蝴蝶，也可以是蝴蝶梦为庄周；二者在逻辑上是等值的，逻辑不能保证前者的真确性大于后者；肯定前者而否定后者的并不是逻辑，而是人们根据体验所得的信念。"[1]我们对人类社会的认识，不论历史还是现实，科学般的精密语言、科学般严密的因果链，任何情况下都不可能走太远，甚至可能一步都迈不出去。

卢梭曾这样讥讽追求所谓证据而忽视生活经验的人：

> 任何我们没有目击的事实，我们只能通过人提供的证据来判断，而所有人提供的证据都存在或多或少的不确定性。……如果世界上存在一段被广泛认可的历史，那就是吸血鬼的历史。相关记载什么都不缺：审讯记录，名人、外科医生、牧师和地方治安官的证词。在法律意义上，属于证据最完备的案例之一。可即便如此，谁相信吸血鬼的存在？[2]

如果只相信逻辑，只相信所谓的"实证证据"，恰恰可能犯重大错误——只会推导出这样的结论：历史上发生的事，没有比吸血鬼更可信

---

[1] 何兆武：《可能性、现实性和历史构图》，载《历史与历史学》，武汉：湖北人民出版社，2007年，第42页。
[2] Jean-Jacques Rousseau, "Letter to Beaumont", in Christopher Kelly ed., *Rousseau on Philosophy, Morality, and Religion*, Hanover: Dartmouth College Press, 2007, pp. 210-211. 本文所引英文著作中的语句，除非特别注明，均由笔者翻译。此处"人提供的证据"英译本作 moral proof，这里采用了李平沤中译本的译法，参见卢梭：《致巴黎大主教蒙书》，李平沤译，北京：商务印书馆，2021年，第80页。

的了。

不仅历史如此,现实生活也是如此。我们在日常生活中经历的绝大多数事件,从严格的形式逻辑的角度说,能找到的证据要比吸血鬼少得多。而有些无稽之谈,反而会出现各种各样的所谓证据。相信吸血鬼的存在并不只是中世纪人的愚昧。当今世界上科学最发达的美国,不一直有一大群人醉心于UFO,自认为掌握了大量证据吗?

不能用严格的科学方法加以证明,不代表一定和事实不符。让生活得以可能的,除了逻辑,除了科学方法,还有别的。

三、心心相通

人和人之间能相互理解,到底是怎么回事?靠的是什么?

我们先来读几段文学作品。在托尔斯泰的小说《安娜·卡列尼娜》中,画家米哈伊洛夫被邀请到安娜家中给她画大幅肖像,因为工作量他需要去好几趟:

> 到了第五次,肖像就给大家,尤其是弗龙斯基(安娜的同居情夫)留下了深刻的印象,这不仅是因为它的逼真,也是因为它展现的特有的美。米哈伊洛夫怎么就能发掘出她特有的美,真奇怪。"一个人需要了解她,并像我那样爱她,才会发现从她的心灵迸发出的这一最温柔的表情,"弗龙斯基想,虽然他自己也是由于这幅肖像才发现从她的心灵迸发出的这一最温柔的表情的。但这表情是那样真切,以致他和旁人都觉得是他们一直以来熟悉的。①

---

① Leo Tolstoy, *Anna Karenina*, George Gibian eds., New York: W. W. Norton & Company, 1995, pp. 433-434.

而普鲁斯特在《追寻逝去的时光》中,曾发表过如下洞见:

> 杰出的外科医生,会在两个病例的表面症状完全相同时,却因为某种一星半点的暗示,大概根据他们的在现场重新细致反思过的经验,觉得一个病例需要这么处理,而另一个病例则……拿破仑在所有军事准则告诉他应当进攻的时候,却因为某种模糊的直觉的警告没有这么做。……你会发现将军们亦步亦趋地模仿拿破仑的招数,却得到了完全相反的结果。……甚至在尝试解读敌人的意图时,他现在的行动不过是可能指向数量不等的不同目标的一个征候。如果你将自己局限在一个理性、科学的角度,这些不同目标中的任何一个都有可能是正确答案,就好比在一些困难案例中,世界上所有的医学知识都无力确定一个不可见的肿瘤是否是良性的,是否需要进行手术。① 这时候医生在这方面的天赋,他那水晶般透彻的凝视(按:指非凡的洞察力)……就成了决定性的因素。②

再来看屠格涅夫的《处女地》。小说中有一个男主人公涅日丹诺夫和女主人公玛丽安娜初次相逢的场景:

> 听着(科洛米捷夫的)这些话,一直到现在几乎没有注意到坐得稍稍偏一边的玛丽安娜的涅日丹诺夫,和她交换了眼神,立

---

① 这是普鲁斯特时代的情况。虽然 100 年来医学的突飞猛进已经让这个特殊例子失效,但普鲁斯特描述的困境永远存在。
② Marcel Proust, *In Search of Lost Time*, Vol. 3, *The Guermantes Way*, Scott Moncrieff, D. Enright, Terence Kilmartin trans., London: Vintage, 1996, pp. 110 - 111. 克劳塞维茨也曾指出:"具有这种能力(惊人的洞察力)的人能迅速抓住和澄清千百个模糊不清的概念,而智力一般的人要费很大力气,甚至要耗尽心血才能弄清这些概念。"参见克劳塞维茨:《战争论》,中国人民解放军军事科学院译,北京:解放军出版社,2005 年,第 72 页。这就是米哈伊洛夫和弗龙斯基的区别。

刻感觉到这个严肃的女孩和他拥有共同的信念,属于同一类人。当西皮亚金给他们介绍的时候,她完全没有给他留下任何印象;那为什么他会特别和她交换眼神?他在想,坐着听这样的观点而没有抗议是不是很可耻,他的沉默会不会让人误以为他认同这些观点。涅日丹诺夫第二次看了看玛丽安娜,她的眼睛似乎在说:"等一会儿……时机还不成熟。不值得……以后再说……有的是时间。"

想到她理解他,他很高兴……正如凭直觉他觉得玛丽安娜是同志,他同样凭直觉觉得科洛米捷夫是敌人!科洛米捷夫也这么觉得。①

小说的真正魅力,不是编造脱离人类生活经验的离奇故事,而是以故事的方式揭示人类生活最本质的真相。素不相识的两个人都有可能一见如故、心心相通。人和人之间的相互理解,不存在完全科学、绝对客观、绝对可靠、放之四海而皆准的方法。但这并不意味着人和人之间没法相互理解。

探索已经消逝但留下了种种痕迹的历史真相,和判断未来会发生什么,哪个更难?

生前穷困潦倒的司汤达,预言他将在 1880 年被人理解。预言实现了。他为什么能做到这点?瞎猫碰上死耗子?当然不是。他有坚实的科学证据吗?当然没有。

曹操曾有个生死之交叫张邈,当时是陈留(今河南开封)太守。曹操力量还比较弱小的时候,父亲曹嵩被徐州刺史陶谦的部将杀害。尽管没有胜算,曹操仍志在复仇,决意讨伐陶谦,临走前跟家里人交代:"如果我回不来了,去投奔张邈。"曹操平安回来后,见到张邈,两人都流下了

---

① Ivan Turgenev, *Virgin Soil*, R. S. Townsend trans., chap. 7, https://www.gutenberg.org/files/2466/2466-h/ 2466-h.htm.

眼泪。谁能想到,没过多久,曹操第二次讨伐陶谦,张邈却背叛他,投降了吕布!曹操在丢失老巢、万分危急的情况下,经过九死一生的艰难血战,才击败了吕布和张邈。①

可还别说,居然真有个年轻人,预料到了这一幕。那就是陈留人高柔。在陈留燃起战火之前,他就劝说同乡和他一起避难,但大家都觉得曹操和张邈关系这么铁,对年轻的高柔的警告不以为然。最后高柔只带了自己的家人去河北避难了。②

司汤达和高柔对未来的准确预见,并不被当时的人接受,这和再高明的历史学家也没法用科学方法证明历史真相,本质上是一回事。而另一方面,尽管预言未来远比探索历史真相要难得多,但成功的预言却有机会得到承认。

在一封给范仲淹的信中,曾巩提到:"事之有天下非之,君子非之,而阁下独曰是者。天下是之,君子是之,而阁下独曰非者。及其既也,君子皆自以为不及,天下亦曰范公之守是也。"③特立独行的范仲淹曾在某些问题上,看法和普天下的人、和君子都恰恰相反。等事情发生后,文正公的预言被证实,大家才认识到他的高明。类似的情况屡见不鲜。

而高明的历史学家却永远等不到"及其既也"这一谜底揭晓的时刻!④

对于史学方法,陈寅恪曾有过这样的评论:"吾人今日可依据之材料,仅为当时所遗存最小之一部,欲借此残余断片,以窥测其全部结构,必须备艺术家欣赏古代绘画雕刻之眼光及精神,然后古人立说之用意与对象,始可以真了解。"⑤

历史研究,从本质上说,跟科学是两回事,本来应该井水不犯河水。

---

① 《三国志》卷七《魏书·张邈传》。
② 《三国志》卷二四《魏书·高柔传》。
③ 《曾巩集》卷一五《上范资政书》,陈杏珍、晁继周点校,北京:中华书局,1984年,第244页。
④ 当然,有些时候,新发现的史料可能会证实某位史家的论断。这是对真相不可知论的挑战。
⑤ 陈寅恪:《冯友兰〈中国哲学史〉上册审查报告》,载《金明馆丛稿二编》,上海:上海古籍出版社,1980年,第247页。

美国学者莫森在一部解读托尔斯泰的专著中指出:

> 抽象理性倡导从公理出发的演绎或者抽象法则的发现,这样我们就无需诉诸经验。一旦掌握了那些法则并进行应用,就没有任何"剩下的"(需要思考或去做的事)。在《战争与和平》中,智慧的库图佐夫将军却坚持相反的做法。通过库图佐夫,安德烈公爵逐渐认识到,不仅在战争中,而且在所有其他人类活动中,无法规范化的良好的判断力,比理论知识更重要。事实上,我们可以将安德烈公爵的故事看作从理论到经验、从仅仅理性到智慧的历程。一个人并不会因为掌握了正确理论,就成了能(在复杂的具体情境中)做出(正确的)道德决定的智者。相反,他或她(智者)在体察的前提下反思过无数案例。这一(体察、反思的)过程永远没有终点,也不像欧几里得几何学,并不能保证正确答案。托尔斯泰相信寻求确定性是虚妄的,在这一意义上他是一个伟大的怀疑论者。
>
> 亚里士多德认为,欧几里得式的逻辑推演并不适用于所有知识,因为在像伦理学、医学或航海这样的领域中,在某一个案例中正确的选择对另一个案例来说可能是错误的。任何阅读亚里士多德的人都可能注意到,他频繁地使用"总的来说,大体上"这样的表述。正如他指出的,这样的表述在几何学或柏拉图认为是真正哲学的思维模式中没有位置。任何一个说出"总的来说,大体上一个三角形的三角之和等于两个直角的和"这样的话的人,不仅犯了错误,而且表明他并不懂什么是数学。但对亚里士多德来说,反过来也同样成立:任何一个在伦理学中寻求数学般的确定性的人,恰恰误解了伦理选择的本质。①

---

① Gary Morson, *Anna Karenina in Our Time: Seeing More Wisely*, New Haven: Yale University Press, 2007, pp. 14-15.

后现代的错误,就是把本来井水不犯河水的东西混为一谈,非得拿数学的标准来要求对人的理解。

下面请允许我越俎代庖,给大家介绍费孝通先生晚年对社会学的理解:

> 人与人组成的社会的关键要素,并不在于现成的制度、法律、规章等方面,而是在于"人们日常的、细微的人际关系、交往方式、交往心态以及与之有关的风俗习惯和价值观念","一个社会、一种文化、一种文明,实际上更多地是建立在这种'意会'的社会关系基础上,而不是那些公开宣称的、白纸黑字的、明确界定的交流方式上",这些"只能意会、不能言传"的"不言而喻"的默契是人与人组成的群体和社会中最为关键的部分……有待突破的重要部分。这种"心态"之所以重要,是因为社会制度和社会关系中的行动主体是"我"、是"讲不清楚的我",而不是一些物体和动物。在费先生看来,社会关系的"两端"——都是"我",都是主体的、第一人称的,而不能将这些行动主体看作是和研究者这个"我"不一样的"我"。由此看来,社会学研究者所面对的不是作为对象的、宾格指称的"我",而是同样具有主体性的"我",即一个主体研究另一个主体或众多的主体。所以社会学研究"精神世界"或者"心态"的方法,是不应该将研究对象视为一个客体:

> 即使讨论别人的"心"的时候,其描述的口吻,也就像一种"设身处地"地类似于"主体"的角度在说话(有点像电影中的"主观镜头"),而不是所谓"客观"的旁观者的角度。像"三顾频烦天下计,两朝开济老臣心"的这个"心"中,就有这种感觉,这首诗透出的杜甫的心情,好像和几百年前的孔明获得了一种跨

时代的"通感",仿佛在直接感受孔明那种"良苦用心"。在这种陈述的习惯中,"将心比心"的说话法,就是顺理成章的了。"心"这个概念造成的这种微妙的感受,既有中文构词和语法的原因(没有明确的主格宾格),也反映了中国古代思想在方法论方面的一种特点,这是我们今天在一般的科学实证方法论之外,可以注意研究的一些新的领域。

"心"的"主观性"特征决定了,要认识另外的"主体",不能单靠"我们今天实证主义传统下的那些可测量化、概念化、逻辑关系、因果关系、假设检验等标准,而是要用'心'和'神'去领会"。"别人的内心活动不能靠自己的眼睛去看、靠自己的耳朵去听,而必须联系到自己的经验,设身处地地去体会。"用心、神去领会的,是人心中所蕴含的由具有社会性和历史性的文化所赋予的那种可以"心心相通"的"灵"和"慧",也就是所谓"只能意会、不能言传"的部分,正是借助于这个部分,我们处于各个时代的人,都有条件可以"究天人之际、通古今之变"。这种贯穿时空、潜行心底的气蕴,赋予了不同时代、不同社会中的人以精神气质,也构成了群体得以凝聚、文化得以绵延的基础。①

四、后现代的陷阱

有趣的是,一方面,后现代主义以科学为标准,否认我们可以触及历史真相;而另一方面,后现代史学家探讨具体案例,论证以往的历史书写

---

① 周飞舟:《从"志在富民"到"文化自觉"——费孝通先生晚年的思想转向》,《社会》2017年第4期,第169—170页。引文中的引文都是费先生的原话。社会学当然需要实证,好比史学研究需要考证,这非常需要。但光有实证是远远不够的,正如普鲁斯特揭示的,一个真正高明的外科医生,当然需要在科学的基础上做判断,但很多时候,仅有科学证据是不够的,这时候考验的就是他的洞察力了。

如何扭曲历史时,用的也不是科学方法,依赖的还是同情式的理解。所以,对于精彩的历史书写个案研究,笔者非常尊重,也尝试去模仿。在这里,我只想强调,历史书写不能绝对化,不能走向后现代的普遍论断,否则会落入后现代的陷阱。

后现代的目标是批判与自由,是将人类从种种偏见、种种意识形态的束缚中解救出来。这当然是个非常伟大、值得充分肯定的目标。吊诡的是,后现代一方面倡导自由,另一方面则否认存在真正意义上的自由。因为后现代告诉我们,从根本上说,人无法摆脱偏见、摆脱意识形态的控制。

如果历史真相不可触及,我们所能触及的永远是假象,揭示某一假象无非意味着投入另一种假象的怀抱,所谓批判,所谓自由,又有何意义?后现代倡导的自由,背后始终盘踞着一个与生俱来的可怕幽灵。

这就是为什么英国学者伊格尔顿会在《后现代主义的幻觉》一书中做出这样斩钉截铁的论断:"后现代主义根本不可能有任何历史,因为在这样的理论下,历史就成了在无休无止重复的同样错误。"①

而在否认历史真相可以触及的同时,后现代史学家往往又认为,自己对历史上书写者的书写,构成了历史真相。这如何可能?更进一步说,任何历史叙述都是书写者的主观建构这样的论断,毕竟还是一个由人提出的论断,这一论断本身又如何能冲破主观建构这一所谓的天罗地网,成为无可置疑的客观真理?

后现代是把首先会给自己带来致命伤害的双刃剑。如果任何历史叙述都是书写者的主观建构,那研究者首先应当反省的,是我们自己研究的合法性。这意味着,我们根本无从判断他人和历史是否被误解了。

2000多年前,在今天安徽凤阳的一座桥上,庄子已经把这个道理讲清楚了。那天庄子和朋友惠施到郊外游玩,看着水中自由地游来游去的鱼儿,站在桥上的庄子感慨说,这些鱼真快乐啊!

---

① Terry Eagleton, *The Illusions of Postmodernism*, Oxford: Blackwell Publishers, 1996, p. 34.

能和庄子交朋友,自然不是等闲之辈,惠施随口就抬了一个水平极高的千古名杠:"子非鱼,安知鱼之乐?"把"子"换成"史学家","鱼"换成"历史中的人",不就是后现代史学的基本主张吗?

庄子回答说:"子非我,安知我不知鱼之乐?"把"子"换作"后现代主义者",把庄子看成坚持认为可以触及历史真相的史学家,这恰好是对后现代的反驳。既然后现代史家可以断言关于其他历史研究者的真相,其他历史研究者为什么就不能谈论历史的真相?

惠子没有让步,继续进逼:"我非子,固不知子矣;子固非鱼也,子之不知鱼之乐,全矣。"后现代说,顽固的同行,我不是你,确实没有办法触及关于你的真相,但你也的确不是历史中的人,你不可能触及历史真相,这完全可以肯定。

庄子最后一剑封喉:"请循其本。子曰'汝安知鱼乐'云者,既已知吾知之而问我。我知之濠上也。"关于这段话的理解,历来有很大争议,但只有西晋郭象的注才符合一个极其罕见的哲学天才的见解:

> 寻惠子之本言,云非鱼则无缘相知耳。今子非我也,而云"汝安知鱼乐"者,是知我之非鱼也。苟知我之非鱼,则凡相知者,果可以此知彼,不待是鱼然后知鱼也。故循子"安知"之云,已知吾之所知矣。而方复问我,我正知之濠上耳,岂待入水哉!①

后现代的基本逻辑,是说历史学家不是历史中人,因此没办法触及历史真相。但后现代主义者并不是那些坚持认为可以触及历史真相的史学家,却能认识到这些史学家不是历史中人。也就是说,后现代主义者能够触及关于他人的真相。如果后现代主义者能够确定史学家不是

---

① 郭象注:《南华真经注疏》卷六《秋水》,成玄英疏,北京:中华书局,1998年,第350—351页。

历史中人,这就证明,史学家不需要是历史中人才能触及历史真相。

如果人和人之间、你和我之间真有一道截然的永远无法跨越的鸿沟,那么你根本不可能知道,我和历史之间是否存在一道截然的永远无法跨越的鸿沟。如果你能够确定,我跟历史之间有一道截然的永远无法跨越的鸿沟,也就是说,你能够跨越你我之间的鸿沟,触及关于我的真相,那我跨越我和历史之间的鸿沟,触及历史真相,就是可能的。

如果任何历史书写都是对历史真相的扭曲,那么人永远无法确定这一点。如果任何人,哪怕经过再严格的理性反思,也无法消除自己心中深埋的偏见,那我们根本不可能知道,关于这个世界的任何真相。如果后现代理论真的成立,留给我们的,似乎只有一个维特根斯坦式的选择:对于无法言说的,保持沉默。

后现代主义者往往有这样的美好信念:砸碎真理的确定性,意味着人类的真正解放,意味着自由、平等的真正实现。既然无所谓真理,所有人的追求就都是等价的,没有高下之别,所有人都是平等的,都有平等的权利自由地追求自己想追求的。但问题是:既然无所谓真理,为什么自由、平等构成了永恒价值?

一个自洽的后现代理论并不能推出平等权利的存在,恰恰相反,只能推出在内心自由的意义上,任何人都可以恣意妄为——所有道德或法律的约束,都是外在的,都是建构的,在内心自由面前没有任何效力。狼吃羊,我们会为了保护羊而捕杀狼,但对狼进行道德指控是荒谬的。正如存在主义小说早就向我们展示的,如果真理并不存在,那剩下的就只能是绝对的自由,任何人都不会有任何与生俱来的不可剥夺的权利。只要有本领逃脱惩罚,任何人都可以随意欺骗、伤害他人,不需要承担任何道德责任。存在主义小说讨论的,就是这样一个人类困境:为什么不可以杀人,甚至弑父弑母?

最后,我还想说明一点:后现代史学潜藏着一种危险的倾向——尊奉权力为唯一真理。当我们认定,所有历史书写背后都有隐秘动机,而所有隐秘动机的最终指向,无非是权力,这固然是在帮助大家擦亮眼睛,不要被权力制造的神话迷惑,不要成为权力圣坛上的可悲祭品,但另一方面,如果所有人内心深处最本源的追求只有权力,别的什么也没有,这是不是反而成了一心追求权力最强有力的辩护——我们别无选择!

历史观不可能仅仅停留在历史,任何自洽的历史观一定也是现实的人生观。我们扪心自问:权力是我们生活的唯一驱动力吗?为了权力我们可以,也必然会不择手段吗?

后现代史学家提倡历史书写研究,难道是为了个人利益,为了谋求学术地位?当然不是。他们是为了历史真相。既然作为历史书写者,后现代史学家可以摆脱狭隘的利益诉求,追求真理,为什么他们笔下的历史书写者却永远只为权力,只为合法性,只为利益而书写呢?

这样的研究的盛行,让人不禁想到一个荒诞场面:从古到今,人类历史的主要内容就是相互忽悠。攫取权力,靠忽悠。控制臣下,靠忽悠。统治百姓,还靠忽悠。皇帝忽悠,大臣忽悠,连乡村政治的主题也是忽悠,甚至对待妻子、儿女也得忽悠。正事可以不干,只要能忽悠就行——我不是否认存在这样的人,这样的现象甚至可能很常见,但把这理解成社会运行的主要机制,理解成人类生存的基本状态,实在难以接受——这难道不像是后现代版的厚黑学吗?

本文的观点不一定正确,欢迎批评。但另一方面,我想指出,如果所有人必然受困于自身立场,那么学术交流不仅毫无意义,而且根本不可能。

How is Historical Research Possible: Reflection on Postmodernism
Lin Hu

Abstract: Postmodernism assumes that we could never approach the truth of history, and historical research could be nothing but subjective creation of historians through their own imagination. This means that we could never approach the truth of daily life as well, and so-called mutual understanding could be nothing but illusion. Ironically, the real foundation of postmodernism is indeed the major modern achievement, i. e. , the blind faith of science. It is true that there is no language as transparent and precise as scientific language that we can use to explore the truths of history and our own lives, but neither does this mean that we could not approach the truths, nor does it prove that we could not understand another human being. Postmodern studies of historical writing cannot justify themselves, because bringing a certain subjective creation of history to light could only mean that we become the preys of another subjective creation, if historical truth is forever out of touch, and as human beings, all we could reach are only false appearances. In this case, so-called critical inquiry and freedom is simly a joke. If any historical narrative is nothing but subjective creation of narrators, the first thing postmodern historians should do is to give up the false claim that they, and only themselves, own the only truth, because under no circumstances they could judge whether history is distorted or not. Lastly, another covert belief of postmodern historicans, and the most uncanny one indeed, is the assumption that there is nothing but the eternal desire to power in human nature.

Keywords: postmodernism, language, science, historical writing, power

开放即发展？
——对德·索托的产权制度确立方案的反思

段新星*

摘要：为什么开放型的产权制度未必会创造最优的经济发展效果？本文将通过对秘鲁经济学家赫尔南多·德·索托的私有产权制度的确立方案及其在坦桑尼亚所面临的实践情况的详细分析与反思来对该问题做出一个尝试性的回答。本文认为，虽然德·索托倡导的开放型的产权制度即实现产权制度与非正规社会契约的贴合能尽快推动资产向资本转化，但是却并不能解决资本的不平等及良性再生产问题，这影响了经济发展效果。结合中国经验，本文给出的解决方案是由仅握有少量资本的人们进行集中或分散式的合作，这能一定程度上帮助弱者克服资本占有及再生产上的劣势。这项研究对于中国的产权制度改革也有一定的启示意义。

关键词：德·索托　产权制度　经济发展　社会契约　资本的再生产

---

* 段新星，南京大学社会学院助理研究员。

一、引言

在现代经济发展过程中,明晰的产权制度是一个必要条件。[1] 但是,产权制度在理论意义上的积极作用并不等同于它的作用一定能在现实社会中直接发挥出来。纵观东西方的历史,产权制度的确立恰恰是利益群体相互博弈的结果,其中,以官僚阶层和富裕阶层为代表的利益群体最能左右产权制度的内容及其影响。[2] 因此,经济学家特别强调,要建立一种开放型的产权制度[3],只有如此经济才能获得现代意义上的发展。然而,一个随之而来的问题是,即便人们努力去创造开放的、经济意义上具有最佳效率的产权制度,也不得不面对一个重要问题,即产权制度并不一定能衍生出最佳的经济发展效果。比较明显的证据是,产权制度的确立很可能对于社会关系、社会价值等存在着潜在的负面影响[4],恰如波兰尼(Polanyi)所描绘的市场扩张运动那样,那些原属于社会范畴的事物一旦被产权所界定,便会沦为可买卖的商品。[5] 但是,这也仅仅是经济发展的一种潜在后果。更明显的问题存在于经济发展逻辑内部。因为哪怕弱者的资产被合法化,他们被允许参与到市场竞争当中,这也绝对不会意味着他们能够充分地分享市场经济发展所带来的效益,我们最常看到的恰恰是贫富悬殊的情景,这俨然是当今旨在建立开放型的权利制度的诸多国家所面临的问题。

---

[1] Randall Collins, *Weberian Sociological Theory*, Cambridge: Cambridge University Press, 1986; D. North, "Markets and Other Allocation System in History", *Journal of European Economic History*, Vol. 6, No. 3, 1977, pp. 703-716.
[2] Robert Brenner, "The Origins of Capitalist Development: A Critique of Neo-Smithian Marxism", *New Left Review*, Vol. 1, No. 104, 1977, pp. 25-92.
[3] 所谓开放型的产权制度,本文将之定义为使所有人的资产都能正规化并参与市场交易的产权制度。类似论述参见 Daron Acemoglu, James Robinson, *Why Nations Fail: The Origins of Power, Prosperity, and Poverty*, New York: Crown Business, 2012。或者可以阅读诺斯等人所著《暴力与社会秩序》一书。
[4] Wolfgang Streeck, "How to Study Contemporary Capitalism", *European Journal of Sociology*, Vol. 53, No. 1, 2012, pp. 1-28.
[5] Karl Polanyi, *The Great Transformation*, Boston: Beacon Press, 1947.

因此，一个兼具理论和现实意义的问题在此被提出：为什么开放型的产权制度未必会创造最优的经济发展效果？① 对此，本文希望通过对秘鲁经济学家赫尔南多·德·索托（Hernando de Soto）的产权制度确立方案（下文简称德·索托方案）及其在坦桑尼亚的实践情况的详细分析与反思来对该问题做出一个尝试性的回答。德·索托自20世纪80年代初期活跃至今，他曾于1979年在秘鲁创立了自由与民主学会（Institute for Liberty and Democracy），并曾主持推行了包括秘鲁在内等多个国家的产权改革方案，而且还出版了包括《另一条道路》（*The Other Path*）、《产权意识》（*Realizing Property Rights*，编著）、《真相大白：阿拉伯之春是一场经济革命》（*The Facts are in: the Arab Spring is a Massive Economic Revolution*）、《资本的秘密》（*The Mystery of Capital*）等在内的多部观点鲜明的著作。诚然，他的所有著作都围绕一个核心问题就是确立何种产权制度才能推动经济发展，不过，他的理论中存在着问题并蕴含着理论改进的可能性。因此对他的理论进行梳理、反思及补充将是回答我们的研究问题的适当方式。

接下来，本文的内容分成三部分：首先，笔者将对德·索托方案的基本理论及实践思路做一个简要的梳理和概括。我将指出，该方案的关键意义在于强调产权制度需要主动寻求与非正规社会契约的契合，这种产权制度开放的过程是经济发展的条件之一。但是之后，笔者检讨了该方案面临的问题，这包括人们手中初始资产的不平等问题以及人们的资产无法实现良性再生产的问题。这些问题导致德·索托所提供的开放型的产权制度方案变成对实现最佳经济发展效果而言必要但非充分的条

---

① 按照本文的立意，所谓最优的经济发展效果，绝不单纯地是指经济增长的速度，最优的经济发展效果一定是社会中的大多数人都能够充分分享市场经济效益的。从经济发展理论的脉络来看，对开放型的权利制度或者产权制度的强调是对斯密型增长理论的一种修正，然而，从历史上看，这种制度虽然确实催生了最先出现于西欧的现代经济或者说资本主义经济，但是无论是在农业资本主义还是工业资本主义的发展过程中，都有大量的人破产并面临着生存困境。在中国自计划经济转向市场经济的过程中，情况更是如此。如何克服或者降低这种发展所造成的消极影响是本文构思的缘起。

件。为了印证这种判断,本文将讨论德·索托方案在坦桑尼亚实践时所面临的实际情况,通过经验资料证明该方案所存在的问题。作为克服这些问题的方法,笔者指出,在少量资本持有者之间进行合作化的资本运作或许可以有效地阻止市场力量对穷人资本的剥夺,并最终对弱者资本的良性再生产起到决定性的作用。最后,虽然本文以评议前人的研究观点作为行文的主要逻辑,但是在结尾部分,我将简要讨论围绕中国的产权制度改革所发生的思路分歧,以此显示本文提出的理论观点的现实意义。

二、德·索托方案的内容与问题

(一) 德·索托方案的基本理论思路

在《资本的秘密》一书中,德·索托提出了一个重要的问题:为什么在西方国家屡试不爽的资本主义制度却在第三世界国家或者前共产主义国家中举步维艰?他不认同是失败国家的文化特质影响了资本主义制度的运作,相反,他认为,无论处于何种文化环境中,世界各地的人民都渴望从资本中获取利益。① 对此,德·索托描绘的一幕非常动人:"假如你经过中东地区的市场,或者搭车到拉丁美洲的乡村旅行,或者坐上莫斯科的出租车,总会有人想同你做一笔交易。"②德·索托对问题的回

---

① 显然,德·索托的理论中对人的动机的假设与主流经济学并无不同,都是假定人们的行为是以经济效用的最大化为目的的。可是问题并没有这么简单。正如罗伯特·布伦纳(Robert Brenner)所指出的,哪怕亚当·斯密(Adam Smith)已经发现了现代经济增长的本质即人们会系统化地降低成本并实现自身利益的最大化,但是这种动机能否形成取决于人们所处的社会财产关系(social-property relations)。参见 Robert Brenner, "Property and Progress: Where Adam Smith Went Wrong", in *Marxist History-Writing for the Twenty-First Century*, Chris Wickham ed., Oxford: Oxford University Press, 2007, pp. 49 – 111. 所以,哪怕拥有资本的人都愿意去从事市场交易,他们也会因为自身资本情况的不同而选择不同的资本再生产方式,这决定他们在市场竞争中的状况是不平等的,从而也使很多人对参与市场交易望而却步。在后文中,笔者将会再次提及这一点。
② 赫尔南多·德·索托:《资本的秘密》,于海生译,北京:华夏出版社,2007年,第4页。

答是:"阻碍在世界其他国家和地区面前,使之无法从资本主义制度获益的巨大障碍,在于它们无法创造资本。"[1]他认为,人们往往并不缺少资产,但是它们大多只是发挥物质本身的一种物理作用,并不具备用于经济交易并带回利益的潜能。而导致人们的资产沦为僵化资本(dead capital)的根本原因在于缺少表述资产所有权的健全机制。

在德·索托看来,所有权的表述机制能够发挥出一种综合效应,从而将资产变为"活的"资本。具体言之,正规的所有权制度能够通过精确的描述挖掘出资产中能够被用于经济交换的核心价值,由于这一描述的标准对于所有资产而言是统一的,因此使过去四分五裂的市场逐渐融合,尤其是它使得物理外观和功能完全不同的物品也可以被比较与交换。而且借助所有权制度,法律可以精确地追究产权所有者的相关责任,同时通过对所有权交易过程的持续记录,提高了交易的安全系数。最终,所有权制度使得经济交易不再局限于传统的亲密关系,而是拓展到了更加普遍的人际关系当中。可是,如果仅仅说落后国家的经济发展停滞是由于不具备这样一种能使资产发挥资本效应的产权制度,也仍然不能回答德·索托的问题。事实是,许多发展中国家曾努力地将正规产权制度运用于自身社会但是却常常失败。所以,并不是发展中国家没有尝试建立一种正规的产权制度,而是它们在建立产权制度的过程中存在问题。

德·索托在对突尼斯经济发展的分析中曾解释了发展中国家的产权制度究竟存在什么问题。他发现,虽然突尼斯被认为有许多雄心勃勃的、富有才华的企业家,但是他们都未能实现经济繁荣。原因并不是突尼斯没有像样的法律制度,它有详尽的法律制度来促进人们进行经济合作。真正的问题是突尼斯有大量的经济活动都游离在正规的法律制度之外。[2] 不合法资产与公司的总价值竟然是自1976年以来突尼斯所有

---

[1] 赫尔南多·德·索托:《资本的秘密》,于海生译,北京:华夏出版社,2007年,第4页。
[2] Hernando de Soto, *The Facts Are in: The Arab Spring Is Massive Economic Revolution*, Tunis: Cérès éditions, 2013.

外资投入的 4 倍。终于,在 2010 年,突尼斯爆发了举世震惊的被称为"阿拉伯之春"的革命运动。事件的导火索是突尼斯的一位名为穆罕默德·布瓦吉吉的年轻商贩因受到执法人员的粗暴对待而自焚。德·索托领导的机构(ILD)在事件发生以后立刻派调查员前去访谈了布瓦吉吉的家人与朋友以及其他类似的自杀者。他们发现,这些自杀者都是不合法的营业者(extralegal entrepreneurs),大多数人自杀的根源性问题都是因为自己的资产多数是不合法的,随时有被剥夺的可能,想要将这类资产正规化不但耗时很长而且花费巨大,更重要的对于国家的影响在于,由于维系这类不合法资产的规则千差万别、复杂繁多,因此经济的分工合作效应根本难以发挥出来。①

有鉴于此,德·索托的论述重点从一般意义上的产权制度效用逻辑转向了具备独特理论意义的产权制度确立逻辑上面。这种确立逻辑将是决定产权制度实现最佳经济发展效果的重要因素。在德·索托看来,打破布罗代尔"钟罩"②的最关键之处在于将社会契约中那些不正规的保护产权的协定纳入合法的法律制度当中。他发现,虽然不少国家都颁布法令对穷人的资产进行合法化,但是这些制度对穷人资产中经济权利的界定并不清楚。能够真正对穷人所拥有的资产中的经济权利进行界定的只有那些他们群体内部的非正规协议。如果国家强制推行正规的所有权制度,必然会与地方上界定产权的社会契约相抵触,并引发大规模的抵制行为。因此,德·索托的看法是"所有权是在社会中建立起来的"③,即所有权法律的制定在很大程度上是将已经在社会互动中形成的产权关系规则转化为明文标准。只有如此,才会形成使国家意志与社

---

① Hernando de Soto, *The Facts Are in: The Arab Spring Is Massive Economic Revolution*, Tunis: Cérès éditions, 2013.
② 布罗代尔的"钟罩"描述的是资本主义经济就像在一个钟罩里面一样,它从未扩展至钟罩外部的其他地区。具体参见 Fernand Braudel, *Civilization and Capitalism, 15th - 18th Century*, Vol. II: *The Wheels of Commerce*, Berkeley: University of California Press, 1992, p. 248.
③ 赫尔南多·德·索托:《资本的秘密》,于海生译,北京:华夏出版社,2007 年,第 132 页。

会共识相协调的产权法律。而这种"全国性的社会契约"为资产顺利转化为资本以及市场的迅速扩展创造了条件。

最后,在实践中,德·索托告诫我们,要想将非法的社会契约转化为正规的法律制度,就必然会对依靠现存正规产权制度生存和获利的社会阶层造成冲击。对于如何与这种社会中的反对力量进行斗争,德·索托认为,政府的高层人士必须负起责任,使法律的正规化成为政府决策的核心,并且他还提出了三条政府领导层需要遵循的准则:第一,从穷人的角度看问题。首先,在收集数据对社会事实进行判断时,不能死板地以官方数据为准绳,而是应该从穷人的生活实践中通过亲身体验或观察来获取社会事实。其次,政府也应该努力地向穷人解释产权制度的建立对他们自身的益处。第二,化解特权阶层中的反对力量。德·索托认为,将不合法的资产正规化也有利于特权阶层。首先,穷人在获得资产的完整权利以后,会对自己的资产进行再投入,从而为原有经济活动者创造市场需求。其次,私有产权的确认使得穷人在珍惜自己的产权的同时也会选择尊重他人的产权,这将创造文明的社会秩序。第三,应付"钟罩"的管理人。德·索托认为,维护现存法律制度的保守律师以及无法描绘出资产的真实归属和资产权利运作的真实方式的技术(例如地图绘制)将会是新的产权制度制定的巨大阻碍。对此,只有通过选拔具有改革头脑的律师以及让技术真正地提取社会契约中的内容才是解决问题的钥匙。总而言之,德·索托将自己的产权确立方案看作一项需要与多方利益集团进行沟通的政治任务。

(二) 对德·索托方案的反思:资本不平等与再生产问题

由于德·索托对产权制度的看重,关注德·索托的研究者和媒体都将其视作自由主义经济学派的代表人物。但是,德·索托的独特之处在于他认识到落后国家并非不具备私有产权制度,问题只是它们没有很好地处理正规产权制度与非正规的社会契约之间的矛盾。当然,从开放型的产权制度确立的意义上来讲,德·索托的产权制度确立方案中对不合法的社会契约的尊重也蕴藏着一个对已有理论的重要修正，即让社会而非国家或其他利益团体成为开放型的产权制度的核心创造者。换言之，产权制度不应该再仅仅是一种由国家权力机构所制定的资本流通方案，或者说开放型的产权制度的确立不应再单纯地是一个自上而下的渐进式过程，而是应该成为资本弱势群体增强自身从市场中获益的能力的自为工具。

可以说，德·索托方案的目的就是让产权制度能够发挥最佳的经济发展效果，它不仅仅是一种鼓励市场扩张的方案，同时也是一种希望在最大程度上维护社会总体利益的方案。我们知道，市场扩张与社会保护这对紧张关系是发源自波兰尼学术传统的分析现代化与全球化的核心工具之一。对波兰尼来讲，警惕市场扩张运动对社会的侵蚀是其主要关切。然而，笔者认为，现今真正的问题却是如何在市场经济模式抑或说资本主义体制已经占据主导地位的情况下增强社会的主动性。换言之，社会在面对资本积累过程中的强大商品化能力的时候，如何以一种更主动的方式维护自己的存在？面对这一问题，我想德·索托的回答应该是，社会不应该仅仅以保护运动的方式来抵制市场的侵蚀，而是应该更积极主动地将自身的特质融入市场经济当中，以此享受市场经济带来的益处。① 享受这种益处的途径则是让社会中的弱者通过开放型的产权制度获得从事经济活动所必需的合法资本。然而，笔者认为，如果仅仅是建立起一种开放型的产权制度，那么德·索托的方案还不足以实现最佳的经济发展效果，这是由根植于德·索托方案中的核心理论问题所决

---

① 在德·索托《另一条道路》对秘鲁的分析中，我们能够更清楚地看到，普通民众反对的其实并不是市场经济对自己原始生活的侵入，而是反对市场经济中的垄断权力。另外，在这本书当中，德·索托提到了他与他的机构与"光辉道路"之间的政治斗争。秘鲁的所谓的"光辉道路"力量可以看作那些被排除在资本主义经济体系之外的底层民众所凝聚成的一股激进的"社会保护力量"。具体可参见赫尔南多·德·索托：《另一条道路》，于海生译，北京：华夏出版社，2007年。

定的。这一理论问题便是资本的不平等及再生产的问题。①

在德·索托的眼中,正规产权制度与非正规社会契约相契合强调的是公平性,这毫无疑问是正确的。德·索托提供的方法是将社会契约中的规则组织到临时的正规法案当中,并与现行的正规法律相对照,了解它们之间的协调程度和相异程度,这样政府就能建立一个关于所有权的可调整的法律框架。但是,德·索托忽视的问题在于,他的方案实施是基于特定的制度环境的,也就是说,在其方案实施之前,很可能已经有不平等的情况存在。这种不平等之于生活在社会契约下的人来说又有内部与外部之分。内部不平等是指特定的社会契约规则本身很可能维系的是一种不平等的资产占有局面,新的产权正规化的过程无非是让这一不公平的局面获得法律上的认可。另一方面,即便是归纳了社会契约的内容并将其转化为正规的法律制度来推行,这一过程也受到多重因素包括掌权者的利益取向、穷人的知识水平、乡村层面的行政能力等多重因素的制约,因此,产权正规化过程中也可能存在不平等。外部的不平等则更加显而易见,那就是在社会契约正规化之前就已经活跃于正规产权制度下的资产/资本很可能已经向少数人手中集中,它们相对于那些仍处于非正规的社会契约下的资产/资本来说具有极其明显的规模优势。因此,虽然说德·索托的视角可以被概括为"产权制度嵌入社会契约",因而有了一定的社会学意味,但是他却忽略了社会契约本身是嵌入社会结构中的。换言之,如果说社会结构已经提前确定了人们的不同资源禀赋,那么社会契约所维系的资产以及它与已存在的正规产权制度各自所

---

① 德·索托的产权理论在问世以后即受到诸多批评。作为一位有代表性的批评者,吉尔伯特(Gilbert)指出,德·索托的理论与现实情况存在诸多不符,例如穷人们即便没有合法头衔也仍然对他们持有的物品有安全感,而即便他们有了合法化的凭证,如果没有一个公正的司法体系,那么所谓的凭证也不过是一张废纸。同时,吉尔伯特也多少提及穷人们很难获得正规银行的贷款以及他们不愿意出售他们的房产。详细论述可参见 Alan Gilbert, "De Soto's The Mystery of Capital: Reflections on the Book's Public Impact", *International Development Planning Review*, Vol. 34, No. 3, 2012, pp. V-xviii。然而,将德·索托的理论纳入到现代经济发展的整体逻辑"资产—资本—资本的良性再生产"中进行思考的研究还很少见,也因此很难在德·索托方案的基础上进行推进。

维系的资产之间都会有不平等的情况存在。[1]

这种资产不平等的后续影响便是使得人们在从事经济活动时很难再生产他们的资本。从发展社会学的角度来讲，现代经济是以资本的良性或者说持续的再生产为核心特征的。[2] 而这种良性再生产的实现又直接取决于人们的资本占有量以及由此而形成的技术优势、市场优势等等。德·索托一方面强调"从穷人的视角出发"，让穷人能够有资格参与市场经济；另一方面又指出要用合法化穷人的资产来"化解特权阶层的反对力量"，使特权阶层能够从穷人合法参与市场经济的过程中获益。然而，这种机制的后果很可能是将穷人引入市场合法交易的领域以后又使他们陷入市场残酷竞争的场域[3]，这对于实现最佳的经济发展效果来说已经南辕北辙。简要来讲，我们可以首先假设人们在获得资本后会将之投入工业或农业生产领域，并最终通过工业或农业产品的市场交易来获益。这看似是一种理想的经济发展方式，然而，市场不仅仅是一个人们在实现生产分工的基础上进行货品交换以和平地增加自身经济收益的场域[4]，市场是一个竞争的场所，竞争的核心则是生产效率。马克思曾指出，资本的所有者努力提高生产效率为的就是以更低的产品价格来占据市场位置。[5] 提高生产效率的最主要途径当然是革新生产技术，通过机械化实现大规模的生产活动。可是如果人们手中所掌握的是分散

---

[1] 除此以外，地理因素也是十分重要的，其影响无论是在社会契约内部还是外部都十分明显。
[2] H. F. Hung, "Agricultural Revolution and Elite Reproduction in Qing China: The Transition to Capitalism Debate Revisited", *American Sociological Review*, Vol. 73, No. 4, 2008, pp. 569-588.
[3] 需要说明的是，德·索托所说的非正规产权涉及的成分非常复杂，这包括相对基础的土地产权以及在诸多落后国家中存在的非正规经济（例如不合法的公司）资产。但是，无论是预期人们在产权正规化以后初次参加商业活动（例如本文接下来要提到的坦桑尼亚的情况），还是预期非正规经济中的人们在产权正规化以后继续参加经济活动，本文所说的资产不平等以及后续的资本再生产问题都同样存在。
[4] 亚当·斯密：《国民财富的性质和原因的研究》上卷，郭大力、王亚南译，北京：商务印书馆，2013年，第20页。
[5] 马克思：《资本论》第1卷，载《马克思恩格斯文集》第5卷，北京：人民出版社，2009年，第522页。

的、不足的资本,那么他们根本无法承担高昂的机械设备费用。而且,他们甚至无法通过抵押资产获得更多资本,这是由落后国家的金融状况所决定的,国家的金融机构无法完全地相信这些手中资产不足且无足够竞争优势的人,因此不会给予充足贷款。而在这种以技术为核心的劣势以外,所谓的"穷人们"在参与市场竞争时也会面临其他的限制性因素,这包括由已存在的利益群体所设定的各类制度门槛[1]、他们自身的认知局限性[2]等。

所以,从根本上来说,穷人们在参与市场经济之前很可能就已经由其所处的社会结构决定了他们的资本占有情况及相关联的要素。因此,即便穷人凭借产权制度的开放换来了"正经人"的资格,但却可能在市场竞争浪潮中失去自己攥在手里的那一点生存资产。当然,更有可能出现的情形是穷人们不得不将自己的商业活动局限在低端市场中,以避免与大规模资本在高端市场中竞争,他们只能依靠尚未饱和的初级市场需求存活。比如,人们在获得资产以后从事其他商业活动,例如小型贸易或者服务业,这对于他们的资本要求变得没有那么高,因为他们不需要再迫切地通过投入资本去跟其他人比拼生产效率。然而,这也意味着他们不可能获得较高的经济收益,因为低成本的从业门槛意味着会有大量的人参与进来,供过于求本身就会让他们的收益呈现递减状态。总之,所有的这些问题都可以归纳为一个问题,那就是当资产转变为资本以后所面临的极其关键的资本再生产问题。这一问题的存在导致德·索托所提出的社会契约正规化途径成为实现经济发展最佳效果的必要但却非充分的条件。

我们在前面的注解中提到,德·索托对人的经济动机的假设是顺应主流经济学的,它与波兰尼等强调人的动机受到特定制度如市场、互惠

---

[1] Daron Acemoglu, James Robinson, *Why Nations Fail: The Origins of Power, Prosperity, and Poverty*, New York: Crown Business, 2012.
[2] Luo Xiaowei, Chi-Nien Chung, "Keeping It All in the Family: The Role of Particularistic Relationships in Business Group Performance during Institutional Transition", *Administrative Science Quarterly*, Vol. 50, 2005, pp. 404-439.

或者再分配等影响的观点截然不同。但是,不管是在哪一种假设下,人们都不会轻易地将资产投入到市场经济的浪潮中。如果我们遵循波兰尼的实质嵌入假设,那么我们可能发现人们的动机并不纯粹是经济的。例如,斯皮罗(Spiro)在对缅甸的佛教进行研究后发现:"佛的世界观,特别是它的重生与因果报应的概念,提供了一种认知指向即宗教的花费是比经济储蓄更稳定和更有利可图的投资。"① 缅甸信奉佛教的民众觉得将金钱用在宗教仪式上面要比资本主义式的经济储蓄和投资更能使自己"获益"。在这种情况下,人们必然不会主动参与市场经济。但是如果我们还是使用经济学的一般假设,结果也并无二致,因为如果人们足够理性,一旦他们意识到自己将资本投入到市场中会毫无所得甚至有所失,那么他们是根本不可能参与市场经济的。这样,德·索托所设想的那种人们将手中的资产拿出来交换、整合的情景可能并不会出现。理性计算支配下的人们更有可能依赖那种他们觉得可以获益的原有的经济系统。这便是资本的良性再生产问题的后续影响。

三、问题的经验证据与方案的推进

仅仅依据理论推断对德·索托方案所提出的上述质疑是否确实存在呢?如果这些问题存在,那么如何弥补德·索托的产权方案的缺陷呢?为此,笔者打算将德·索托方案所面临的学理问题置于其在坦桑尼亚的实践中来思考,用事实来验证我们的推断。之后,参照中国经验,笔者将尝试给出一个解决方案。

(一)来自坦桑尼亚的经验证据:以土地产权改革为中心

2003年,德·索托的自由与民主学会与坦桑尼亚政府、挪威政府

---

① Melford Spiro, "Buddhism and Economic Action in Burma", *American Anthropologist*, Vol. 68, No. 5, 1966, pp. 1163 – 1173.

(作为项目的发起人与资助者)合作,在坦桑尼亚共同推动了一个"财产与商业正规化项目"(The Property and Business Formalization Program)。① 该项目共分为三个阶段:诊断阶段(2005)、改革设计阶段(2005—2007)、实施阶段(2008年以后)。在诊断阶段,德·索托的团队通过对932个被访者的访谈发现坦桑尼亚有高达89%的资产的产权归属及交易都靠非正式的法外文件(extralegal documents)来维持,非正规资产的价值达到290亿美元。他们还发现,尽管坦桑尼亚有着详尽的法律制度,但是由于多重阻碍存在,人们只能依赖于非正规的制度体系。德·索托的团队从这些文件中总结出了围绕产权所形成的六种互动模式②,涉及产权的裁定、记录、注册、交易、抵押以及遗嘱,这些互动模式都是靠一些非正规的社会契约来维系的。而这一项目的根本目的在于根据这些非正规的制度创造出一个新的管理制度,以使得穷人能够用他们的资本(尤其是土地)来与他人进行交易或申请抵押贷款。③

限于篇幅,本文只关注该方案在土地产权正规化方面所面临的问题。事实上,无论是在该方案推行之前还是之后,都始终有一些经验研究描述了该方案所面临的问题。我之所以说方案推行前就多有质疑的声音,那是因为早在1999年,坦桑尼亚就已经颁布了《乡村土地法案》与《土地法案》,允许人们为他们占有的土地申请所有权凭证。虽然到2008年为止,仍然有大量的人没有申请这种凭证,但是这可以看作德·索托方案实施前的一次预演,论者在那时便已经有意识地与德·索托进行对话,而它的问题已经非常多。这便构成挑战德·索托理论的有力证

---

① 该项目在坦桑尼亚的当地语言斯瓦希里语中被命名为 Mpango wa Kurasimisha Rasilimali na Biashara za Wanyonge Tanzania,缩写是 MKURABITA。
② 德·索托对坦桑尼亚的考察不单包括产权问题,还涉及公司以及市场,围绕这三个对象所形成的非正规互动模式多达17种。由于文章的篇幅有限,笔者在此仅围绕土地问题以及贷款问题展开讨论,毕竟土地问题是最根本的问题,它直接决定着公司及市场的经济效果。
③ Hernando de Soto, "The Challenge of Connecting Informal and Formal Property Systems: Some Reflections based on the Case of Tanzania", in *Realizing Property Rights*, Cheneval: Ruffer und Rub, 2006, pp. 18-67.

据。而于 2004 年发起的"财产与商业正规化项目"则是对之前产权正规化过程的进一步推进,它的目的是为该国 52 个区域的农村土地产权界定提供支持。到 2017 年为止,它一共颁发了 110 000 张产权证书。① 同样的,这一方案自推行起便引发了研究者的关注,这为我们反思德·索托方案的问题提供了更多的经验资料。

我们先来看一下坦桑尼亚农村的情况。农村问题是坦桑尼亚的主要问题,有大约四分之三的人都居于农村。而坦桑尼亚的农村问题是围绕土地展开的②,这也是坦桑尼亚产权正规化过程中所面临的最大挑战③。我们可以用一项对坦桑尼亚多多马(Dodoma)地区(坦桑尼亚的新首都坐落于此,因此可以作为我们判断其他地区情况的一个重要参照)两个村庄的调研来说明这一问题。④ 根据调研结果,虽然当时已经是2010 年,但是由于这两个村庄的土地产权仍然主要在习惯规则的维系下运作,因此农民缺少资产抵押给银行,这导致两个村的大多数村民根本无法从金融机构借贷。虽然他们因为农业生产效率低下而不得不从事一些非农商业活动,可是由于资本不足,这类非农的商业活动都是非常低端的。其中,生产性的活动包括焊接、木工、砖石制造、酿造、编织以及陶器制作等等,它们的生产特征都非常粗放,甚至可以说基本没有

---

① Leon Schreiber, "Registering Rural Rights: Village Land Titling in Tanzania, 2008 - 2017", https://successfulsocieties. princeton. edu/publications/registering-rural-rights-village-land-titling-tanzania, 2007.
② 坦桑尼亚的土地问题十分复杂。简单来说,它存在两种界定产权的系统,分别是习惯规则(customary law)与成文规则(statutory law),相对应的产权类型可以分成"承认的土地占有权"(deemed rights of occupancy)与"授予的土地占有权"(granted rights of occupancy)。坦桑尼亚历经殖民时期、集体化时期(也就是社会主义阶段)以及市场化时期,每一个时期都存在着国家通过法律界定土地产权与民众通过习惯规则界定土地产权所形成的冲突。限于篇幅,本文在此不再详述其中的变化,读者只需明白一点,早在德·索托方案制定之前,坦桑尼亚就已经存在将习惯规则维系的土地产权正规化的运动,其中最重要的一次是 1999 年坦桑尼亚颁布的《土地法案》与《乡村土地法案》。后者赋予了村庄委员会颁发土地占有的权利习惯证书(the certificate of customary rights of occupancy,CCROs)的权力,但是对于这一法案的推行效果则存在大量争议。
③ 统计显示,至少在 2000 年初,坦桑尼亚约有 70%的土地的产权都是由习惯法维系的。
④ I. Katega, C. Lifuliro, *Rural Non-Farm Activities and Poverty Alleviation in Tanzania: A Case Study of Two Villages in Chamwino and Bahi Districts of Dodoma Region*, Research Report 14/7, Dar es Salaam, REPOA.

现代工业的影子。而且，从事生产性活动的人只占总的从事非农活动人数的五分之一左右，大部分人都选择从事商业贸易与服务活动。而人们之所以选择从事这类活动，主要是因为他们的村庄附近修建公路所导致的消费人群的增加。最终，他们也并没有将自己所赚取的利润再次投入到生产过程中。

显然，将坦桑尼亚农村的土地产权正规化似乎是推动其经济发展的重要途径。然而，正如我们之前所预测的那样，社会契约维系下的资产不平等局面所导致的资本不平等问题是存在的。以坦桑尼亚的伊林加（Iringa）地区为例，农民的土地产权植根于未成文的习惯规则当中。按照一般的习惯规则，一块土地要有明确的标记物表明这块地归某人所有，这一标记物一般是家庭成员死后埋于土地后堆起的坟头，如果这里没有可见的坟头或者是种植的树木，土地便会被乡村权力机构收回并分配给他人。这种习惯规则的运作显然是一种再分配的经济机制。但是，这种习惯规则的具体运作取决于人们能否与卷入到土地分配中的各方利益进行沟通，建构出一个认同且维系习惯规则的社会网络。[①] 奥德高（Odgaard）指出，一些个体或群体会在这场沟通游戏中居于更有力的位置，例如他们会利用与乡村权力机构的特殊关系来扭曲这种习惯规则，使得土地保持在自己手中而未充分利用。另外，有多余土地的地主常常会将土地转租给无地或少地的农民，但是为了防止后者在土地上投资过多从而将土地权占为己有，他们与后者签订的租约往往是短期的。这便导致穷人对土地的资金投入无法充分收回。显然，如果仅仅是将此时此刻被扭曲的社会契约维系下的土地产权合法化的话，那么所诞生的将继续是一种产权占有不平等的局面。另外，产权正规化过程中的不平等也同样得到了经验证据的支持。桑代特[②]提到，在《乡村土地法案》颁布后

[①] Odgaard, "Scrambling for Land in Tanzania: Processes of Formalization and Legitimisation of Land Rights", *The European Journal of Development Research*, Vol. 14, No. 2, 2002, pp. 71 – 88.

[②] Geir Sundet, "The Formalisation Process in Tanzania: Is It Empowering the Poor", https://landportal.org/sites/default/files/theformalisationprocessintanzania.pdf, 2006.

所推行的产权正规化过程中,由于存在着复杂的管理规定,而且在管理中并没有保持绝对的透明,那些仅仅占有小块土地的农民不得不在法案颁布后面对国家、农村权威机构及权威者、商业化的农场主等的联合剥夺。①

资产占有不平等的直接后果便是资本的不平等以及资本的再生产困境。坦桑尼亚金融与经济事务局(Ministry of Finance and Economic Affairs,MFCA)在2009年的一份报告中提到,虽然从2000年到2007年的这八年间,产权的状况有明显的改善,但是全国居民家庭收入基本没有变化,贫困状况的改善程度仍然十分有限。② 报告中并没有说明贫困状况难以改善的原因,然而,从发展社会学的角度来看,人们在产权正规化以后难以获得收益,本质上是因为他们很难从事一些能够较好地再生产他们资本的经济活动,进一步说,他们的资本劣势很难让他们跨入利润丰厚的经济场域。对坦桑尼亚农村地区土地改革的研究表明,即便在德·索托方案推行以后,人们的土地已经被赋予产权凭证,他们也仍然很难获得金融支持。桑戈③通过对姆博齐县(Mbozi,位于姆贝亚区)九个村庄的调研发现,虽然人们能进行土地注册,但是大多数穷人很难获得银行贷款,银行拒绝放贷主要是因为他们的土地价值(主要是指土地的肥沃程度以及相应的作物的产量)太低了,银行认为这些贫穷的农民无法克服低价值农业活动中的风险,因此设定了苛刻的贷款条件,例如申请贷款的农民必须有储存收据(warehouse receipt),也就是他们需要有余粮储存在专门的场所并由该场所出具收据,但是大部分农民的土地亩数有限,根本无法提供这种收据。最终,只有那些大农场的高价值

---

① 目前尚未有对坦桑尼亚农村社会契约维系下的资产的不平等及其后续影响进行全面分析的研究,笔者只能借鉴多项经验研究,这导致本节缺乏案例上的一贯性,然而,笔者努力保持了理论逻辑上的一贯性并证明资本的不平等及其后续影响确实是存在的。
② Ministry of Finance and Economic Affairs, *Macroeconomic Policy Framework for the Plan/Budget 2009 -2011*, 2009.
③ Romanus Titus Sanga, *Assessing the Impact of Customary Land Rights Registration on Credit Access by Farmers in Tanzania: A Case Study in Mbozi District*, Thesis of the International Institute for Geo-information Science and Earth Observation, 2009.

土地(主要是集中在该区东部以咖啡种植为主的高附加值的农业区域)的所有者才能获得贷款。这种贷款的差距就是穷人与富人的资本占有量存在差别的最有力证明。一项对多位参与实施"财产与商业正规化项目"的人员的访谈也证明了这一点,他们大多数人都认为农民们即便是获得了土地的产权凭证也很难获得银行贷款,这里面的阻碍因素包括银行的利率较高、抵押资产不足、复杂的银行管理规定等等。① 在这种资本劣势情境下,穷人们根本无法从事先进的生产活动,亦即无法实现资本的良性再生产。事实上,坦桑尼亚的农村企业绝大多数都是中小型企业,根据2012年的统计,只有12.4%的人能够用土地做抵押来获得贷款,而其中只有6.1%的企业能够使用机械设备。②

最后,另外一种常见的情况是,哪怕坦桑尼亚的农民可以像德·索托所设想的那样将土地用作抵押品来获得贷款,他们也不会轻易这样做。桑代特曾提到一个坦桑尼亚农村妇女的情况:该妇女有三个孩子,也有两亩土地,如果风调雨顺的话,她能够借此获得足够的收入来养活她的整个家庭,但是她绝对不会将土地抵押,因为如果天不下雨,她将无法获得足够粮食产出并偿还贷款。③ 这便是我们之前所说的资本再生产问题的后续影响。由于人们都是有一定理性的,他们如果预见到自己的资本根本无法在市场中实现良性的再生产,那么更划算的做法将是避免将自己的资产投入风险经济当中。

与上面提到的农村的情况类似,居住在城市非正规经济地带的人们也同样依靠着自己掌握的不合法资产生存,研究者在对达累斯萨拉姆

---

① Kenny Manara, "The Paradox of Property and Business Formalisation in Tanzania", https://www.fingo.fi/sites/default/tiedostot/julkaisut/the-paradox-of-property.pdf.
② Ministry of Trade and Industry of Tanzania, *National Baseline Survey Report for Micro, Small, and Medium Enterprises in Tanzania*, 2012. 有些遗憾的是,关于农民在产权正规化以后获得贷款并从事商业活动的更详尽经验描述还未见到。这更多的是因为大多数人根本无法获得贷款。笔者于2021年访谈了一位中兴公司派驻在坦桑尼亚工作的朋友,他的经验观察是,即便是到目前为止,能够在坦桑尼亚办厂的都不是普通人,农民(farmers)只能从事一些很简单的商业活动,或者仅仅耕种土地。
③ Geir Sundet, "The Formalisation Process in Tanzania: Is It Empowering the Poor", https://landportal.org/sites/default/files/theformalisationprocessintanzania.pdf, 2006.

(Dar es Salaam)与姆万扎(Mwanza)地区的四个非正规居住区进行调查（共访谈112位居民）后发现，人们可以通过非正式的渠道购买土地并且在这些土地上建房。① 借此，人们可以用非常低的建筑成本来满足自己的居住需求，这可以节约一大笔租房开支，同时获得拥有财产的安全感。当然，在许多个案中，这些非正规土地已经超越了单纯的居住用途并在人们的生活中发挥着多种投资功用，包括将房屋出租以获取租金收益、发展商业化的农场等等，同时，拥有这些土地及土地之上的建筑物也意味着居民再投资能力的提高，它们也可以被自己的子女继承。这些证据表明，非正规化的土地以其低廉的成本和便捷的获取机会构成了当地居民生活世界中必不可少的一个要素，当地居民赖以生存的经济系统恰恰是以这些非正规土地为基础的，打破这种格局也就意味着摧毁他们的经济系统，也会导致新的政策很难被人们接受。

研究者因此指出，德·索托的将资产变为活的资本的思路是一种误识，土地产权的正规化可以提高人们将其财产用作抵押品并获得贷款的能力，但是人们常常抗拒这样做，因为他们手中的土地是帮助他们抵御市场风险的屏障，他们可以在失去其他收入来源的时候用他们盖在这些非正规土地上的房子来获取租金，或者在遇到突发事件时卖掉这些资产以应急。② 在这种情况下，贷款对于这些城市边缘地带的人们的吸引力同样降低了。正如该研究所访谈的一位居民所说："银行很不友好，不久前这里已经有很多房屋被卖给了银行，仅仅是因为屋主们无法偿还高额的利息。有些人可以靠亲友的接济渡过难关，但是另外的一些失败了，

---

① Manja Andreasen et al., "Informal Land Investments and Wealth Accumulation in the Context of Regularization: Case Studies form Dar es Salaam and Mwanza", *Environment and Urbanization*, Vol. 32, No. 1, 2020, pp. 89 - 108.
② Manja Andreasen et al., "Informal Land Investments and Wealth Accumulation in the Context of Regularization: Case Studies form Dar es Salaam and Mwanza", *Environment and Urbanization*, Vol. 32, No. 1, 2020, pp. 89 - 108.

他们只能眼睁睁看着他们自己的房子被出售。"①此外,研究者还提出,虽然部分德·索托的支持者认为土地产权正规化以后可以吸引高收入群体前来购买,但是就目前来看,这些地区的整体环境并没有对这类群体形成足够的吸引力。②

不过,如果我们仅仅根据人们不愿意抵押自己的合法资产来反驳德·索托方案的合理性显然也有舍本逐末的意味,因为这并不是德·索托方案的初衷。正如笔者在理论分析部分所提到的,德·索托试图克服波兰尼所提出的市场扩张困境,亦即鼓励社会中的弱者积极参与到市场经济当中,从市场经济中获益。一旦我们确定产权的合法化确实是人们更有效地参与市场经济的前提,我们便不能因为人们在产权合法化以后不愿意抵押自己的资产以及参与更具风险的经济活动而反对产权合法化这一基本条件。因此,虽然以往的经验研究可以作为我们对德·索托方案所存在问题的判断的证据,但是却在本质上与本文的思考逻辑不同。作为一项社会学反思,本文将那些有条件抵押资产的人们的这种"退缩"反应看作人们在"资本—资本再生产"的因果链条上缺失某些条件的一种反应,如果说产权合法化是穷人资本的良性再生产亦即实现经济的最佳发展效果的一项必要但非充分的条件,那么我们的任务应该是寻找补充这一条件的另外一项条件,而不是直接否定产权合法化这一条件。这便是本文接下来的主要任务。

(二) 推进德·索托方案:合作方式及其内在问题

如何解决德·索托方案所面临的问题呢？笔者认为,解决的关键在于增强弱者在资本占有格局中的地位,从而使他们有信心跳出他们原本

---

① Manja Andreasen et al., "Informal Land Investments and Wealth Accumulation in the Context of Regularization: Case Studies form Dar es Salaam and Mwanza", *Environment and Urbanization*, Vol. 32, No. 1, 2020, pp. 89-108.
② Manja Andreasen et al., "Informal Land Investments and Wealth Accumulation in the Context of Regularization: Case Studies form Dar es Salaam and Mwanza", *Environment and Urbanization*, Vol. 32, No. 1, 2020, pp. 89-108.

依赖的经济系统,实现资本的良性再生产。这样,原有的社会契约正规化所可能造成的资本不平等及再生产问题将不复存在,穷人们也可以享受经济发展的益处。因此,我们的问题可以转换为如何增强弱者的资本优势。

早在20世纪60年代,格申克龙(Gerschenkron)就已经指出,对于后发国家来说,它们并不具备先发国家的漫长的资本积累条件,如果想让人们从社会中获取资本也并不现实,因为社会中的金融资源同样十分有限。[1] 因此,格申克龙认为,国家以及它所领导的金融机构在后发国家的发展中扮演着重要角色。这在坦桑尼亚似乎也有迹可循,例如,桑代特在对坦桑尼亚的研究中发现,当人们需要借助资本从事商业活动时,也可以通过非抵押的方式来获取资本。其中,农村合作银行(Village Community Banks)的建立使得坦桑尼亚的农村妇女接受了金融知识和规划的训练,妇女们可以在银行定期存储一个协定的货币金额,然后她们可以从集体储蓄中以极低的利息进行借贷。[2] 显然,这种金融组织能够弥补国家贷款方面的缺陷,并在一定程度上可以克服人们在参与经济生产活动时所面临的资产不平等问题。但是,这种合作化的金融组织的借贷,其效果也是相对有限的。就拿支撑现代经济发展的工业领域来说,技术的革新或者说生产效率的提高多数都是以生产设备的提升为基础的。毋庸置疑,在同样的一个工业领域,一种先进设备与一种落后设备的购买成本之差距是非常大的,更不用说高科技工业领域与粗糙工业领域的设备成本之差距。而且设备并不是单独存在的,它需要与其他的设备相互配合才能将生产效率的潜力完全发挥出来,这样就对企业的经营成本提出了更高的要求。然而,农村的金融组织虽然一定程度上实现了资本的集中,但是在投资过程中,资本又再一次被分散,农村妇女所能

---

[1] Alexander Gerschenkron, *Economic Backward in Historical Perspective*, Cambridge: Belknap Press of Harvard University Press, 1962.
[2] Geir Sundet, "The Formalisation Process in Tanzania: Is It Empowering the Poor", https://landportal.org/sites/default/files/theformalisationprocessintanzania.pdf, 2006.

获得的金融支持还不足以让她们去从事一种现代化的经济活动,这与我们上文提到的坦桑尼亚多多马地区的问题并无不同。那么解决问题的方法在哪里呢?

我们可以这样做推论,如果德·索托方案能够使所有人掌握的资产都顺利转化为资本,一种极易出现的情况是,具备雄厚资本的个体更有可能开办工厂、雇用工人、引进先进技术从而在市场经济当中占据优势地位。而仅仅拥有少量资产的人则会在从事生意或简单投资无效后进入前者开办的工厂中成为工人。那么传统的、落后的、依靠社会契约维系的社会将会转变为现代的、以阶级剥削为特点的社会。大规模金融组织的出现以及发展型国家建设[1]只会使这种情况变得更加失衡。首先,只有占有大规模资本的人才能从金融组织中获得最可观的借贷金额;其次,哪怕国家像艾姆斯登(Amsden)预想的那样,对顺利提高生产效率并完成出口指标的企业给予资金奖励[2],那么有资格与国家进行这种互动的群体也仍然是社会中的少数。当然也存在另外一种可能,那就是掌握较少资源的人们可以通过资本的持续集中或合作来克服这种资本短缺的困难。这样或许仍然解决不了资本占有不均的现实问题,但是却使得穷人在参与市场竞争时具备更大的实力,他们的联合资本能够在一定程度上克服先进生产设备及设备之间配合的成本问题,因此也就更容易帮助他们实现自己的资本良性再生产并获取利润。

进一步细言,他们合作的方式可以像以往常见的掌握大量资本的人们那样,采取大规模生产(mass production)的模式。这样一种资本的合作似乎是老调重弹,但是笔者希望指出的是,对于坦桑尼亚而言,这种合

---

[1] 关于发展型国家理论,笔者不再赘述,读者只需明白,它对包括金融组织在内的一系列国家制度的建设提出了更高的要求。但是,笔者需要在此提醒的是,发展型国家理论并没有仔细地思考资本占有的不平等问题,这是导致亚洲金融危机以后这一理念失败的原因之一。
[2] Alice Amsden, "A Theory of Government Intervention in Late Industrialization", Louis Putterman, Dietrich Rueschemeyer eds., *State and Market in Development: Synergy or Rivalry*, Boulder: Lynne Rienner Publishers, 1992, pp. 53–84.

作的达成不是那么简单的。我们可以参照费孝通先生在《江村经济》中所描述的合作化的缫丝工厂的发展过程。① 可以确定的是，村民之间的合作是在地方士绅、新的缫丝技术的传播者等人的共同领导下实现的，村民本身在合作之前可能未必意识到合作所能带来的好处。因此，合作化的缫丝工厂亦即资本的合作或集中离不开地方政府以及开明的地方领导人的作用。另外，只有合作所带来的经济激励才能让村民维持他们的这种合作。有研究者指出，开弦弓村村民的行为表现出一种悖论：一方面，村民会通过扩展自己的社会关系网络为自己谋求利益，这可以促成合作；但是另一方面，村民在遇到经济风险时会将社会关系网络以自我为中心进行收缩，这又会破坏合作。② 所以，开弦弓村的缫丝工厂之所以最后失败了，很大的原因是村民合作后所获得的经济激励无法完全持续下去。从这个角度来看，对于坦桑尼亚这类仍处在工业化发展初期的国家来讲，当他们的市场环境还未发展成熟的时候，要想使穷人们在合作后实现资本的持续再生产，远远不是形成一个合作组织或者是合作化的生产网络就足够了，这涉及技术的研发、对市场的判断、市场销售关系的建立等更为复杂的因素。

当然，许多经济合作失败的现象背后，其实有着深层次的结构性问题。有的研究者将合作失败归结到中国人特有的市场实践逻辑上面③，认为中国人的自治感(或者通俗一点讲，那就是谁都想当老板或者"宁为鸡头，不为凤尾")是导致中国人合伙办厂容易失败的原因。但是，正如我们之前提到的，人们是否愿意参与市场交易取决于他们对资本的占有或者是他们对于自己所能建立的资本再生产体制(通俗地说就是工厂)的运作能力的预估，对于合作来说也是如此。试想，如果存在较易获得的进行资本再生产的机会，那么在趋利动机的作用下，人们会很自然地

---

① Fei H.-T., *Peasant Life in China: A Field Study of Country Life in the Yangtze Valley*, London: G. Routledge, 1939.
② 汪和建、段新星：《"重访"江村实验——差序格局性悖论及其克服》，《江海学刊》2020年第2期。
③ 汪和建：《自我行动的逻辑：当代中国人的市场实践》，北京：北京大学出版社，2013年。

选择单独经营并放弃那些合作所带来的成本消耗问题。我们之前提到的坦桑尼亚多多马地区的情况就是如此，由于邻近交通要道，人们更愿意去独立地从事一些商业贸易活动。不过，我们实在难以把这种有限的斯密型增长模式与现代化的经济发展联系起来。与之相比，资本合作如果可以让人体验到合作本身的优势，并且一旦人们离开这种合作建立起来的资本再生产体制，他们会很难再获得可观且持续的经济收益，那么人们便会建立起一种对合作本身的理性的信任，合作也就能够维持。①在这里，资本的合作优势对于资本积聚就提出了很高的要求。因为资本积聚的程度越高，人们就越有可能实现更高水平的生产效率并获得更加可观的利润，个体凭借其单个人的力量也就越难实现这种经营，对合作也就越依赖。坦桑尼亚其实是有这种合作基础的，农村的合作金融就是一例，这样坦桑尼亚的问题实际上变成了如何将这类资金顺利地转化为工业或农业发展的合作化投资。

当然，另外一种可行的合作方式则可以是由持有少量资本的人组织起来的灵活性的生产网络（flexible production network）。其实，这种生产组织形式与大规模生产组织相比并没有优劣之分，在组织合理的情况下都能对生产效率的提高起到积极作用②，对于那些手中仅有少量的资本而单独情形下无法与大规模资本相抗衡的"穷人们"来说，他们可以与其他人组成一个整体的生产网络，每个人仅仅负责其中一个生产步骤，这种生产模式对于他们的资本规模的要求不高。最终，通过与其他人的配合，他们也可以提高生产效率并与大规模的生产模式相抗衡。

这里，作为一个与坦桑尼亚的历史背景有着某些相似之处的国家，

---

① 我认为这与韦伯（Weber）的理念是一致的。在韦伯看来，由于新教伦理的影响，企业家约束了自己的欲望，采用一种理性而系统的经营方式，目的是持续地获取理论并以商业上的持续成功来证明自己被上帝选中。而合作的成功会让人们认识到合作本身就是一种理性的经营方式。联系到我们前面提及的江村缫丝合作工厂，它的资本合作程度已经能够使它购入机器，但是遗憾之处就在于战乱等问题中断了这种合作的效益。
② M. Piore, C. Sabel, *The Second Industrial Divide: Possibilities for Prosperity*, New York: Basic Books, Inc., Publishers, 1984.

中国的诸多发身的社会网络形成了产业集群式合作的现象。① 农村的大量非正规经济所提供的网络支持也被认为是中国乡村工业迅速发展的支柱。② 然而,这些非正规经济所赖以运转的资产的产权也存在大量界定不清的情形。可以说,这些非正规经济恰恰是在农村人民的资产无法最大限度地转换为资本的情况下通过人们的分散式合作实现了迅速扩张。但是,我们也需注意到,这类非正规经济所从事的经济类型大多比较低端,这也就是为什么中国的乡村工业中存在明显的分流现象③,即从事高端技术产品生产的企业仍属少数,大多数的产业群都从事相对低端、粗糙的制造业。由于技术的应用成本低廉,人们哪怕只有很少的资本也可以从事这类工业制造,所以一个必然的后果便是在同一工业领域中充斥着大量的小型企业,它们竞争市场资源,但是也导致各自的利润率不断下降,我们可以将之称为"工业的内卷化"。最终,它们不但面临着转型升级的困境,也对地区的总体社会发展产生持续的消极影响。这证明,由农民自发形成的经济协作虽然能够一定程度上克服资本再生产问题,但是却容易陷入斯密式增长的困境而很难实现一种更加现代化的经济增长。这进一步证实了我们之前的判断,即政府等外部力量需要扮演更重要的发展角色,需要由政府等外部力量来引导参与分散式合作的人们主动向技术含量高、市场前景更广阔的产业领域转移。

---

① 汪和建:《自我行动的逻辑:当代中国人的市场实践》,北京:北京大学出版社,2013年。读者也可以翻阅 Barry Naughton, *The Chinese Economy: Adaptation and Growth*, Cambridge, MA.: MIT Press, 2018. 但是,我们绝对不能对农村的这类工业网络抱持过分的乐观态度。历史经验告诉我们,它们很可能是在斯密型增长模式刺激下形成的现象,如果想要让它们向现代化的经济发展模式转变,还有很多问题需要克服。
② P. C. Huang, "Theoretical and Practical Implications of China's Development", *Modern China*, Vol. 37, No. 1, 2011, pp. 3 – 43.
③ Duan Xinxing, The Wave that Was Left behind: A Case Study of Rural Industry in Northern China, Ph. D Thesis of the Department of Sociology of the Chinese University of Hong Kong, 2020.

四、结论与启示

为什么开放型的产权制度未必会创造最优的经济发展效果?通过对德·索托方案的分析我们发现,德·索托所谓的赋予不合法资产以合法地位的开放型产权制度建设还不能解决产权制度确立与经济发展之间的关系问题,产权的正规化没有完全克服市场扩张对社会的消极影响。较为理想的经济发展效果一定是穷人也能同样从商业活动中持续获益的,但要想实现这一目标,仅仅是将穷人手中的资产"搞活"还远远不够。

本文也尝试着提供了克服上述问题的一种方法,也可以说是兼顾经济效率与经济发展的社会效益的方案。笔者提出,合作能一定程度上帮助穷人克服自身的资本劣势,让他们心甘情愿地离开那个他们赖以生存的、以非正规产权为基础的经济系统。这是实现经济发展最佳效果的另一项重要条件。当然,这种合作的达成以及维持都非易事,这是当前大多数论述合作的研究都很少注意到的问题。事实上,无论是集中还是分散式的合作,都有一些值得我们审慎思索的地方。

到此为止,作为一项对德·索托产权方案的评论,本文似乎已经完成了它的使命。但是,依照笔者对中国工业及农村的长时间调研,我确信本文的理论观点对于中国经济的发展是有借鉴意义的。作为与坦桑尼亚农村土地问题的对照,我们可以看一下关于中国土地产权改革的争论。有学者认为,土地私有制的主要弊病在于,私有化导致大量分散的"小地主"的产生,由于这些土地难以整合到一起,因此严重限制了农业生产效率的提高。[①] 至于难以整合的原因,则包括土地是一种故园乡愁的情感寄托、土地可以保值等等。而在中国的土地集体所有制下,虽然

---

① 贺雪峰:《论农村土地集体所有制的优势》,《南京农业大学学报》(社会科学版)2017年第3期。

目前也面临着相同的问题，即土地的承包经营权被《物权法》等法律政策定义为农民所拥有的财产性的资产，因此当大量农民进城以后，土地的整合十分困难。但是土地集体所有制的优势在于，土地的产权最终归于村集体所有。因此，一种可行的产权设计方案是，如果农民离开土地，他们便失去土地的使用权，这些土地将被承包给其他留守村民。当然，这些离地农民可以从土地出租的租金收益中分得一杯羹。笔者认为，这种土地制度改革固然有利于农业生产效率的提升，但是却忽略了被卷入整个市场经济系统中的离地农民的处境。哪怕这些离地农民获得了土地出租的租金收益，他们依然难以避免在大工厂中遭受剥削的结局。因此，笔者认为，无论是按照上述集体所有制让离地农民交出土地使用权但获得租金，还是让土地这一财产性的资产可抵押并获取资本，最关键的问题还是要考虑农民在获得少量资本（无论是租金还是土地）后如何实现资本的良性再生产。毕竟，实现经济的最优发展效果不能依靠地摊上的经济。

The Property Right System and Economic Development: Developmental Sociological Reflection on de Soto's Formalization Program of Property Rights

Duan Xinxing

Abstract: Hernando de Soto is regarded by the Western world as one of the most important economists on property rights. This article first examines the theoretical logic of his formalization program of property rights and then points out that the value of this program lies in emphasizing that the formal property right system needs to be compatible with informal social contracts. However, this article reviews its theoretical issues that have not been clarified from the perspective of developmental sociology and examines the actual situation faced by it in Tanzania. The conclusion is that although the formalization of property rights can promote the transformation of assets into capital as soon as possible, it cannot solve the problem of inequality of and benign reproduction of capital. The solution given in this article is that the government and other external forces can promote people with only a small amount of capital to carry out decentralized cooperation. This will be one of the ways to overcome the problem of capital reproduction. This research also has certain enlightening significance for China's land property reform.

Keywords: de Soto, property right system, social contract, reproduction of capital

书　评

评米特《正义之战:二战如何塑造着新的民族主义》

曹 寅*

集体记忆在近 30 年来越来越受到历史学者的关注。法国社会学家莫里斯·哈布瓦赫(Maurice Halbwachs)可以说是这一领域的开拓者。在《论集体记忆》一书中,哈布瓦赫认为人类的记忆只能够出现在特殊的集体语境中。换句话说,集体记忆是有选择性的。不同社会群组的人对于同一事件的记忆各不相同,而这种不同的集体记忆又导致了不同的行为模式。① 在有关集体记忆的研究中,与战争相关的主题则占了很大比例。譬如在《一战与现代记忆》中,保罗·福塞尔(Paul Fussell)描述了英国一战士兵对于堑壕战的记忆是如何改变了他们之后的语言、行为和思维方式的。这些相似的改变又使得英国一战老兵之间形成了一种认同感和纽带,甚至是相近的政治理念。在战争结束后的几十年中,这种由相似经历和回忆构筑的共同体一直在影响着英国社会的方方面面。② 相似的现象也出现在大屠杀之后的美国犹太族群和越战后的东南亚土著身上。③ 有关第二次世界大战的集体记忆研究近来也方兴未艾。

---

* 曹寅,清华大学历史学系副教授。
① Maurice Halbwachs, *On Collective Memory*, Lewis Coser trans. and ed., Chicago: University of Chicago Press, 1992.
② Paul Fussell, *The Great War and Modern Memory*, Oxford: Oxford University Press, 2013.
③ Hasia Diner, *We Remember with Reverence and Love: American Jews and the Myth of Silence after the Holocaust*, New York: NYU Press, 2010; Viet Thanh Nguyen, *Nothing Ever Dies: Vietnam and the Memory of War*, Cambridge, MA.: Harvard University Press, 2016.

扬·穆勒(Jan Werner Muller)在《战后欧洲的记忆与权力》一书中展示了有关第二次世界大战的集体记忆与欧洲各国战后政治进程之间的联系。政治家、知识分子、企业界等团体利用各自对于二战不同的记忆线索来伸张自己的利益诉求,制定外交政策,建构国家和民族认同。[①]

目前学术界对二战集体记忆的关注大多仍集中在西方世界。除了日本以外,有关亚洲各国如何记忆二战历史的研究非常缺乏。中国作为第二次世界大战亚洲战场的主要参战国,其政府和民间是如何记忆这场战争的?这些记忆又怎样形塑了现当代中国的内政、外交和文化?拉纳·米特(Rana Mitter)尝试在他的新作《正义之战:二战如何塑造着新的民族主义》[②](*China's Good War: How World War II is Shaping a New Nationalism*, Cambridge, MA.: The Belknap Press of Harvard University Press, 2020)中对上述问题进行分析和回答。

米特教授目前是牛津大学中国研究中心主任,主要研究中国近现代史。2013年米特写成了《中国,被遗忘的盟友:西方人眼中的抗日战争全史》(*China's War with Japan. 1937-1945: The Struggle for Survival*, London: Allen Lane, 2013)。此书尝试修正以往西方人对于第二次世界大战的刻板印象,指出中国在二战中的贡献和牺牲应当被重新认识。在该书的最后,米特强调二战这段历史与今天中国的政治、经济、文化现状息息相关。《正义之战》一书因此可以被看作《中国,被遗忘的盟友》的续集,重点放在战后中国政府和民间对于这场战争的纪念、

[①] Jan-Werner Muller ed., *Memory and Power in Post-War Europe*, New York: Cambridge University Press, 2002.
[②] 由于该书目前尚无中文翻译版,因此作者咨询了米特关于该书标题中文翻译的意见。米特认为该书主标题应翻译为《正义之战》。本文采用米特对于该书标题的中文翻译。

展示与叙述。① 米特的这些观点实际上是与近年来西方学术界在抗日战争研究中出现的新趋势相契合的。米特在剑桥大学读书期间的老师方德万(Hans van de Ven)于2014年编著了一本题为《在二战中协商中国命运》(*Negotiating China's Destiny in World War II*, Stanford: Stanford University Press, 2014)的论文集。方德万在该书的前言中号召学者们重新审视以往的成见,更多关注国民政府在抗战中遭遇的困境以及获得的外交、政治、军事、制度等方面的成就。方德万也认为这些战时的成就对于之后中华人民共和国的国家建设有着深远影响。② 在2018年出版的《战争中的中国》(*China at War: Triumph and Tragedy in the Emergence of the New China*, Cambridge, MA.: Harvard University Press, 2018)一书中,方德万进一步完善了他的观点。他认为我们应当将抗日战争、国共内战以及朝鲜战争看作一个连续的整体性事件。这场长达16年(1937—1953)的内外冲突塑造了之后中国的政治军事文化特征。③ 即使米特没有将自己的讨论延伸到国共内战和朝鲜战争,但我们仍然可以很明显地感受到他在视角与方法上与方德万的相似之处,即尝试探索20世纪中叶的战争与现当代中国之间的关系与张力。

在米特看来,几乎所有参加了二战的大国都有着一套以他们自身为中心的战时记忆与历史书写:美国认为二战是美国大兵从法西斯手中解放了欧洲和亚洲;英国认为二战是其单独抵抗纳粹轰炸和入侵的历史;苏联将其称为伟大的卫国战争;而法国则将一段被占领的历史书写成了

---

① 在《中国,被遗忘的盟友》以及《正义之战》这两本书中,米特并没有对中国抗日战争和中国参加的第二次世界大战做清晰的区分。在他看来,抗日战争可能等同于中国参加的第二次世界大战。然而需要指出的是,中国的抗日战争在1931年爆发,彼时第二次世界大战尚未开始。目前世界上通用的第二次世界大战爆发的时间(1939年9月)对于中国抗战来说并不是一个重要的时间节点。严格意义上说,1941年12月太平洋战争爆发后,中国政府正式向轴心国宣战,中国才算是正式进入了第二次世界大战。不得不承认,上述对于"第二次世界大战"的时间节点定义有着很强的欧美中心观。不过为了本文叙述方便,作者沿用米特的语境,将抗战和二战混同使用。
② Hans van de Ven, Diana Lary, Stephen MacKinnon eds., *Negotiating China's Destiny in World War II*, Stanford: Stanford University Press, 2014.
③ Hans van de Ven, *China at War: Triumph and Tragedy in the Emergence of the New China*, Cambridge, MA.: Harvard University Press, 2018.

地下抵抗运动的历史。然而,米特发现中国的二战记忆充满了自相矛盾和模糊,缺乏一个连贯叙事结构。二战结束后,国民政府开始宣传自己作为胜利者的角色。然而仅仅四年之后,国民政府被推翻,中华人民共和国成立,世界则进入了冷战格局。米特认为,在20世纪80年代以前的中国大陆,并未大规模地纪念二战胜利。随着中国的改革开放以及两岸关系的缓和,国民党抗战的叙事逐渐被置换为了中国抗战的叙事,因此开始在中国大陆的公共舆论空间得到了越来越多的关注。

米特写《正义之战》这本书也就是想分析自20世纪80年代以来中国公共舆论空间(包括影视文学作品、外交政策、博物馆展览、教科书、网络论坛)对二战的叙述、展示与讨论。本书认为有关二战的集体记忆对于改革开放时代的中国建构其自身国家认同以及提高其国际地位非常重要。米特更宣称中国与其他国家的关系在很大程度上是由第二次世界大战以及各个国家间对于那次战争的集体记忆所塑造的。米特认为研究二战的中国战场并不是在研究中国的一段历史,而是了解中国当下和未来的国家建构和对外关系的钥匙。

21世纪以来有关中国是否在颠覆美国主导下的国际秩序的讨论日渐增多。这些讨论大致有两种观点:第一种观点认为中国正在努力融入美国主导的国际秩序,并试图将其往对自己有利的方向转变;第二种观点则认为中国在颠覆这个美国主导的国际秩序,并试图重建一个以自身为中心的新秩序。这两种看似不同的观点实际都在强调中国在全球日渐增强的影响力。这种影响力可以被看作软硬两部分。米特发现目前绝大多数研究都在关注中国在硬件(经济和军事)方面的全球影响力,而较少有学者研究中国在软实力方面的建设。

米特认为研究二战的中国战场并不只是研究中国的一段历史,而是研究中国当下和未来的国家建构和对外关系的钥匙。在这种情况下,中国政府认为需要构建一套有着更强说服力的外交话语体系。这套话语体系应该既能够消除外界的担忧,同时使中国具有道德上的制高点。中国作为二战胜利国的历史资源因此引起了注意。

对于所有试图提高其国际地位的国家来说，他们都需要在道德上让其他国家认可。中国政府很快发现可以从第二次世界大战中获得那种道德认可，而且中国自身特殊的经历又增强了这种道德认可的说服力。在二战前，中国在国际社会中的形象是弱国。尽管因被列强欺辱而值得同情，但中国并没有为国际社会做出道德层面的贡献。在二战中，中国作为一个弱国以牺牲千万国人的代价为国际反法西斯战争的胜利做出了贡献，并因此成为战后国际秩序的缔造者之一。米特发现从1949年到20世纪80年代，上述的中国在二战中所积累的道德资源很少被中国政府挖掘和宣传。近30年来，中国开始逐渐利用二战所赋予的道德资源以提高自身在对外交往中的历史合法性。

米特也将抗战历史记忆与当下中国国内的民族认同联系了起来。他认为改革开放之后，民族身份认同取代阶级认同成为中国新的主流意识形态。在抗战中中国人民团结一致抵抗外族入侵的历史更符合当下中国的民族主义叙事。因此，抗战集体记忆对于中国来说就有了双重功能：首先在国际上为中国争取更多的道德话语权；其次在国内凝聚民族认同感。

具体而言，《正义之战》一书共由六章构成。在第一章中，米特分析了冷战期间中国政府对于二战这段历史的态度。他发现1949年共和国建立后的30年时间中，中国政府将抗日战争定义为一场人民战争，从而消弭国民党及其军队在这场战争中所扮演的角色。第二章主要讲述80年代至20世纪末中国政府对待二战历史的态度的转变。在此期间，中国大陆的学术界开始客观研究国民政府在抗战中的得失。研究课题包括了国共关系、中国与盟国关系、汪伪政权以及中国如何参与战后世界秩序的安排与重建。在第三章和第四章中作者探索了21世纪初以来抗战题材内容在中国的博物馆、影视剧、文学作品、艺术展览、网络论坛等平台的呈现。通过政府对这些场域的引导，抗战成为21世纪中国公民身份认同的基石，并不断影响着当今中国的民族主义走向。在第五章，作者将视角转向地方的战争记忆，讨论战时陪都重庆对于二战的集体记忆。作者认为重庆当地形成了一套独特且不同于中央的抗战叙事,这个地方叙事与政府主导的历史叙事存在着张力。第六章展现了中国政府如何利用其在二战中的胜利者地位来加强其在国际社会中的话语权。作者认为中国政府和学术界近年来对于1943年开罗会议的兴趣,表明中国想要成为开罗会议所规范的战后世界秩序的继承者。

在《正义之战》这本书中,米特强调中国政府正在利用二战历史的集体记忆来创造一套话语体系,并以这套话语体系对内强化国家认同,对外提升国际地位。实际上,无论是国家认同的强化还是国际地位的提升,最终的目的都是维护政权的合法性。米特在其书中并没有提及中国政府构建的话语体系在国际社会中得到了怎样的回应,以及这些国际社会的回应本身又如何影响了中国政府和社会对于其历史的解读。第二次世界大战期间,中国国民政府在英属印度所做的国家建设工程、英印政府对此的回应,以及这段互动对于中印两国之后半个多世纪的关系的影响其实可以很好地说明并补充米特在其书中的观点。

1941年太平洋战争爆发后,印度实际上成为中国抗战的国际大后方。大量中国士兵、商人、官员、水手涌入印度,并带来了许多治安问题(走私、开设赌场、经营鸦片馆和妓院、组织黑社会进行绑架和勒索等等)。这些逗留印度的华人被国民政府认为是其强化国家认同和提升国际地位的障碍,因此需要被规训和惩戒。自1942年起,大量国民政府政治工作人员被派遣至印度执行国家建设工作。然而国民政府在印度的外交宣传政策,以及监视、规训、惩罚逗留印度华人的行为被英印政府所误解。长期受到殖民主义统治焦虑与大博弈地缘政治思维的影响,英印政府认为国民政府在印度的一系列措施是企图削弱英国在印度的殖民统治并取而代之。焦虑的英印政府亦开始系统组织监控逗留在印度的华人并留下了大量情报记录。1947年印度独立之后,英印政府的这些记录被印度情报部门接手,并导致了印度政府对中国的猜忌和担忧。这种长期的猜忌和担忧造成了印度对华政策的不确定性,也因此使得中国政府开始顾忌甚至防范印度。中印两国至今仍然紧张的关系便是由这样一连串的误解所导致的。

在上述案例中,国民政府维护其政权合法性的措施被英印政府误解为扩张主义,并据此做出因应反制。那么,当中国政府试图通过利用二战历史的集体记忆来增强其政权合法性时,国际社会上的其他国家又是如何做出反应的?是否会再次出现误解?而中国政府面对国际社会的误解又将如何回应?回答这些问题需要将中国的抗战历史以及中国政府和社会对于这段历史记忆的叙述放在国际多边互动的框架下加以研判。换句话说,当下中国的民族主义话语并不仅仅是中国在不断追溯其抗战历史资源的过程中构建的,世界各国在构建自身的二战历史叙事时与中国的互动也同样时刻影响着中国民族主义的走势。

评贺萧《妇女与中国革命》

何 芳*

《妇女与中国革命》(Women and China's Revolutions, Lanham: Rowman & Littlefield, 2018;后文引用本书仅括注页码,不另注)是美国的中国妇女/性别史学家贺萧(Gail Hershatter)继《个人的声音:20 世纪 80 年代的中国妇女》(Personal Voices: Chinese Women in the 1980s, Stanford: Stanford University Press, 1988,与 Emily Honig 合著)、《危险的愉悦:20 世纪上海的娼妓问题与现代性》(Dangerous Pleasures: Prostitution and Modernity in Twentieth Century Shanghai, Berkeley: University of California Press, 1997)和《记忆的性别:集体化时代的中国农村妇女》(The Gender of Memory: Rural Women and China's Collective Past, Berkeley: University of California Press, 2011)之后的又一力作。

本书是融合了贺萧的原创性研究和中国妇女/社会性别史研究成果的集大成之作。书的开篇提出了掷地有声的问题:"如果把女性放在过去两个世纪的历史的叙述中心,会如何改变我们对这段历史的理解?"书中的每章都引导读者反思将社会性别作为最重要的观察切入点,是否会对传统史学范式的"大历史"有更深入或不同的理解。在结尾处,她对开篇提问提供了答案:"妇女有自己的革命,她们并非在我们传统划分的历史之外,但她们并没有和男性完全一致的革命。"(279)

贺萧笔下的中国战争与革命,暴露了传统的大历史叙述的缺失,她

---

* 何芳,复旦大学历史系博士后。

在追溯过去 200 多年里中国重大战争和革命事件的同时,巧妙地将宏大的政治、经济、社会、文化背景与作为个体的女性的声音和故事编织为一体,为我们呈现了一个在很大程度上被遮蔽的世界,还原出中国革命更多层面的图景。本书在探究这些大历史中的重要事件和女性之间的互动时考虑的是:"女性有 1911 年革命么?有社会主义革命么?如果有的话,这些革命是怎样的?哪些妇女真正拥有这些革命?"(xiv-xv)

本书充分表明了女性不仅仅参与了社会发展和历史上重大的变革,更是推动历史进程不可或缺的力量。书中既有秋瑾、丁玲、何香凝、邓颖超、江青等较为耳熟能详的女性,也有常常被遗忘在历史角落的女工、农妇、女民兵、女学生、战争难民、红军长征中的女性,甚至性工作者。她们的故事表明"女性"不是一个无差异的同质性整体,因为民族、地区、阶层、教育背景、代际等因素的影响,在同一历史时期每个个体可能有着迥异的经历,比如在鸦片泛滥的 19 世纪末,很多富裕人家的女子深陷鸦片毒瘾难以自拔,而乡村的女子却因为种植生产罂粟而改善了生活。

同时,书里也对康有为、梁启超、鲁迅、蒋介石、毛泽东等中国男性精英的活动与思想从社会性别的维度进行了剖析,探究了男性中心的话语如何塑造女性的象征意义。同时表明了女性与男性并非二元对立,妇女史不仅仅是把女性当作研究的对象,也包括了男女共在的全人类的历史。由社会性别的视域出发,书中还关注到了革命与战争对女性带来的与男性不一样的体验。例如作者谈到了太平天国运动中的暴力对女性生活造成了特殊的影响:太平天国运动在 19 世纪 60 年代早期席卷江南之时,根据亲历的外国人的记载,许多中国女性为了避免被强暴而通过溺水、饮毒和自刎的方式结束自己的生命(34)。

全书前三章的内容关注清朝的最后 100 年中国所经历的剧烈变迁。首先基于史实虚拟了两位不同阶层的中国女性的生活经历,通过她们的人生故事详述了女性劳动对于鸦片战争之前的中国社会所起到的至关重要的作用,接着探究鸦片战争之后的政治经济动荡对女性生活带来的冲击,并关注了 20 世纪之交的"妇女问题",讨论了中外的男女精英在清帝国崩溃之际如何看待社会变革、中国的生死存亡与女性地位的关系。第四章讨论了五四运动和新文化运动期间的知识分子将妇女解放作为重要的政治口号,女子学校开始为女性提供新的社会空间,女性开始成为现代工厂工人阶级的主力,与此同时年轻女性被动员积极参加国民党和共产党,性产业也变得愈加商业化。

后四章的内容探讨1949年前的动荡时期中女性的劳动和妇女如何被视作国家和社会问题的象征。这几个章节分别分析了国民党时期(1928—1937)的国家建设如何将女性置于多项改革计划的中心,阐述了"新女性"和"现代女性"现象引起的公众关注和社会舆论,指出了新生活运动中对女性的动员并未有效地解决现存的社会问题,接着关注了战争时期(1937—1949)的女性,讲述了她们在全面抗日战争和内战多重战争的环境下面临的挑战和做出的牺牲与贡献。

最后的两章则是关注新中国建立后妇女在不断变化的社会性别关系结构中所扮演的角色。在社会主义建设时期着重谈到了政府为了稳定家庭关系进行的婚姻和土地的改革、对妓女进行的管制,农村和城市经济发展的同时不断变化的劳动的性别分工,以及"大跃进"、三年困难时期和知识青年下乡对女性生活带来的改变,最终以讨论1978年至今的40年里一系列的改革作为结尾,探讨了计划生育政策如何加深了性别歧视,市场经济改革给予乡村妇女到城市务工的各种机会、改变传统的婚恋习俗的同时,又如何催生了新的城乡和性别不平等问题,同时独立于妇联之外的中国女权运动推动了对于中国妇女的学术研究,加深了与国际女权主义的对话,并对家暴和性骚扰进行了公开的抗议。

贯穿此书的两个主题之一是妇女的劳动及其重要性。贺萧指出劳动包括可见和隐形的劳动,她在全书中都致力于还原和呈现这些被掩蔽的劳动,比如生育上付出的劳动、情感上的劳动、家务劳动、缠足女性在家进行的纺织手工等等,从而引导大家认识到妇女抚养下一代、家内的劳动付出不是可有可无的,而是在社会发展中起着不可替代的作用。贺萧认为正是一些在中国历史上占有支配性地位的男性中心的话语使得女性的劳动变得隐形。比如在对梁启超1897年发表的《论女子教育》一文的剖析中,她就指出,"梁宣称在全国两百万女性'都是消费者而非生产者',这样的说法抹杀了女性对家庭经济和市场的贡献"(61)。在她看来,抗日战争和解放战争时期,女性在日本、国民党和共产党势力范围内分别做出的反抗、重建与变革的努力也应该被视为女性的劳动付出。

贺萧在第八章谈到女性的劳动以隐形的方式支撑着1949—1978年的社会主义建设时,指出这一时期虽然有大量关于劳动的话语,但并没有明确的关于家务劳动的内容。尽管这一时期,女性在家庭之外开始到单位或农村合作社承担新的工作职责,但由于女性和她们的家人大都认为家务劳动是妇女的责任,她们回家后仍需承担繁重的家务。然而减轻女性的劳动负担并不被考虑为社会主义现行阶段亟须解决的问题,等到共产主义阶段,当物质丰富和家庭劳动社会化实现之时便会迎刃而解。书中讲道:"即使善于勤俭持家在公共话语中被标榜为女性成功的标志,但在社会主义建设中没有被当作必不可少的和值得给予物质回报的劳动。"同时,一些看似积极的变化并不一定都伴随着女性地位和生存条件的改善,女性的劳动负担有可能不减反增。比如这一时期战乱已经结束,接产术的进步和公共卫生水平的提高,使得新生儿存活率上升,但由于避孕手段在农村地区不易获得和不被接受,妇女自己采取的避孕措施并不可靠,造成每家孩子的数量不断增长的局面。这一局面使得已婚农村妇女晚饭后或是傍晚的生产计划会议结束后,继续进行着隐形的辛苦劳作,她们在家加班加点纺纱织线,为孩子缝制衣鞋(221)。

此外,书中提到了劳动报酬的社会性别化问题。贺萧指出在一些历史时期,妇女有了新的工作与社会角色,性别的劳动分工有所改变,但女性无论从事何种工作都不及男性的劳动价值的这一观念并不一定会有所改观。例如贺萧肯定了集体化时期的土地改革、婚姻法改革和识字培训班,让农村女性走出家庭。随着集体制的推广,每家每户有劳动力的成员都相应参与到集体的田地上工作、挣工分,这些转变渐渐打消了人们对于年轻女子毫无监护情况下外出的顾虑。未婚和新婚的女子在平时的工作中与年轻男子的接触与交往机会有所增加,乡村社会对于社交的道德观念由此产生了转变,乡村女性的社会生活空间也有了拓宽。然而,女性的劳动没有得到与男性同等的报酬,即使是在她们较于男性更为擅长的诸如采茶之类的工作领域也是同样的情况。男性通常每天能挣到十工分,而女性却只能挣到七八工分(235)。

当然,本书不是简单地添加和补充女性到传统历史的叙事之中,书的第二个主题是社会性别和女性所起到的象征性的作用。书里探析了女性如何在公共话语和政治话语中成为具有象征意义的符号,从而推进了中国的历史进程。贺萧认为这些象征性的符号既与女性具体的生活和权益相交织,又不完全等同。

中国 19 世纪面临的内忧外患改变了千千万万女性的命运,也重塑了中国思想家、政治家对于女性的看法以及对于女性与国力之间关系的理解。贺萧认为,对于这一段历史的书写,如果不关注社会性别,我们将无法充分理解帝国主义对中国社会产生的不均衡的影响和随着危机逐渐涌现出的关于变革的话语。在 20 世纪之交,守节自尽、杀女婴、缠足、走私女性等都加速地被视为中国积弱的症状,改变女性的处境成为一些仁人志士提倡的强国强种的良方。比如这一时期中国男性精英主导的不缠足运动,将缠足视作野蛮的、残害女性健康和生育能力的、不科学的恶俗,将其与中国"种族"的存亡和国家形象紧密相连,然而这一运动忽略了作为经历者的女性的体验和视角。根据口述史的发现,这场看似"拯救"女性的运动,对一些女性尤其是农村女性而言却是羞辱的经历。例如 1982 年的纪录片《小喜》中,三位农村妇女讲到在 20 世纪一二十年代,军阀士兵和当地官员到村里巡视并对已经将女儿缠足的家庭进行罚款,有时还会将没收的缠脚布挂于刺刀刀尖上示众。据她们回忆,这些都是带有侵犯性的、可怕的而非解放的经历(68)。五四时期虽然提出了将女性从封建思想桎梏里解放出来的看似充满进步思想的话语,但却强化了女性除了自杀别无他策的被压迫者形象,被塑造为亟须一场政治运动来加以拯救的对象。而到了抗日战争时期,女性作为富有象征意义的符号被重塑为坚忍不拔的代名词,替代了19、20世纪之交赋予女性的现代化和社会变革的符号性意义。

更重要的是,本书运用女性和社会性别的方法梳理历史,不仅是延续了贺萧的著作一贯以来对女性中心视角的强调,更让我们认识到在改革中忽视妇女亲身体验、缺乏对社会性别化的权力关系的反思可能造成的深远后果。这一点尤其体现在改革开放时期,书中讨论了中国的现代化发展的焦虑与冲突如何通过女性问题来实践与运作,女性的地位和经历又如何折射出这一时期的变迁。贺萧让我们思考革命在哪些层面上可以被称为成功,又在哪里有所缺失,在哪些时候又不及其他的历史动因重要,这都有利于反思改革开放带来物质发展的同时,在男女地位上出现的新的不平等,以及现行改革由于缺乏对社会性别关系与结构的关注尚未触及的关键领域。比如第九章里谈到随着私有制的发展,性别收入差在持续增长,女性工资占男性的工资比在1995—2007年之间从84%下降到了74%,2010年更是跌到了67.3%(271)。又比如书中对当代反家暴法律的制定与执行、婚姻法下房产归属等的分析表明了当今的改革如何与社会性别息息相关。现在中国亟待解决的人口结构问题、男女性别不平衡问题都跟过去忽视对改革进行社会性别层面上的探索密不可分,而这些问题都是关系中国社会发展的至关重要的问题。

总之,贺萧有力地证明了如果缺乏以女性为中心的视角,我们将无法全面透彻地观察和理解这些重大历史事件对中国社会造成的多元的、复杂的影响。书中将女性和社会性别写入过去两个多世纪的中国革命与历史,这一将女性置于历史叙述的中心的研究方法并非只是添加史实,也并非将男性"写出"历史,而是呈现出女性不同于男性的经历、不同女性个体之间不同的经历。书中还原的边缘化人群的体验和"沉默者"的声音,展现了贺萧在大历史的框架中定位边缘人物的娴熟技巧,同时也促进读者反思究竟这些人群被边缘化的原因为何。是因为他们出身卑微、自怨自艾,或是他们努力发声却未被听见,抑或是他们被书写者有意排斥在历史叙述之外?一些曾经震耳发聩的声音为何在后来的历史编纂中消失?

　　贺萧的研究也给我们留下了有待解决的问题。既然研究表明中国革命对女性的影响与男性不尽相同,女性经历的谱系得以重建,是否应该由此更进一步地反思中国妇女史乃至中国史的历史分期问题? 美国华人学者令狐萍撰写的《金山谣:美国华裔妇女史》(*Surviving on the Gold Mountain: A History of Chinese American Women and Their Lives*, Albany: State University of New York Press, 1998)就根据美国华人女性与男性经历之间存在的巨大差异重新做了历史分期,从美国华人妇女历史发展的脉络着手,有力挑战了长期以来传统华人历史以男性为中心的编纂方式。

　　与此同时,本书也促使我们反观国内学者对妇女和社会性别视角的关注与运用。作为注重与中国学界交流的美国历史学家,贺萧长期关注社会性别这一概念在琼·斯科特的文章问世之后的几十年对中国史学界的影响。2018年,她在和美国密歇根大学王政教授合写的文章中谈道:"斯科特的指南性的论文《社会性别:一个有效的历史分析范畴》对以中文进行的学术研究的影响,要小于它在英语世界中的影响。"[1]贺萧在序言中明确地指出本书旨在与近年尚未聚焦于社会性别的学术著作进行对话,提出"女性在哪里"的问题,而针对中国妇女史已有的开创性研究成果,需要思考的问题是:除了已经开始书写的这些故事,还有哪些可以涉猎(xiv)? 中国学界的中国妇女/社会性别史研究在过去的几十年取得了丰硕的成果,但毋庸置疑,女性和社会性别作为一个历史分析的范畴在拓展史学研究的领域上尚有很大的空间,妇女/社会性别史进

---

[1] Gail Hershatter, Wang Zheng, "AHR Forum Chinese History: A Useful Category of Gender Analysis", *American Historical Review*, Vol. 113, No. 5, 2008, pp. 1404 - 1421;贺萧、王政:《中国历史——社会性别分析的一个有用的范畴》,李为民译,《社会科学》2008年第12期,第141页。2018年陈雁教授作为第22届"国际历史科学大会"圆桌讨论主持人之一,在引言中也提到中国的女性/性别史研究在近年出现了停滞。Chen Yan, Karen Offen, "Women's History at the Cutting Edge: A Joint Paper in Two Voices", *Women's History Review*, Vol. 27, No. 1, 2018, pp. 6 - 28.

一步融入历史叙事,而非被简单地当作一个专门的,甚至边缘的领域需要更多史学工作者的共同努力。① 正如贺萧写道:"社会性别不是历史学者唯一需要的棱镜,但在中国过去 200 年的变迁里,它始终贯穿其中,是造成差异的重要因素。对于一个深受社会性别观念和权力关系浸润的社会,历史的书写如果忽略了社会性别和女性的角色将会错失或者误读人们理解自身所处的动荡环境的一些最为重要的方式。"(xv)当然,对这一问题的深入探讨已超越本书评的分析范围,笔者旨在抛砖引玉,在介绍贺萧新作的同时,希望能激发出更多学者将社会性别作为一个历史分析范畴进行更多的思考与实践。

此外,在中国,贺萧以及其他中外妇女/社会性别史学者的研究发现和相关成果还应该努力实现由复旦大学陈雁教授倡导的"另一种视野下移":"让这些挑战历史成见的妇女/性别史研究成果进入中小学的历史教科书,在各种层次的考试中纳入与妇女/性别史相关的内容,培训和赋权历史老师,将学术成果改写为普及读物,用这些挑战性别成见的研究成果来激励年青一辈的思想与生活,这样才有可能改变以男性为中心的历史观与历史写作习惯。"②

简而言之,《妇女与中国革命》可读性极强,除了对中国历史和妇女/性别议题感兴趣的读者,该书应该被包括政策制定者在内的更为广泛的人群所阅读。书中对中国过去 200 多年的革命历史进行了鞭辟入里的批判性思考,丰富翔实的史料和学术征引,向读者还原了被传统的大历史忽略的女性视角和革命的社会性别维度,展现了妇女/社会性别视域对传统历史叙述范式的修正与突破。贺萧通过此书成功地证明了这一分析范畴对深入理解中国近现代历史进程的复杂性有着关键意义。正如她所言:"如果没有认真关注女性的劳动不断变化的含义和范围以及

---

① 中国学界近年在妇女/性别史上所取得的成果可参见高世瑜:《从妇女史到妇女/性别史——新世纪妇女史学科的新发展》,《妇女研究论丛》2015 年第 3 期;杜芳琴:《从赋历史以性别到赋性别以中国历史——妇女/性别史 30 年回顾与省思》,《山西师大学报》(社会科学版)2020 年第 6 期。
② 陈雁:《挑战成见——中国妇女/性别史的研究革命》,《信睿周报》2021 年第 54 期。

女性作为社会问题、国家耻辱和政治变迁的象征性意义,中国近现代史是不完整的,甚至也是难以理解的。"(xiii)在中国社会不断深化改革的今天,关注性别议题、在地化妇女/社会性别研究有着重大的学术和社会现实意义。

《清华社会科学》投稿指南

一、刊物宗旨

《清华社会科学》是由清华大学社会科学学院主办、商务印书馆出版的综合性社会科学集刊,旨在为社会学、政治学、理论经济学、心理学、国际关系学、历史学等学科和领域提供一个高水平的学术交流平台,现阶段每年出版两辑。本刊坚持学术为本、问题导向,采用编辑部审稿与匿名审稿结合的方式,倡导严谨的学风,鼓励理论、历史和实证研究相结合。

《清华社会科学》常设"专题""论文""评论"和"书评"四个栏目。"专题"栏目围绕主题发表原创性的研究论文;"论文"栏目发表原创性的研究作品;"评论"栏目刊登学术演讲、学术对话、学术综述;"书评"栏目刊登对国内外社会科学经典著作和最新著作的介绍和评论;另不定期设置"特稿"栏目。

二、投稿体例

(一)专题类、论文类来稿除正文外应同时提供英文标题、中英文摘要及关键词、所有作者的单位及职称(或学历)、主要作者的电话和电子邮箱。评论类、书评类来稿除正文外仅须提供所有作者的单位及职称(或学历)、主要作者的电话和电子邮箱。

(二)引证文献采用页下注形式,每页断码排列注释序码。引证文献无须在文末单列。

(三)注释中的非连续出版物,需依序标注作者、文献题名(若系析出文献,依序标注析出文献题名、文集责任者、文集题名)、出版地点、出版者、出版时间、页码。

（四）注释中的连续出版物依序标注作者、文献题名、期刊名、年期（或卷期、出版年）。

（五）注释中的电子文献依序标注作者、电子文献题名、获取和访问路径。

三、说明

（一）来稿请投专用信箱：qhshkx@tsinghua.edu.cn。

（二）来稿录用与否,本刊都会在2个月内通知作者。

（三）来稿一经刊用,即付稿酬并赠刊2册。

四、著作权使用说明

本刊已许可中国知网等网络知识服务平台以数字化方式复制、汇编、发行、信息网络传播本刊全文。本刊支付的稿酬已包含网络知识服务平台的著作权使用费,所有署名作者向本刊提交文章发表之行为视为同意上述声明。如有异议,请在投稿时说明,本刊将按作者说明处理。

图书在版编目（CIP）数据

清华社会科学.第3卷.第2辑/应星主编.—北京：商务印书馆，2022
ISBN 978-7-100-20900-7

Ⅰ.①清… Ⅱ.①应… Ⅲ.①社会科学—文集 Ⅳ.①C53

中国版本图书馆CIP数据核字（2022）第043491号

权利保留，侵权必究。

清华社会科学

第3卷 第2辑（2021）

应 星 主编

商 务 印 书 馆 出 版
（北京王府井大街36号 邮政编码100710）
商 务 印 书 馆 发 行
江苏凤凰数码印务有限公司印刷
ISBN 978-7-100-20900-7

2022年4月第1版	开本 700×1000 1/16
2022年4月第1次印刷	印张 17½

定价：98.00元